## ***ACCESO GRATIS*** ***a la Lectura en la Nube***

Para visualizar el libro electrónico en la nube de lectura envíe junto a su nombre y apellidos una fotografía del código de barras situado en la contraportada del libro y otra del ticket de compra a la dirección:

**ebooktirant@tirant.com**

En un máximo de 72 horas laborales le enviaremos el código de acceso con sus instrucciones.

La visualización del libro en **NUBE DE LECTURA** excluye los usos bibliotecarios y públicos que puedan poner el archivo electrónico a disposición de una comunidad de lectores. Se permite tan solo un uso individual y privado

# Código Aeronáutico de Chile

Procedimiento de selección de originales, ver página web:
www.tirant.net/index.php/editorial/procedimiento-de-seleccion-de-originales

# Código Aeronáutico de Chile

6ª Edición

PATRICIO MORALES CONTARDO
CRISTIAN ROA BABCUN

tirant lo blanch
Valencia, 2025

EDITA: TIRANT LO BLANCH
C/ Artes Gráficas, 14 - 46010 - Valencia
TELFS.: 96/361 00 48 - 50
FAX: 96/369 41 51
Email: tlb@tirant.com
www.tirant.com
Librería virtual: https://editorial.tirant.com/cl
ISBN: 978-84-1095-616-2

Si tiene alguna queja o sugerencia, envíenos un mail a: *atencioncliente@tirant.com*. En caso de no ser atendida su sugerencia, por favor, lea en *www.tirant.net/index.php/empresa/politicas-de-empresa* nuestro procedimiento de quejas.

Responsabilidad Social Corporativa: http://www.tirant.net/Docs/RSCTirant.pdf

# PRÓLOGO

A pesar de contar nuestro país con una extensa experiencia codificadora, y de además haber suscrito importantes tratados internacionales sobre materias aeronáuticas ya desde inicios del siglo XX, no fue sino hasta el año 1990 cuando contó con el Código que el lector tiene en sus manos.

El primer antecedente de una ley integral para el ramo es el Decreto Ley N° 675 (D.O., 17 de octubre de 1925). Dicha normativa, si bien constituyó un primer intento de sistematización de las disposiciones reguladoras de la actividad aeronáutica), se mostró prontamente como un texto imperfecto e insuficiente para abordar adecuadamente los distintos aspectos de involucraban la aviación nacional. Así lo apuntó el profesor de Derecho Aéreo de la Facultad de Ciencias Jurídicas y Sociales de la Universidad Católica de Chile Eduardo Hamilton, ya en los años 50, al señalar que adolecía de una serie de defectos, entre ellos su lenguaje jurídico impreciso, erradas traducciones de vocablos extranjeros, o la existencia en su articulado de normas que pugnaban con el ordenamiento jurídico interno[1].

Con posterioridad, en el año 1931, se dictó la denominada "Ley de Navegación Aérea", el DFL 221, D.O. 30 de mayo de 1931) la cual tuvo por objeto corregir los defectos del cuerpo legislativo anterior, ajustándose a los principios inspiradores del instrumento internacional vigente en tal época, la Convención de París de 1919.

Aunque representó un progreso importante, el DFL N° 221 fue dictado durante un gobierno de facto, lo que impidió que se fundamentase en una democrática discusión parlamentaria, así como en la intervención de expertos de transversales pensamientos políticos.

En el año 1944 se celebró una Conferencia en Chicago, Estados Unidos de América, donde se acordó el Convenio de la Aviación Civil Internacio-

---

1 Hamilton, Eduardo. "Manual de Derecho Aéreo". Editorial Jurídica de Chile. Segunda edición. 1960. p. 107.

nal, el cual fue ratificado por Chile el año 1947, y publicado en el Diario Oficial el año 1957. Se trató del hito internacional más importante en la legislación aeronáutica, y al cual debía adaptarse el sistema jurídico nacional.

Si bien el mencionado DFL 221 no fue modificado, surgieron varias iniciativas para dictar un Código Aeronáutico (1938, 1944 y 1958) las cuales no prosperaron por diversas razones. Tampoco rindió frutos el mandato otorgado por la Ley N° 17.931 (mayo de 1973) al Director General de Aeronáutica Civil para designar una comisión codificadora, atendido el quiebre institucional que experimentó el país poco tiempo después.

No obstante, el Gobierno militar que asumió el poder, vislumbrando la importancia del establecimiento de un estatuto regulador de la actividad aeronáutica, encargó a una nueva Comisión la continuación de la labor que se había visto abruptamente interrumpida mediante la dictación del Decreto Supremo N° 529 de 1974. El trabajo de esta Comisión dio origen a un Anteproyecto que sirvió de base para el Código que actualmente nos rige.

Nuestro Código Aeronáutico, redactado a partir de Comisiones que laboraban bajo el alero de la Junta de Gobierno, fue publicado en el Diario Oficial, el 8 de febrero de 1990, bajo la forma de la Ley N° 18.916. Cabe destacar que su texto se encuentra en armonía con los instrumentos internacionales sobre aviación, dentro de los cuales se pueden mencionar el Convenio de Chicago —del cual extrae su estructura básica y conceptos principales— y el Convenio de Tokio.

En cuanto a su contenido, establece la Autoridad Aeronáutica nacional y le provee de su marco potestativo, configura el sistema de aeronavegación, el tratamiento jurídico de las aeronaves y la sanción de las infracciones aeronáuticas, consagrando un sistema diferenciado de *ius puniendi* estatal conformado por infracciones meramente administrativas y otras elevadas a la categoría de delitos.

Con todo, si bien reconocemos que constituye un cuerpo jurídico robusto, estimamos al mismo tiempo que no sólo es perfectible, sino que hoy por hoy requiere de una completa revisión. Un primer fundamento de dicha propuesta radica en el propio cuestionamiento de su legitimidad, al nacer el Código al alero de un gobierno de facto y no del producto de la deliberación en un órgano representativo como es el Congreso Nacional.

Por otra parte, urge su adecuación a las actuales tendencias aeronáuticas, con base en la participación transversal de todos los expertos nacionales del área, sin reservas ni exclusiones. Estimamos que ello es particularmente relevante en lo que dice relación con los delitos aeronáuticos, cuya naturaleza penal exige una permanente reevaluación en lo que dice relación con el disvalor de las conductas, así como con la proporcionalidad de las sanciones a que dan lugar, ponderadas en relación con todo el sistema punitivo nacional.

Asimismo, la evolución de la técnica aeronáutica exige la regulación de áreas hasta ahora no consideradas, tales como las aeronaves pilotadas a distancia, los nuevos dispositivos tecnológicos operados por particulares, protección de los derechos de los consumidores —respecto de lo cual las leyes Nº 21.392 y Nº 21.398 constituyen un avance— y, por qué no, la consideración de los efectos medioambientales de la actividad aeronáutica. En este mismo sentido, haciéndose cargo del crecimiento explosivo y los ingentes avances en el mercado de las aeronaves no tripuladas (UAV), la Dirección General de Aeronáutica Civil de Chile, durante el año 2024, dictó una completa regulación sobre Operaciones de Aeronaves Pilotadas a Distancia sobre áreas pobladas (DAN 151), la que contiene una serie de nuevas exigencias relacionadas al registro y habilitación para el uso de este tipo de aeronaves.

Ahora bien, introducir la lectura del Código que presentamos a partir de un llamado a su revisión, no implica en caso alguno desconocer al mismo tiempo su innegable mérito, en el sentido de que permitió a nuestro país disciplinar orgánicamente la actividad aeronáutica, en concordancia con los tratados internacionales suscritos y ratificados por Chile.

**Patricio Morales Contardo**
**Cristian Roa Babcun**

# Índice

## CÓDIGO AERONÁUTICO

# ÍNDICE DEL APÉNDICE DEL CÓDIGO AERONÁUTICO

# GLOSARIO

**OACI:** Convenio de Aviación Civil Internacional.

**Convenio de Montreal de 1999:** Decreto Nº 56. Promulga el Convenio para la Unificación de Ciertas Reglas Relativas al Transporte Aéreo internacional, adoptado en Montreal, Canadá, el 28 de mayo de 1999.

**CC:** Código Civil.

**COT:** Código Orgánico de Tribunales.

**CP:** Código Penal.

**CPP:** Código Procesal penal.

**CPC:** Código de Procedimiento Civil.

**CPR:** Constitución Política de la República.

**CCom:** Código de Comercio.

**CT:** Código del Trabajo.

**CJM:** Código de Justicia Militar.

**CS:** Código Sanitario.

**Ley Nº 16.752:** Fija Organización y Funciones y Establece disposiciones Generales a la Dirección General de Aeronáutica Civil.

**Ley Nº 17.798:** Ley sobre control de armas.

**Ley Nº 18.314:** Determina Conductas Terroristas y fija su penalidad.

**Ley Nº 19.496:** Establece normas sobre protección de los derechos de los consumidores.

**Ley Nº 19.880:** Establece bases de los procedimientos administrativos que rigen los actos de los órganos de la administración del Estado.

**Ley N° 20.477:** Modifica Competencia de Tribunales Militares.

**Ley Nº 4.808:** Ley sobre Registro Civil.

**Ley Nº 20.500:** Sobre asociaciones y participación ciudadana en la gestión pública.

**DFL N° 241:** Fusiona y reorganiza diversos servicios relacionados con la Aviación Civil.

**DL N° 2564:** Dicta normas sobre aviación comercial.

**DAR - 01:** Decreto Supremo N° 11, que aprueba Reglamento sobre Licencias al Personal Aeronáutico.

**DAR - 06:** Decreto N° 52, Reglamento de Operación de Aeronaves.

**DAR - 08:** Decreto N° 53, Reglamento de Aeronavegabilidad.

**DAR - 10:** Decreto N° 018, Reglamento Telecomunicaciones Aeronáuticas.

**DAR - 11:** Decreto N° 1087, Reglamento para los Servicios de Tránsito Aéreo.

**DAR - 12:** Decreto N° 249, Reglamento del Servicio de Búsqueda y Salvamento Aéreo (Servicio SAR).

**DAR - 13:** Decreto N° 302, Reglamento sobre Investigaciones de Accidentes e Incidentes de Aviación.

**DAR - 14:** Decreto N° 0173, Reglamento de Aeródromos.

**DAR - 17:** "Reglamento Seguridad, Protección de la Aviación Civil contra Actos de Interferencia Ilícita".

**DAR - 18:** Decreto N° 61, Aprueba Reglamento de Transporte sin Riesgos de Mercancías Peligrosas por Vía Aérea.

**DAR - 31:** Decreto N° 361, Reglamento de Globos Cautivos, Cometas, Cohetes no tripulados y Globos libres.

**DAR - 39:** Decreto N° 53, Reglamento sobre Directivas de Aeronavegabilidad.

**DAR - 91:** Decreto N° 290, Reglas de Vuelo y Operación General.

**DS N° 71, de julio de 2016:** Reglamento Registro Nacional de Aeronaves.

**RES. N° 1522:** Reglamento para los Trabajos Aéreos.

# LEY Nº. 18.916
# APRUEBA CÓDIGO AERONÁUTICO
## La Junta de Gobierno de la República de Chile ha dado su aprobación al siguiente Proyecto de Ley

---

### CÓDIGO AERONÁUTICO

### TÍTULO PRELIMINAR

**Artículo 1°.** El Estado de Chile tiene la soberanía exclusiva del espacio aéreo sobre su territorio.

Conc.: CC: arts. 14, 585 y 589; OACI: arts. 1° y 2°.

**Artículo 2°.** Las aeronaves, sean nacionales o extranjeras, que se encuentren en el territorio o en el espacio aéreo chileno, y las personas o cosas a bordo de ellas, están sometidas a las leyes y a la jurisdicción de los tribunales y de las autoridades chilenas.

Las aeronaves militares chilenas están sometidas a las leyes y a la jurisdicción de los tribunales y autoridades chilenas cualquiera que sea el lugar en que se encuentren.

Conc.: CC: art. 16; OACI: arts. 11 y 12.

**Artículo 3°.** Este código se aplica a las aeronaves militares sólo en los casos en que, expresamente, se refiera a ellas.

A las aeronaves del Fisco destinadas a Carabineros de Chile para el ejercicio de sus funciones propias, sólo les serán aplicables los artículos 52, 53, 57 y 181.

Conc.: CA: arts. 29, 30, 31, 52, 53, 57 y 181; OACI: art. 3°.

**Artículo 4°.** Ninguna aeronave de Estado extranjera podrá volar sobre el territorio nacional ni aterrizar en él, si no ha recibido para ello permiso especial de autoridad competente.

Las aeronaves militares extranjeras autorizadas para volar en el espacio aéreo chileno gozarán, mientras se encuentren en Chile, de los privilegios, reconocidos por el derecho internacional.

Conc.: CA. art. 30. OACI: arts. 3°, letra c), 5° y 6°.

**Artículo 5°.** Las aeronaves civiles y de Estado chilenas, mientras se desplacen en el espacio aéreo no sujeto a la soberanía de ningún Estado, están sometidas a la ley chilena.

Están también sometidas a las leyes penales chilenas y a la jurisdicción de los tribunales nacionales, aunque se encuentren en vuelo en espacio aéreo sujeto a la soberanía de un estado extranjero, respecto de los delitos cometidos a bordo de ellas que no hubieren sido juzgados en otro país.

Las leyes penales chilenas son aplicables a los delitos cometidos a bordo de aeronaves extranjeras que sobrevuelen espacio aéreo no sometido a la jurisdicción chilena, siempre que la aeronave aterrice en territorio chileno y que tales delitos afecten el interés nacional.

Conc.: CP. art. 6° ; COT 6°; CB. arts. 300 y 301; OACI: art. 12.

**Artículo 6°.** En lo no previsto en este código ni en los convenios o tratados internacionales aprobados por Chile, se aplicarán las normas del derecho común chileno, los usos y costumbres de la actividad aeronáutica y los principios generales de derecho.

Conc.: CC: arts. 2°, 13 y 24; OACI: arts. 3°, letra c), 5° y 6°; Convenio de Montreal de 1999.

## TÍTULO I
## DE LA INFRAESTRUCTURA AERONÁUTICA

### CAPÍTULO I
### DE LOS AERÓDROMOS

**Artículo 7°.** Aeródromo es toda área delimitada, terrestre o acuática, habilitada por la autoridad aeronáutica y destinada a la llegada, salida y maniobra de aeronaves en la superficie.

Conc.: CA: arts. 78 y 183; OACI: art. 15; Ley N° 16.752: art. 3° letras a), b), e) y h); DFL N° 241 arts. 6° números 2) y 14); y 15, número 22).

**Artículo 8°.** Los aeródromos se dividen en militares y civiles. Son aeródromos militares los destinados exclusivamente a fines militares. Son aeródromos civiles todos los demás.

Las disposiciones de este código se aplican a los aeródromos militares, sólo en los casos en que se refieran expresamente a ellos.

**Artículo 9°.** Los aeródromos civiles se dividen en públicos y privados. Son públicos los aeródromos abiertos al uso público de la aeronavegación; y privados, aquéllos destinados al uso particular.

**Artículo 10.** Son aeropuertos todos los aeródromos públicos que se encuentran habilitados para la salida y llegada de aeronaves en vuelos internacionales.

## CAPÍTULO II
## DEL ESTABLECIMIENTO DE AERÓDROMOS E INSTALACIONES DE AYUDA Y PROTECCIÓN A LA NAVEGACIÓN AÉREA

**Artículo 11.** El establecimiento y operación de un aeródromo se hará previa autorización y habilitación de la autoridad aeronáutica, la que determinará las normas sobre su instalación, destino y funcionamiento.

Conc.: CA: art. 183; Ley N° 16.752 art. 3° letras a), b), e) y h); DFL N° 241 arts. 6° números 2) y 14); y 15, número 22).

**Artículo 12.** La autoridad aeronáutica declarará habilitados, a petición del interesado, todos los aeródromos privados que cumplan con los requisitos y condiciones técnicas y de seguridad para las operaciones aéreas.

Los aeródromos privados podrán ser habilitados como públicos siempre que se cumplan los requisitos y condiciones necesarios para tener tal calidad.

Si no se cumplieren las condiciones que motivaron la habilitación o se contravinieren las normas técnicas vigentes, la autoridad aeronáutica deberá suspender o dejar sin efecto esa habilitación.

Conc.: CA: art. 183.

**Artículo 13.** Declaránse de utilidad pública y de interés nacional los terrenos necesarios para el establecimiento de aeródromos públicos y militares, y para la instalación de equipos de ayuda y protección a la navegación aérea y de comunicaciones aeronáuticas, así como los bienes que fuere necesario eliminar o demoler para el establecimiento de las zonas de protección de la infraestructura aeronáutica, y autorízase su expropiación.

Conc.: CPR: art. 19 N° 24; CC: art. 589; Ley N° 16.752: art. 13; DL N° 2.186.

## CAPÍTULO III
## DE LAS ZONAS DE PROTECCIÓN

**Artículo 14.** Es "zona de protección" de la infraestructura aeronáutica, el espacio aéreo sobre:

a) Los aeródromos públicos o militares;

b) Las inmediaciones terrestres o acuáticas de dichos aeródromos, y

c) Las instalaciones de ayuda y protección a la navegación aérea.

Conc.: CA: arts. 8°, 9° y 198.

**Artículo 15.** Se prohíbe elevar obstáculos y hacer funcionar fuentes de interferencia en las zonas de protección, debiendo éstas permanecer libres de plantíos, construcciones, estructuras, cables, dispositivos, mecanismos y toda otra cosa que pueda constituir obstáculo a la navegación o a sus instalaciones complementarias.

Los plantíos y demás cosas a que se refiere el inciso anterior constituyen obstáculo a la navegación aérea cuando sobrepasen las alturas máximas fijadas en las delimitaciones de las zonas de protección de cada aeródromo; y constituyen fuente de interferencia a las instalaciones de ayuda a la navegación cuando entorpezcan o dificulten la plena utilización de esas instalaciones.

**Artículo 16.** La zona de protección será determinada específicamente para cada aeródromo y para cada instalación de ayuda y protección de la navegación aérea, en un plano que confeccionará la autoridad aeronáutica. El plano será aprobado por decreto supremo expedido por intermedio del Ministerio de Defensa Nacional, el que deberá, además, llevar la firma del Ministro de Vivienda y Urbanismo.

En el plano y en el decreto referidos se señalarán, además de la superficie terrestre o acuática correspondiente a la zona de protección, las alturas máximas permitidas para los plantíos y demás cosas a que se refiere el inciso primero del artículo 15.

Publicado el decreto en el Diario Oficial, las condiciones y limitaciones fijadas para la zona de protección respectiva se entenderán incorporadas a los planos reguladores urbanos correspondientes.

Conc.: CA: art. 183.

## CAPÍTULO IV
## DE LA SUPRESIÓN DE OBSTÁCULOS A LA NAVEGACIÓN AÉREA Y DE SU SEÑALAMIENTO Y BALIZAJE

**Artículo 17.** La persona que con posterioridad a la determinación de una zona de protección construya o erija en ella objetos que constituyan obstáculos o fuentes de interferencias a la navegación aérea, deberá suprimirlos o removerlos a su costa y sin derecho a ser indemnizado.

Conc.: CA: arts. 14-16; Ley Nº 16.752 art. 5º.

**Artículo 18.** La autoridad aeronáutica ordenará, mediante resolución, la supresión o remoción de cualquier obstáculo o fuente de interferencia para la navegación aérea que se emplazare en la zona de protección, y fijará al efecto un plazo según la naturaleza de la obra de que se trate.

Este plazo se contará desde que la resolución a que se refiere el inciso anterior sea notificada mediante su publicación en el Diario Oficial.

Vencido el plazo sin que se haya cumplido la orden de la autoridad aeronáutica, ésta demandará al juez que ordene al infractor su inmediata remoción o eliminación. En el ejercicio de esta facultad, el Director General de Aeronáutica Civil será capaz para demandar en juicio.

El propietario o administrador de cualquier aeródromo público podrá denunciar ante la autoridad aeronáutica el emplazamiento de un obstáculo y, vencido el plazo establecido en el inciso primero, ejercer la acción de remoción.

El juicio se tramitará conforme al procedimiento previsto en los artículos siguientes y será competente el juez de letras en lo civil del territorio jurisdiccional en que esté ubicado el inmueble donde existe el obstáculo o fuente de interferencia. En caso de que el inmueble estuviere situado en dos o más distritos jurisdiccionales se aplicará lo dispuesto en el artículo 136 del Código Orgánico de Tribunales.

Conc.: CA: art. 183.

**Artículo 19.** Deberá acompañarse a la demanda copia del decreto que determinó la zona de protección, de su plano y de la resolución que ordenó la supresión o remoción de los obstáculos o fuentes de interferencia denunciados. Además, será necesario indicar la naturaleza de la obra de que se trata, el peligro o los entorpecimientos que ocasiona y el hecho de que ella se levantó con posterioridad a la publicación de aquel decreto en el Diario Oficial.

La demanda deberá ser proveída dentro de las veinticuatro horas de recibida, y se notificará en conformidad a lo que dispone el título VI del libro I del Código de Procedimiento Civil; pero en el caso del artículo 43 se hará la notificación en la forma indicada en su inciso segundo, aunque el demandado no se encuentre en el lugar del juicio.

El plazo para contestar la demanda será de cinco días fatales.

En estos juicios, el juez practicará, en todo caso y sin esperar la contestación de la demanda, una inspección personal, asistido por un perito designado sin audiencia de las partes.

Contestada la demanda, el juez dictará sentencia, a menos que, habiendo hechos sustanciales, pertinentes y controvertidos, ordene recibir la causa a prueba, la que se rendirá en la forma y plazos establecidos para los incidentes.

El plazo para dictar sentencia será de cinco días contados desde la contestación de la demanda o del vencimiento del plazo para ello, o desde que se hubiere vencido el término probatorio, según el caso.

Los plazos de días que establece este artículo se suspenderán durante los días feriados.

Conc.: CPC arts. 38-58, 90, 253-257, 403-408.

**Artículo 20.** La sentencia que acoja la demanda expresará las medidas que se deberán adoptar para suprimir o remover los obstáculos o fuentes de interferencia, y fijará, atendida la magnitud y naturaleza de ellos, un término prudencial para su cumplimiento, que no podrá exceder de ciento ochenta días corridos.

Conc.: CPC arts. 158 y 170.

**Artículo 21.** La sentencia que acoja la demanda no será susceptible de recurso alguno.

La sentencia pronunciada en este procedimiento deja a salvo el derecho de las partes para interponer las acciones ordinarias que procedieren, con el objeto de obtener las indemnizaciones por los perjuicios causados cuando dicha sentencia fuere errónea.

Conc.: CPC arts. 174-177, 181, 186.

**Artículo 22.** La existencia de derechos de terceros, reales o personales, y los juicios pendientes, que afecten al bien u objeto que constituye obstáculo o al predio donde se encuentre emplazado, no entorpecerán la prosecución del juicio ni la remoción del obstáculo.

Conc.: CC. 576-581; CPC: arts. 23 y 24.

**Artículo 23.** La persona que contravenga las disposiciones sobre zonas de protección está obligada a reparar los daños que cause.

Conc.: CC: arts. 1437, 2284, 2314-2334.

**Artículo 24.** Si una aeronave o sus partes, por su ubicación en un aeródromo público, constituyeran un peligro de accidente, la autoridad aeronáutica podrá ordenar su remoción de inmediato, por cuenta y riesgo del explotador de la aeronave.

Conc.: CA: art. 183.

**Artículo 25.** Se entenderá abandonada una aeronave cuando concurran los siguientes requisitos:

a) Que se encuentre sin actividades de vuelo, por más de un año, en un aeródromo público;

b) Que vencido el año, la autoridad aeronáutica notifique dicha circunstancia, por tres veces en el Diario Oficial, mediando a lo menos quince días entre cada aviso, indicando la matrícula de la aeronave, el nombre y domicilio del propietario y las hipotecas, privilegios, embargos u otros gravámenes que la afecten, según consten en el Registro Nacional de Aeronaves, y

c) Que transcurridos treinta días desde el último aviso, no se presente el propietario u otros interesados a resolver sobre el destino de la aeronave y a responder por los gastos o perjuicios que tal situación hubiere ocasionado.

Vencido el plazo indicado en la letra c), la aeronave se perderá irrevocablemente para el dueño y para los demás titulares de derechos en ella, e ingresará al dominio fiscal como recurso propio de la Dirección General de Aeronáutica Civil, la que dispondrá de ella.

Conc.: CA: arts. 9°, 44-51 y 183.

**Artículo 26.** La autoridad aeronáutica ordenará el señalamiento y balizaje de todos los objetos que dentro del territorio nacional, puedan constituir un peligro para la navegación aérea.

Los gastos de instalación y funcionamiento de las marcas, señales o luces serán de cargo del propietario de la construcción, antena, cable, chimenea u otras estructuras que las requieran, a menos que se trate de nuevos señalamientos y balizajes sobre estructuras ya existentes, en cuyo caso el gasto será de cargo de la autoridad que los ordene o del explotador del aeródromo respectivo.

Conc.: CA: 183; OACI: art. 28.

# TÍTULO II
# DE LA AERONAVE

## CAPÍTULO I
## DE LA AERONAVE Y SU CLASIFICACIÓN

**Artículo 27.** Aeronave es todo vehículo apto para el traslado de personas o cosas, y destinado a desplazarse en el espacio aéreo, en el que se sustenta por reacción del aire con independencia del suelo.

Conc.: DAR - 08; DAN 151.

**Artículo 28.** Para los efectos de este código, se entiende que una aeronave se encuentra en vuelo desde el momento en que comienza a moverse con el objeto de despegar, hasta detenerse una vez finalizado el vuelo.

**Artículo 29.** Las aeronaves se dividen en aeronaves de Estado y aeronaves civiles.

Conc.: CA: arts. 2º, 3º y 4º.; OACI: art. 3º.

**Artículo 30.** Son aeronaves de Estado:

a) Las militares, entendiéndose por tales las destinadas a las Fuerzas Armadas o las que fueren empleadas en operaciones militares o tripuladas por personal militar en ejercicio de sus funciones, y

b) Las aeronaves destinadas a servicios de policía o de aduana.

Conc.: CA: arts. 2º, 3º y 4º; OACI: art. 3º.

**Artículo 31.** Son aeronaves civiles las que no estén comprendidas en el artículo precedente, aunque pertenezcan a organismos, servicios o empresas del Estado, a las Municipalidades o al Fisco.

Las aeronaves civiles se dividen en aeronaves de uso comercial y aeronaves de uso no comercial o privado.

Conc.: CA: arts. 2º, 3º y 4º.

## CAPÍTULO II
## DE LA INSCRIPCIÓN O MATRÍCULA DE LA AERONAVE Y DE SU NACIONALIDAD

### 1. De la inscripción o matrícula

**Artículo 32.** La inscripción o matrícula de una aeronave en el Registro Nacional de Aeronaves le confiere la nacionalidad chilena.

Se otorgará al propietario de la aeronave un certificado de matrícula, que acreditará la nacionalidad de la aeronave y su clasificación.

Conc.: CA: arts. 44-51; Ley N° 16.752: art. 3° letra m).

**Artículo 33.** Las aeronaves inscritas en el Registro Nacional de Aeronaves tendrán las marcas distintivas de la nacionalidad chilena y de su matrícula. Estas marcas deberán ostentarse en el exterior de la aeronave, de manera que se facilite su identificación.

Conc.: CA: arts. 44-51.

**Artículo 34.** No podrá haber más de una matrícula para una misma aeronave.

**Artículo 35.** Las aeronaves tienen la nacionalidad del Estado en donde estuvieren matriculadas. Una aeronave inscrita en el Registro Nacional de Aeronaves pierde la nacionalidad chilena al ser matriculada en un Estado extranjero.

Si un Estado no tiene un sistema de matrícula para aeronaves militares y otras aeronaves de Estado, se presume que ellas tienen la nacionalidad del Estado al cual sirven.

Conc.: CA: arts. 44-51.

**Artículo 36.** Para inscribir una aeronave matriculada en el extranjero, deberá previamente acreditarse la cancelación de la matrícula anterior.

Conc.: OACI: art. 18.

**Artículo 37.** Ninguna aeronave podrá circular en el espacio aéreo chileno si no está debidamente matriculada en Chile o en otro país; si lo está en más de un Estado a la vez, o si no lleva estampada sus marcas de nacionalidad y de matrícula.

No obstante, podrán circular, en las condiciones que determine la autoridad aeronáutica, las aeronaves cuyo peso sea inferior a ciento sesenta kilogramos, que se denominarán "vehículos ultralivianos" y estarán exentas del régimen de matrícula.

Conc.: CA: art. 90; DAR - 31; DAN 151.

### 2. De las aeronaves que pueden matricularse en el Registro Nacional de Aeronaves

**Artículo 38.** Podrán matricularse en Chile:

a) Las aeronaves que pertenezcan a personas naturales chilenas;

b) Las aeronaves que pertenezcan a personas jurídicas chilenas, entendiéndose por tales, para estos efectos, aquellas constituidas en Chile en conformidad con las leyes chilenas, y que tengan en este país su domicilio principal y su sede real y efectiva; que su presidente, su gerente y la mayoría de sus directores o administradores, según el caso, sean chilenos; y que la mayoría de su capital social pertenezca a personas naturales o jurídicas chilenas, y

c) Las aeronaves pertenecientes a comunidades, siempre que la mayoría de los derechos comunitarios corresponda a personas naturales chilenas o jurídicas que cumplan los requisitos establecidos en la letra b).

Con todo, la autoridad aeronáutica podrá permitir la matrícula de aeronaves pertenecientes a personas naturales o jurídicas extranjeras, siempre que tengan o ejerzan en el país algún empleo, profesión o industria permanentes. Igual autorización podrá concederse respecto de aeronaves extranjeras operadas, a cualquier título, por empresas de aeronavegación chilenas.

Conc.: CA: art. 183; CC: Arts. 54-70; 545 y sigs., 2053, 2059, 2285 y 2304-2313; Ccom: arts. 348.

**Artículo 39.** Podrán matricularse en Chile las aeronaves extranjeras que hayan sido entregadas en virtud de un contrato en que el propietario se reserva el dominio hasta el cumplimiento de una condición o hasta el pago total del precio, siempre que el adquirente se encuentre en alguno de los casos señalados en el artículo anterior.

Mientras no se inscriba el documento que acredite el cumplimiento de la condición, el pago total del precio o la renuncia expresa, no se podrá transferir el dominio de la aeronave ni constituir hipoteca sobre ella, sin autorización del propietario.

Conc.: CA: art. 183; CC: arts. 680, 1473-1492 y 1874.

**Artículo 40.** Podrá matricularse temporalmente en el Registro Nacional de Aeronaves, a solicitud de un propietario chileno o extranjero, según los términos del artículo 38, la aeronave adquirida en país extranjero o construida o armada en Chile, para el solo efecto de permitir efectuar operaciones de prueba y entrenamiento en el lugar de su construcción o adquisición; para su traslado a un punto determinado del territorio nacional o en aquellos otros casos en que la autoridad aeronáutica lo estimare procedente.

Esta matrícula se concederá por un plazo máximo de cuatro meses, que podrá ser renovado por una sola vez y por igual periodo.

Conc.: CA: art. 183.

**Artículo 41.** Las aeronaves de propiedad de un organismo internacional gubernamental del cual Chile sea miembro, podrán matricularse en Chile, en virtud de un convenio entre ese organismo y el Estado chileno, siempre que sean utilizadas en el país, sin fines comerciales.

Conc.: CA: arts. 44-51.

### 3. De la cancelación de las inscripciones

**Artículo 42.** El Conservador del Registro Nacional de Aeronaves cancelará, de oficio o a petición de parte, la inscripción de una aeronave, en los casos siguientes:

a) Cuando la aeronave fuere matriculada en otro Estado;

b) Cuando compruebe que el titular del dominio de la aeronave ha dejado de cumplir con los requisitos que exige el artículo 38;

c) Cuando reciba copia de la resolución de la autoridad aeronáutica que declara la pérdida, destrucción, inutilidad o desarme de una aeronave;

d) Cuando no se hubiere renovado el certificado de aeronavegabilidad en cinco períodos anuales consecutivos;

e) Cuando hubiere vencido el plazo en el caso de la matrícula temporal del artículo 40, y

f) En los demás casos que señale la ley.

Conc.: CA: arts. 47 y 183; Ley N° 16.752: art. 3° letra m); OACI: art. 31. DAR - 08.

**Artículo 43.** No podrá cancelarse la matrícula chilena de una aeronave hipotecada o sobre la cual existan créditos privilegiados inscritos, de los señalados en el artículo 48, sin previo alzamiento del gravamen o privilegio, a menos que el acreedor dé su consentimiento.

Sin embargo, en el caso de la letra c) del artículo anterior, se efectuará la cancelación aunque existieren créditos privilegiados inscritos o hipoteca, una vez transcurridos cinco años desde la resolución que declarara la pérdida, destrucción o inutilidad de la aeronave.

Conc.: CA: arts. 114-125; CC: arts. 46, 2407 y 2470.

## CAPÍTULO III
## DEL REGISTRO NACIONAL DE AERONAVES

**Artículo 44.** Habrá, en la capital de la República, un Registro Nacional de Aeronaves, que será público y que estará a cargo de un Conservador que designará la autoridad aeronáutica.

Conc.: CA: art. 183.

**Artículo 45.** El Conservador llevará dos Registros: el de Matrícula y Propiedad de las Aeronaves y el de Gravámenes y Prohibiciones de Aeronaves. Además, llevará un libro Repertorio.

Los interesados podrán requerir copia autorizada de las inscripciones y anotaciones de los Registros y del Repertorio.

Conc.: DS N° 71, de julio de 2016, Reglamento Registro Nacional de Aeronaves.

**Artículo 46.** Un reglamento determinará la formación y custodia de los Registros y del libro Repertorio, y la forma, condiciones y demás requisitos de las inscripciones y anotaciones.

Conc.: DS N° 71, de julio de 2016, Reglamento Registro Nacional de Aeronaves.

**Artículo 47.** En el Registro de Matrícula y Propiedad de las Aeronaves se inscribirán:

1. Los actos, contratos o resoluciones que acrediten la propiedad de la aeronave, y la transferencia, transmisión, modificación o extinción de su dominio, y

2. La resolución de la autoridad aeronáutica que declara la pérdida, destrucción, inutilidad o desarme definitivo de la aeronave.

En las inscripciones de que trata el N° 1 se harán constar las siglas y elementos identificatorios de la aeronave.

Conc.: CA: art. 42; CC: arts. 582; CCom.: arts. 1°, 2°, y 3°.

**Artículo 48.** En el Registro de Gravámenes y Prohibiciones se inscribirán:

1. Las hipotecas, demás gravámenes y prohibiciones que se constituyan sobre aeronaves y los créditos privilegiados respecto de éstas, y

2. Los embargos, retenciones y medidas precautorias que recaigan sobre aeronaves.

Asimismo, en este Registro podrán inscribirse los actos y contratos en virtud de los cuales se cede o transmite la calidad de explotador.

Conc.: CA: art. 114-125; CC: arts. 46, 2407-2434, 2465-2491; CPC: arts. 273, 290, 434, 450, 453, 545-548.

**Artículo 49.** Para inscribir el dominio de la aeronave se acompañará copia de la escritura pública o del instrumento privado protocolizado ante notario, que acredite su adquisición.

Sin esta inscripción, la transferencia del dominio no producirá efectos respecto de terceros.

Conc.: CC: arts. 690, 1699.

**Artículo 50.** En el caso de que la herencia comprendiere una o más aeronaves o una parte alicuota de ellas, en el Registro deberá inscribirse:

1. La resolución que concede la posesión efectiva de la herencia;
2. El testamento, si lo hubiere, y
3. El acto de partición en que se adjudique la aeronave o los derechos sobre ella.

En tanto no se practiquen las inscripciones señaladas en los N°s. 1 y 2, los herederos no podrán disponer de la aeronave heredada. Sin la inscripción prevista en el N° 3, no podrá el adjudicatario disponer de la aeronave que en la partición le hubiere correspondido.

Conc.: CC: arts. 688, 951, 999, 1317. CPC: arts. 646-666, 866-871, 887-888.

**Artículo 51.** En el Registro de Gravámenes y Prohibiciones no podrá efectuarse inscripción alguna si la aeronave objeto de ella no se encuentra, al mismo tiempo, matriculada en Chile. Será nula toda inscripción de un gravamen o prohibición en la que no se inserte la individualización de la inscripción en el Registro de Matrícula y Propiedad de la aeronave respectiva.

Sin embargo, en el caso de la inscripción del contrato de arrendamiento de aeronaves matriculadas en el extranjero, bastará citar su matricula.

Asimismo, deberán anotarse al margen de la inscripción de propiedad de una aeronave, las inscripciones de gravámenes y prohibiciones que se constituyeren sobre ella.

Conc.: CA: arts. 32-43, 101 y sigs.

## CAPÍTULO IV
## DE LA AERONAVEGABILIDAD

**Artículo 52.** Ninguna aeronave será autorizada para el vuelo sin la previa expedición de un certificado de aeronavegabilidad por parte de la autoridad aeronáutica.

Se entiende por certificado de aeronavegabilidad el documento que, una vez efectuadas las correspondientes pruebas e inspecciones en vuelo y en tierra, identifica técnicamente la aeronave e indica el tipo de habilitación de la misma para su utilización.

La autoridad aeronáutica nacional se pronunciará sobre la aceptación de los certificados extranjeros de aeronavegabilidad para aeronaves matriculadas en el exterior.

Se presume que la aeronave que tiene su certificado de aeronavegabilidad vigente reúne las condiciones técnicas para volar.

Los vehículos ultra livianos no estarán sujetos a lo dispuesto en este artículo.

Conc.: CA: arts. 42, 90 y 183. Ley Nº 16.752: art. 3º letra ñ). DFL 241: art. 15 número 10. OACI: arts. 31, 33, 39 y 40.

**Artículo 53.** El reglamento determinará las clases, tipos, características, condiciones de otorgamiento y validez, plazos, renovación, caducidad, convalidación y revalidación, de los certificados de aeronavegabilidad. Asimismo, establecerá las modalidades y requisitos de los certificados especiales de aeronavegabilidad para ciertos tipos de aeronaves, tales como prototipos, aeronaves de experimentación, de pruebas en vuelo y de homologación.

## CAPÍTULO V
## DE LA FABRICACIÓN Y REPARACIÓN DE AERONAVES

**Artículo 54.** Corresponderá a la autoridad aeronáutica:

a) Llevar un registro de las industrias dedicadas a la fabricación, armaduría y reparación de aeronaves, o de sus partes o piezas;

b) Dictar normas técnicas oficiales y obligatorias para la fabricación de aeronaves y sus partes o piezas;

c) Certificar las aeronaves fabricadas, armadas o integradas en el país, siempre que se hayan cumplido a su respecto las normas técnicas oficiales sobre la materia y se acredite haberse realizado el control de calidad aceptado por la autoridad aeronáutica, y

d) Celebrar contratos con otras entidades nacionales o extranjeras sobre certificación de aeronaves, y sus partes o piezas.

Conc.: CA: art. 183.

**Artículo 55.** La autoridad aeronáutica y sus dependientes deberán guardar secreto respecto de los estudios, planos y demás documentos que le sean entregados en cumplimiento de las exigencias mencionadas en el artículo anterior.

Conc.: CA: art. 183.

**Artículo 56.** La autoridad aeronáutica controlará el cumplimiento de las normas a que se refieren las letras b) y c) del artículo 54.

Conc.: CA: art. 183.

## TÍTULO III
## DEL PERSONAL AERONÁUTICO

### CAPÍTULO I
### CONCEPTO Y CLASIFICACIÓN

**Artículo 57.** Se denomina personal aeronáutico aquel que desempeña a bordo de las aeronaves o en tierra las funciones técnicas propias de la aeronáutica, tales como la conducción, dirección, operación y cuidado de las aeronaves; su despacho, estiba, inspección y reparación; el control del tránsito aéreo y la operación de las estaciones aeronáuticas.

El ejercicio de funciones técnicas propias de la aeronáutica requerirá de las licencias y habilitaciones que determine la autoridad aeronáutica.

El personal aeronáutico se clasifica en personal de vuelo y personal de tierra.

Conc.: CA: art. 183; CT: 152 ter-152 ter M; Ley Nº 16.752: art. 3º letra o). OACI: arts. 32, 33, 39, 40 y 42. DAR - 01.

**Artículo 58.** El personal de vuelo se divide en tripulación de vuelo, que es la encargada de la operación, mando y funcionamiento de la aeronave o sus partes; y tripulación auxiliar, que es la encargada del cuidado y seguridad de las personas o cosas que se transportan en ella.

Conc.: CA: arts. 64-75; CT: 152 ter-152 ter M.

**Artículo 59.** La autoridad aeronáutica podrá determinar, por razones de seguridad de vuelo, la calidad técnica y el número del personal aeronáutico que debe operar cualquier aeronave, previo examen de las características de ésta y estudio de la operación de vuelo.

Conc.: CA: art. 183.

**Artículo 60.** No obstante lo dispuesto en la legislación laboral común en materia de jornada de trabajo, la autoridad aeronáutica tendrá, por razones de seguridad de vuelo, la facultad exclusiva para establecer los sistemas y turnos de trabajo y descanso del personal de vuelo.

Conc.: CA: art. 183; Ley Nº 16.752 art. 3º letra j); CT: 152 ter-152 ter M.

## CAPÍTULO II
## DE LA CONVALIDACIÓN DE LICENCIAS Y HABILITACIONES

**Artículo 61.** El personal aeronáutico procedente del extranjero podrá ejercer sus actividades en Chile sólo si su documentación profesional se convalida en el país.

Se entiende por convalidación el acto por el cual la autoridad aeronáutica reconoce como válida en Chile la licencia o habilitación otorgada en otro país.

Conc.: CA: art. 183; Ley Nº 16.752 art. 3º letra o); OACI: arts. 32, 39, 40 y 42.

**Artículo 62.** Las licencias y habilitaciones expedidas o convalidadas en otro país a los tripulantes de una aeronave extranjera, serán reconocidas como válidas en Chile, con el objeto de que ella pueda entrar, volar o salir del espacio aéreo nacional.

A falta de convenio internacional que regule dicho reconocimiento, éste se efectuará, bajo condiciones de reciprocidad y siempre que se demuestre que las licencias y habilitaciones fueron expedidas o convalidadas por autoridad competente en el Estado de Matrícula de la aeronave, que están vigentes y que los requisitos exigidos para extenderlas o convalidarlas son iguales o superiores a los establecidos en Chile para casos análogos.

Conc.: OACI: arts. 11, 13, 16 32, 39, 40 y 42.

**Artículo 63.** El reglamento establecerá los requisitos para el otorgamiento, suspensión, cancelación y convalidación de los diversos tipos o clases de licencias o habilitaciones que debe dar la autoridad aeronáutica; las funciones y obligaciones técnicas del personal aeronáutico; y, en general, todas las materias concernientes a la seguridad y buen orden en el ejercicio de las funciones técnico-aeronáuticas.

Conc.: CA: art. 183; Ley N° 16.752 art. 3° letra o); DAR - 01.

## CAPÍTULO III
## DEL COMANDANTE DE LA AERONAVE

**Artículo 64.** Toda aeronave deberá tener un comandante, que será el piloto al mando, designado por el explotador para cada operación aérea.

A falta de persona designada, se presume comandante a quien dirige a bordo la operación de vuelo.

En las aeronaves empleadas en actividades de aeronáutica comercial, el nombre del comandante deberá constar en la documentación de a bordo.

Conc.: CA: arts. 90-92, 95-99 y 100.

**Artículo 65.** El comandante de la aeronave es la única y máxima autoridad a bordo. Es el encargado de la dirección de la aeronave y principal responsable de su conducción segura de acuerdo con las regulaciones de circulación aérea y el manual de operaciones de vuelo del explotador. Tiene potestad disciplinaria sobre la tripulación, autoridad sobre los pasajeros y el control total sobre la aeronave y la carga transportada.

El ejercicio de las funciones del comandante comienza desde que se inicia la preparación del vuelo, y finaliza cuando éste concluye. En caso de interrupción anormal del vuelo, ejercerá sus funciones hasta que la tripulación, los pasajeros y la carga estén en lugar seguro o bajo la responsabilidad de representantes del explotador o de las autoridades aeronáuticas, según el caso.

Toda persona a bordo está obligada a acatar las instrucciones y órdenes que imparta el comandante para la seguridad, correcta operación, orden e higiene de la aeronave.

La autoridad del comandante no se suspenderá en los puntos intermedios o escalas de una operación de vuelo ni en caso de accidente, incidente o cualquiera otra contingencia que, como el apoderamiento ilícito, pueda afectar a la aeronave.

**Artículo 66.** El comandante podrá suspender a un tripulante o encomendarle actividades distintas de sus funciones específicas, en razón de la seguridad de la aeronave, de los pasajeros o de los bienes transportados.

**Artículo 67.** Son obligaciones del comandante:

a) Verificar que la aeronave y la tripulación tengan los libros y documentos exigidos por las leyes o reglamentos;

b) Cerciorarse de que la aeronave esté apta para iniciar la operación de vuelo, de acuerdo con los manuales correspondientes;

c) Recabar los informes meteorológicos de su ruta, debiendo suspender el vuelo si no tuviere predicción favorable hasta el siguiente punto de aterrizaje por lo menos, la seguridad del vuelo;

d) Inspeccionar y aprobar la estiba de la aeronave, e impedir un mayor peso que el autorizado o una distribución del mismo contraria a las especificaciones técnicas;

e) Impedir el embarque de personas que puedan constituir un peligro para la seguridad del vuelo, de los pasajeros o de la carga. Asimismo, impedir el embarque o transporte de aquella carga que constituya un peligro para la aeronave, pasajeros o carga;

f) Cumplir las instrucciones de los servicios de control de tránsito aéreo, salvo que ello resultare peligroso para la seguridad de la aeronave o de las personas a bordo, caso en el cual notificará a esos servicios las medidas que adopte;

g) Cumplir y hacer cumplir las normas jurídicas que regulan las operaciones de vuelo, y los manuales técnicos aprobados por la autoridad aeronáutica;

h) Dar al control de tierra la información necesaria para la seguridad del vuelo, e

i) Adoptar, durante el vuelo, las medidas que estime necesarias para la seguridad de la aeronave, de los pasajeros y de la carga.

Conc.: CA: arts. 90-92, 142-172, 177, 183, 190-200; OACI: arts. 35 y 37.

**Artículo 68.** El comandante de la aeronave podrá:

a) Desembarcar tripulantes, pasajeros y carga, en una escala intermedia, por motivos que puedan afectar el orden o la seguridad en la aeronave;

b) Arrojar cualquier objeto de a bordo, cuando sea necesario para la seguridad del vuelo, y

c) No iniciar o interrumpir el vuelo cuando, a su juicio, esté en peligro la seguridad del mismo, debiendo comunicar su decisión de inmediato a la autoridad competente del lugar donde se encuentre, y al explotador.

Conc.: CA: arts. 85-87, 99 y 100. OACI: art. 35.

**Artículo 69.** El comandante, en ausencia del explotador de la aeronave y en su representación, podrá ejecutar o celebrar todos los actos que fueren imprescindibles para la prosecución del vuelo, tales como los necesarios para la atención y resguardo de los pasajeros, equipajes, mercaderías y correos, y para la conservación, reparación y aprovisionamiento de la aeronave.

Conc: CA: arts. 99 y 100.

**Artículo 70.** El comandante designado para un vuelo podrá negarse a recibir la aeronave si su revisión personal y controles previos le indican que no está apta para iniciar la operación, debiendo especificar claramente ante el explotador las razones en que funda su decisión.

Conc.: CA: arts. 99 y 100.

**Artículo 71.** El comandante de la aeronave podrá imponer las medidas preventivas y coercitivas necesarias para mantener la seguridad de la aeronave, de las personas o de los bienes, o para conservar el orden y disciplina a bordo.

Iguales facultades tendrá cualquier tripulante o pasajero, cuando no se alcance a contar con la autorización del comandante.

Si el comandante estima que un hecho reviste caracteres de delito, lo denunciará y, en su caso, entregará al responsable a la autoridad aeronáutica o, a falta de ella, a la que corresponda.

Conc.: CA: arts. 190-200; COT art. 6°.

**Artículo 72.** El pasajero que se embarque en una aeronave, aunque esté legalmente autorizado para portar armas, deberá, antes de iniciar el vuelo, entregarlas al comandante o a quien éste designe, las que le serán restituidas una vez finalizado ese vuelo.

Conc.: Ley N° 17.798.

**Artículo 73.** En caso de defunción a bordo, el comandante ordenará la custodia y el inventario simple de los bienes que portare el difunto y los entregará, junto con los restos del fallecido, a la autoridad respectiva.

Conc.: CA: art. 92; CC: arts. 78; 382, 1222 y 1253; CS: arts. 139, 141-144; Ley N° 4.808: arts. 5°, 44.

**Artículo 74.** Las decisiones que adopte el comandante, y sus fundamentos, de acuerdo con las atribuciones que le concede este capítulo, deberán hacerse constar en los libros de a bordo.

Conc.: CA: arts. 90-92.

**Artículo 75.** Las atribuciones y deberes del comandante de una aeronave matriculada en Chile, se regirán por la ley chilena, cualquiera sea el lugar en que se encuentre la aeronave.

Conc.: CA: arts. 1°-6°, 64-75.

## TÍTULO IV
## DE LA CIRCULACIÓN AÉREA

### CAPÍTULO I
### DE LA LIBERTAD DE CIRCULACIÓN AÉREA Y DEL INGRESO Y SALIDA DE AERONAVES DEL TERRITORIO NACIONAL

**Artículo 76.** La circulación de aeronaves chilenas será libre dentro del territorio nacional y su espacio aéreo, sujeta solamente a las restricciones impuestas conforme a la ley.

La circulación de las aeronaves civiles extranjeras se someterá, además, a lo dispuesto en los tratados en que Chile fuere parte.

**Artículo 77.** En los vuelos internacionales, las aeronaves utilizarán solamente los aeropuertos.

Los vuelos de ingreso o salida del territorio nacional deberán ejecutarse por las rutas aéreas o aerovías, que determine la autoridad aeronáutica.

## CAPÍTULO II
## DEL DESPEGUE, VUELO Y ATERRIZAJE DE LAS AERONAVES

**Artículo 78.** El despegue y aterrizaje de toda aeronave se hará en los aeródromos.

Las aeronaves que presten servicios de policía, búsqueda, asistencia, salvamento o sanidad, y las autorizadas expresamente por la autoridad aeronáutica, podrán hacerlo en cualquier otro sitio.

Conc.: CA: arts. 7° y 183; OACI: arts. 10, 15 y 68.

**Artículo 79.** Las aeronaves de Estado chilenas tienen libre acceso a todos los aeródromos, sean públicos o privados.

Conc.: CA: arts. 29, 30 y 31; OACI: art. 3°.

**Artículo 80.** En caso de emergencia, cualquier aeronave podrá aterrizar en aeródromos privados o en superficies que no sean aeródromos. En tales casos, no podrá impedirse el despegue de la aeronave.

El comandante de la aeronave tiene la obligación de dar cuenta a la autoridad aeronáutica, tan pronto como le sea posible, de toda alteración que efectuare al plan de vuelo presentado.

Conc.: CA: arts. 183 y 200; OACI: art. 25.

**Artículo 81.** Ninguna persona podrá oponerse al sobrevuelo de una aeronave en razón de sus derechos sobre el suelo.

Con todo, el piloto, durante el vuelo no podrá efectuar maniobras innecesarias para la operación aérea que originen un riesgo para las personas en la superficie o que afecten los derechos de terceros.

Si con motivo de un vuelo se ocasionare algún perjuicio, el afectado tendrá derecho a indemnización.

Conc.: CA: arts. 1º, 155-160, 170-175 y 196; CC: 2314.

**Artículo 82.** Por razones de seguridad nacional o de carácter militar, la autoridad aeronáutica podrá prohibir o restringir el vuelo y aterrizaje de aeronaves en zonas determinadas del territorio nacional.

Conc.: CA: arts. 14; Ley Nº 16.752: art. 3º letra q); OACI: art. 9º.

## CAPÍTULO III
## DE LAS FACULTADES DE CONTROLAR Y RETENER AERONAVES

**Artículo 83.** La autoridad aeronáutica tiene la facultad de controlar o inspeccionar a las aeronaves, a su tripulación y a las personas y cosas transportadas a bordo.

Conc.: CA: arts. 183; Ley Nº 16.752: art. 3º letra ñ); OACI: art. 16.

**Artículo 84.** La autoridad aeronáutica podrá impedir el vuelo de una aeronave que no reúna las condiciones exigidas por la ley o los reglamentos.

Conc.: CA: arts. 183; Ley Nº 16.752: art. 3º letra z).

## CAPÍTULO IV
## DEL TRANSPORTE DE OBJETOS PELIGROSOS, DE LA PROHIBICIÓN DE ARROJAR OBJETOS Y DE LOS INSTRUMENTOS DE OBSERVACIÓN Y REGISTRO

**Artículo 85.** Para transportar en las aeronaves objetos que constituyan un peligro para la seguridad de vuelo, deberá obtenerse permiso de la autoridad aeronáutica y adoptarse las medidas necesarias previstas en los reglamentos.

Se requerirá también permiso de la autoridad competente, para transportar objetos, sustancias o dispositivos peligrosos para la seguridad pública o la seguridad nacional.

Sólo podrá efectuarse este transporte en aeronaves provistas de los elementos necesarios para prevenir y neutralizar efectivamente cualquier siniestro que pudiere derivarse de la naturaleza de tales cosas.

Conc.: CA: art. 183; OACI: art. 35. DAR - 18.

**Artículo 86.** Salvo los casos de emergencia previstos en este código o de actividades permitidas por la autoridad aeronáutica, no podrán arrojarse objetos sólidos, líquidos o gaseosos desde las aeronaves en vuelo.

Conc.: CA: arts. 68 y 183.

**Artículo 87.** La autoridad aeronáutica regulará y controlará el uso, a bordo de una aeronave, de cualquier tipo de instrumento que permita registrar el suelo o las aguas del territorio chileno, o efectuar levantamientos topográficos, aerofotogramétricos y otros semejantes, tales como aparatos fotográficos, filmadoras o equipos de televisión.

Conc.: CA: arts. 183; OACI: art. 36.

## CAPÍTULO V
## DE LA REGULACIÓN Y PERMISO DE CIERTOS VUELOS ESPECIALES

**Artículo 88.** Sólo con permiso de la autoridad aeronáutica, se podrá volar por debajo de las alturas mínimas que ella determine.

Conc.: CA: arts. 183 y 196.

**Artículo 89.** Los vuelos acrobáticos y los que constituyan espectáculo público, requerirán permiso de la autoridad aeronáutica, en las condiciones que establezca el reglamento.

Conc.: CA: arts. 183 y 196.

## CAPÍTULO VI
## DE LOS DOCUMENTOS QUE DEBE PORTAR LA AERONAVE

**Artículo 90.** En toda aeronave que vuele sobre territorio nacional se deberán portar los siguientes documentos:

a) Certificado de matrícula.

b) Certificado de aeronavegabilidad.

c) Licencias y habilitaciones de la tripulación.

d) Bitácora.

e) Si lleva pasajeros, listado de sus nombres y lugares de embaque y destino.

f) Documentos relativos a la aeronave, a los pasajeros, a la carga y a la correspondencia, que requieran los reglamentos.

Lo dispuesto en este artículo no se aplicará a los vehículos ultralivianos.

Conc.: CA: arts. 32-37, 52-53, 57-59, 61 y 67; Ley N° 16.752: art. 3° letras ñ) y o); OACI: arts. 29, 31, 32 y 33. DAR - 08.

**Artículo 90 bis.** Con el fin de dar cumplimiento a lo dispuesto en el artículo 180 del Código Procesal Penal, los servicios de transporte aéreo que operen en el territorio nacional deberán, durante el recorrido que presten y dentro del plazo de cinco años, poner a disposición del Ministerio Público y las policías que colaboren con la investigación, el listado de pasajeros referido en la letra e) del artículo 90, cuando así lo requieran.

El requerimiento referido en el inciso anterior deberá contener la fecha y lugar de expedición, los antecedentes necesarios para darle cumplimiento, el plazo que se otorga para que se lleve a efecto y la identificación del organismo que lo requiere.

Conc.: CPP: art. 180.

**Artículo 91.** Las aeronaves comerciales de transporte llevarán, además, un diario de a bordo, en el cual el comandante deberá dejar constancia de cualquier hecho anormal o extraordinario ocurrido durante la operación de vuelo.

Conc.: CA: arts. 67, 74, 95; OACI: art. 34.

**Artículo 92.** El comandante de un vuelo anotará en el diario de a bordo los nacimientos y defunciones ocurridos en la aeronave, expresando el nombre y demás datos necesarios para la individualización de las personas, y el lugar, fecha y hora del hecho.

A requerimiento de los interesados, el explotador de la aeronave estará obligado a otorgar copia de estas anotaciones.

Conc.: CA: arts. 73 y 99; CC: arts. 74 y 78; CPC: art. 858; Ley N° 4.808: arts. 5° y 44.

## TÍTULO V
## DE LA AERONÁUTICA NO COMERCIAL

**Artículo 93.** Aeronáutica no comercial es la que tiene por objeto actividades de vuelo sin fines de lucro, tales como la instrucción, recreación o deporte.

La aviación no comercial no podrá realizar servicios de transporte o trabajos aéreos remunerados.

Sin embargo, previa autorización de la Junta de Aeronáutica Civil, la aviación no comercial podrá efectuar servicios de transporte o trabajos aéreos pagados, siempre que éstos no persigan fines de lucro, cuando la aeronáutica comercial no esté en condiciones de prestar dichos servicios.

Conc.: CA: art. 183; CC. art. 545; Ley N° 20.500; Ley N° 16.752: art. Letra l); DFL N° 241: art. 15 número 2.

**Artículo 94.** Los clubes aéreos son corporaciones de derecho privado que tienen por finalidad la práctica deportiva y el uso y fomento de la navegación aérea en todas sus formas.

La autoridad aeronáutica tendrá la supervigilancia y control de sus actividades técnicas y aéreas.

Conc.: DFL N° 241; DAR - 96.

## TÍTULO VI
## DE LA AERONÁUTICA COMERCIAL

**Artículo 95.** Aeronáutica comercial es la que tiene por objeto prestar servicios de transporte aéreo y de trabajos aéreos, con fines de lucro.

Servicio de transporte aéreo es toda actividad destinada a trasladar, en aeronaves, a pasajeros o cosas de un lugar a otro.

Los servicios de trabajos aéreos consisten en la explotación de cualquier otra actividad comercial realizada por medio de aeronaves.

Conc.: CA: art. 126-141; DFL N° 241: art. 6° número 1). DAR - 06.

**Artículo 96.** Los servicios de transporte aéreo pueden ser "regulares" o "no regulares", nacionales o internacionales.

Son "regulares" aquellos realizados en forma continua y sistemática de acuerdo con condiciones prefijadas, tales como itinerarios y horarios. Los demás son "no regulares".

Conc.: OACI: arts. 5° y 6°; Convenio de Montreal 1999: art. 1°.

**Artículo 97.** Servicio de transporte aéreo nacional o cabotaje es el que se presta entre dos o más puntos del territorio de la República, aunque se vuele sobre territorio extranjero.

Servicio de transporte aéreo internacional es el que se presta entre dos o más puntos ubicados en el territorio de Estados diferentes, aunque se realicen escalas dentro de un mismo Estado.

Es también servicio de transporte aéreo internacional el que se efectúa entre dos puntos del territorio nacional, cuando se hubiere previsto una escala intermedia en el territorio de otro Estado.

**Artículo 98.** La operación de los servicios de transporte aéreo y trabajos aéreos quedará sujeta a las normas y disposiciones que, en conformidad a la ley impartan la Dirección General de Aeronáutica Civil y la Junta de Aeronáutica Civil, según corresponda.

Conc.: DFL N° 241; DL N° 2.564; RES. N° 1522.

## TÍTULO VII
## DEL EXPLOTADOR

**Artículo 99.** "Explotador" es la persona que utiliza la aeronave por cuenta propia, con o sin fines de lucro, conservando su dirección técnica.

Se presume explotador al propietario de la aeronave.

**Artículo 100.** El propietario de una aeronave es responsable, solidariamente con el explotador, de cualquier daño que ella produzca, a menos que el acto o contrato mediante el cual se transfiere la calidad de explotador, se inscriba en el Registro Nacional de Aeronaves, caso en el cual el propietario queda liberado de responsabilidad civil.

Conc.: CA: arts. 44-51; CC: arts: 1511-1523; DS N° 71.

## TÍTULO VIII
## DE LOS CONTRATOS AERONÁUTICOS

### CAPÍTULO I
### DEL ARRENDAMIENTO DE AERONAVES

**Artículo 101.** El arrendamiento de aeronaves es un contrato en el que una de las partes concede a la otra, por un precio determinado, el goce de una aeronave, para que sea utilizada en uno o más viajes, por cierto tiempo o por determinada distancia.

Este contrato, por el cual se transfiere la calidad de explotador, deberá otorgarse por escritura pública o instrumento privado autorizado y protocolizado ante un notario.

Conc.: CC: arts: 1699, 1915-1969; COT: art. 403; OACI: artículo 83 bis.

**Artículo 102.** El arrendatario no tiene la facultad de ceder el arrendamiento o de subarrendar, a menos que se le haya expresamente concedido. En este caso, el cedente o subarrendador quedará libre de responsabilidad si se inscribe el contrato en el Registro Nacional de Aeronaves.

Conc.: CC: arts. 1946; OACI: art. 83 bis.

**Artículo 103.** El arrendador es obligado a:

1. Entregar la aeronave en el lugar y tiempo convenidos, en condiciones de aeronavegabilidad y provista de la documentación necesaria para su utilización, y

2. Mantener la aeronave en condiciones de aeronavegabilidad, efectuando las reparaciones necesarias de los desperfectos debidos a fuerza

mayor o al desgaste por su uso normal, según el empleo convenido, salvo pacto en contrario. Esta obligación cesa en caso de culpa del arrendatario.

Conc.: CC: arts. 1924. CA: art. 44; OACI: art. 83 bis.

**Artículo 104.** La dirección de la tripulación de una aeronave arrendada, corresponderá siempre al arrendatario, no obstante cualquier estipulación en contrario.

Conc.: OACI: art. 83 bis.

**Artículo 105.** El arrendatario es obligado a:

1. Usar la aeronave según sus características técnicas y el empleo convenido;

2. Pagar el precio, y

3. Devolver la aeronave en el estado en que la recibió, sin más desgaste que el debido al uso ordinario de ella.

Conc.: CC: arts. 1938-1949; OACI: art. 83 bis.

## CAPÍTULO II
## DEL FLETAMENTO DE AERONAVES

**Artículo 106.** El fletamento es un contrato por el cual una parte, llamada fletante, se obliga a poner a disposición de la otra, llamada fletador, por un precio determinado, la capacidad total o parcial de una aeronave, para una o varias operaciones aéreas, o durante un tiempo determinado, conservando la dirección de la tripulación.

Por este contrato, el fletante no transfiere su calidad de explotador.

Conc.: CA: arts. 99 y 100; OACI: artículo 83 bis.

**Artículo 107.** Son obligaciones del fletante:

1. Poner a disposición del fletador la capacidad total o parcial de una determinada aeronave equipada y tripulada, y provista de los documentos necesarios y en estado de aeronavegabilidad, y

2. Cumplir las operaciones aéreas pactadas y mantener la capacidad de la aeronave a disposición del fletador durante el tiempo convenido.

Conc.: OACI: artículo 83 bis.

**Artículo 108.** Son obligaciones del fletador:

1. Utilizar la capacidad de la aeronave según lo estipulado en el contrato, y

2. Pagar el precio en el lugar y tiempo convenidos.

Salvo estipulación en contrario, en el fletamento por tiempo determinado corresponderá al fletador, además, proveer los fondos necesarios para el funcionamiento y operación comercial de la aeronave.

Conc.: OACI: artículo 83 bis.

**Artículo 109.** En caso de pérdida de la aeronave, el flete por tiempo se debe hasta el día en que haya ocurrido la pérdida.

Conc.: OACI: artículo 83 bis.

**Artículo 110.** En el contrato de fletamento por tiempo, cuando su período de ejecución exceda al término pactado por hecho del fletador, éste estará obligado a pagar al fletante un sobreprecio proporcional al precio y tiempo convenidos, sin perjuicio de las indemnizaciones que procedan.

Conc.: OACI: artículo 83 bis.

**Artículo 111.** El fletante y el fletador son solidariamente responsables ante el cargador y los pasajeros.

Conc.: CC: arts. 1511-1523. CA: art. 142; OACI: art. 83 bis.

## CAPÍTULO III
## DEL INTERCAMBIO DE AERONAVES

**Artículo 112.** El intercambio de aeronaves es un contrato en virtud del cual dos o más explotadores se ceden recíprocamente el derecho a utilizar sus respectivas aeronaves, con o sin tripulación.

**Artículo 113.** Los contratos de intercambio de aeronaves podrán celebrarse en forma de arrendamiento o fletamento recíprocos, y deberán constar por escrito.

Si el intercambio de aeronaves, celebrado bajo la forma de arrendamiento, se inscribiere en el Registro Nacional de Aeronaves, producirá los efectos previstos en el artículo 100.

Conc.: CC: arts. 1915; CA: arts. 44-51; OACI: art. 83 bis.

## CAPÍTULO IV
## DE LA HIPOTECA Y DE LOS PRIVILEGIOS

**Artículo 114.** Las aeronaves podrán ser hipotecadas.

La hipoteca comprenderá la totalidad de la aeronave, incluidos los equipos o piezas destinados permanentemente a su servicio, sea que estén incorporados a ella o se encuentren temporalmente separados.

El deudor no podrá separar las partes de la aeronave comprendidas en la hipoteca sino de manera temporal y sólo para su reparación o mejora.

Las aeronaves no podrán gravarse con otras garantías reales.

Conc.: CA: art. 42 y 48; CC: arts. 46, 577, 679, 2407, 2408, 2411, 2418; CB: art. 218.

**Artículo 115.** La hipoteca de la aeronave podrá incluir las piezas de repuesto que correspondan al tipo de la aeronave hipotecada, siempre que dichas piezas se individualicen y se guarden en lugares determinados.

La individualización de las piezas de repuestos deberá hacerse en el contrato o en el inventario anexo a éste.

Las piezas de repuestos comprendidas en la hipoteca sólo podrán ser sacadas del lugar donde se guarden para ser utilizadas o incorporadas en la aeronave hipotecada a la cual correspondan, previo aviso escrito al acreedor hipotecario. Tales piezas deberán ser inmediatamente reemplazadas.

Conc.: CA: art. 48; CC: arts. 46, 577, 679, 2407.

**Artículo 116.** La hipoteca sobre aeronaves sólo podrá constituirse por escritura pública, o por instrumento privado autorizado ante notario. Podrá ser una misma la escritura de la hipoteca y la del contrato a que accede.

La hipoteca deberá inscribirse en el Registro Nacional de Aeronaves, y su fecha será la de su inscripción. Sin este requisito, la hipoteca no tendrá valor alguno.

La cesión del crédito hipotecario se sujetará a las solemnidades indicadas en los incisos anteriores.

El instrumento privado otorgado en la forma que dispone el inciso primero tendrá mérito ejecutivo sin necesidad de reconocimiento previo.

Conc.: CA: art. 46, 48; CC: arts. 577, 679, 2407; CPC: 434 número 7°.

**Artículo 117.** La inscripción de la hipoteca debe contener:

1. La individualización del acreedor y del deudor o del apoderado o representante legal que requiera la inscripción;
2. La fecha y la naturaleza del contrato u obligación a que accede; si la hipoteca se ha constituido por acto separado, se expresarán también los datos de este acto;
3. La suma a que se extiende la hipoteca, cuando ella se limite a una cantidad determinada, o las obligaciones presentes o futuras, estén o no determinadas a la fecha del contrato, si se trata de una garantía general;
4. La individualización de la aeronave hipotecada. Cuando comprenda piezas de repuesto, el lugar en que se guardan, no siendo necesario reproducir la individualización de éstas últimas, y
5. La fecha de la inscripción y la firma del Conservador.

La falta de alguno de los requisitos prevenidos en los números 1, 2, 3 y 4 no anulará la inscripción, siempre que por medio de ésta o del contrato o contratos citados en ella pueda conocerse lo omitido.

Los documentos con que se practique la inscripción se archivarán en la oficina del Conservador, donde quedarán a disposición del público.

Conc.: CA: Art. 44, 48; CC: arts. 679, 1681 y 2116; C.Com: arts. 233; OACI: art. 83 bis.

**Artículo 118.** El acreedor hipotecario domiciliado en el extranjero deberá fijar domicilio en Chile, en el cual podrá ser válidamente notificado para todos los efectos legales relacionados con la hipoteca. Si así no lo hiciere, podrá ser notificado en la forma establecida por el artículo 54 del

Código de Procedimiento Civil, sin necesidad de acreditarse los requisitos que esta disposición establece para su procedencia.

Conc.: CC: arts. 59, 1445; 1810; CPC: art. 38, 54; OACI: art. 83 bis.

**Artículo 119.** Sólo puede constituir hipoteca sobre una aeronave la persona con capacidad para enajenarla.

Conc.: CC: art. 1445, 1446; 2414 y ss. y 1810 y ss. Convenio de Aviación Civil Internacional (OACI): artículo 83 bis.

**Artículo 120.** La preferencia de la hipoteca se extenderá a la cantidad garantizada. En cuanto a los intereses, solamente a los devengados durante el cobro judicial y en los tres años anteriores a la iniciación del juicio.

Conc.: CA: art. 44, 48; CC: art. 2470. Ccom: Arts. 842; OACI: artículo 83 bis; Convenio Relativo al Reconocimiento Internacional de Derechos sobre Aeronaves de 1948.

**Artículo 121.** Salvo estipulación en contrario, la hipoteca se extenderá a las indemnizaciones del seguro por pérdida o avería del bien hipotecado y a las indemnizaciones por daños causados a la aeronave por un tercero.

Será nulo el pago que haga el asegurador o el tercero en perjuicio de los derechos del acreedor hipotecario.

Conc.: CC: 2422; CCom: arts. 512 ; OACI: artículo 83 bis.

**Artículo 122.** Las hipoteca sobre aeronaves confiere preferencia sobre todo crédito, excepto los siguientes, que tendrán el carácter de privilegiados:

1. Las costas judiciales de la acción en que se enajena forzadamente la aeronave;

2. Los gastos y remuneraciones por el salvamento de la aeronave, y

3. Los gastos extraordinarios indispensables para la conservación de la aeronave.

La hipoteca y los privilegios rigen sobre la aeronave, sobre sus piezas de repuesto, en su caso, y sobre las indemnizaciones señaladas en el artículo 121.

Conc.: CC: art. 2470; CCom: art. 842; OACI: art. 83 bis. Convenio Relativo al Reconocimiento Internacional de Derechos sobre Aeronaves de 1948.

**Artículo 123.** Los privilegios establecidos en los números 2 y 3 del artículo precedente se extinguen en el plazo de tres meses, contado desde el término de las operaciones, actos o hechos que les hubieren dado origen, a menos que dentro de dicho plazo el crédito respectivo se hubiere inscrito en el Registro Nacional de Aeronaves y su monto hubiere sido fijado de común acuerdo, o se hubiere iniciado acción judicial.

Conc.: CA: art. 44; CC: art. 2470; CCom: art. 842; OACI: art. 83 bis. Convenio Relativo al Reconocimiento Internacional de Derechos sobre Aeronaves de 1948.

**Artículo 124.** Los créditos privilegiados mencionados en el artículo 122 prefieren según el orden de su enumeración.

Los créditos del número 2 del artículo 122 prefieren entre si inversamente a la fecha de sus causas. Igual regla se aplica a los del número 3.

Los créditos hipotecarios preferirán unos a otros, según el orden de su fecha de inscripción; y los de una misma fecha, según su orden de inscripción.

Conc.: CC: art. 2470. CCom: art. 842; OACI: arts. 83 bis.

**Artículo 125.** En la subasta de una aeronave hipotecada, el mínimo de las posturas no podrá ser inferior al monto de los créditos que prefieran al del ejecutante.

El lugar y fecha del remate deberán decretarse con más de cuarenta y cinco días de anticipación. El primero de los avisos deberá publicarse, a lo menos, treinta días antes del remate.

Conc.: CPC: arts. 488, 490, 492, 495; Convenio Relativo al Reconocimiento Internacional de Derechos sobre Aeronaves de 1948.

## CAPÍTULO V
## DEL CONTRATO DE TRANSPORTE AÉREO

**Artículo 126.** Contrato de transporte aéreo es aquel en virtud del cual una persona, denominada transportador, se obliga, por cierto precio, a conducir de un lugar a otro, por vía aérea, pasajeros o cosas ajenas y a entregar éstas a quienes vayan consignadas.

Conc.: CC: 1448; OACI: arts. 5, 7, 35, 44 y 67.

**Artículo 127.** El transportador es obligado a efectuar el transporte en la fecha, horario y demás condiciones estipuladas.

No obstante, puede suspender, retrasar y cancelar el vuelo o modificar sus condiciones por razones de seguridad o de fuerza mayor sobrevinientes, tales como fenómenos meteorológicos, conflictos armados, disturbios civiles o amenazas contra la aeronave. En estos casos, cualquiera de los contratantes podrá dejar sin efecto el contrato, soportando cada uno sus propias pérdidas.

Sin perjuicio de lo anterior, el transportador deberá informar a cada pasajero los derechos que le asisten en los casos de cancelación, retraso del vuelo o denegación de embarque, de acuerdo a las condiciones previstas en el presente Capítulo.

Conc.: CC: art. 45 y 1545; OACI: arts. 5, 7, 35, 44 y 67.

**Artículo 128.** El transporte que haya de efectuarse por varios transportadores aéreos, sucesivamente, se estimará como transporte único cuando las partes lo hubieren considerado como una sola operación, tanto si se hubiere formalizado por medio de un solo contrato como por una serie de ellos.

En tal caso, cada transportador que acepte viajeros, equipaje y mercaderías, se considerará como una parte, siempre que dicho contrato haga referencia al tramo del transporte efectuado bajo su control.

A menos que expresamente se convenga que el primer transportador asuma la responsabilidad por todo el trayecto, el viajero o su causahabiente sólo podrán accionar, en caso de muerte o lesiones al pasajero o de daños en su equipaje, en contra del porteador que haya efectuado el transporte en el curso del cual se hubiere producido el hecho que origina la responsabilidad.

Si el transporte fuere sólo de equipaje registrado o mercaderías, el usuario podrá recurrir contra cualquiera de los transportadores que hubiere tomado parte en la ejecución del transporte, todos los cuales serán solidariamente responsables de los daños causados por destrucción, pérdida o avería de las cosas porteadas, o del retraso en su transporte.

Conc.: CA: art. 142-154; CC: Arts. 1438, 1511 y 1545; OACI: arts. 5, 7, 35, 44 y 67.

**Artículo 129.** El transportador podrá efectuar el transporte aéreo, en todo o parte, junto con otros porteadores; pero las órdenes relativas al derecho de disposición que sobre las mercaderías porteadas compete al cargador, sólo podrán ser dirigidas al transportador con el cual se haya celebrado el contrato.

Sin aceptación expresa del transportador efectivo, no le serán oponibles las renuncias de derechos, declaraciones especiales de valor u otras obligaciones adicionales asumidas por el transportador contractual con el usuario, que no emanen de la naturaleza del contrato.

Sin perjuicio del derecho a repetir en contra del transportador en cuyo tramo se produjo el daño, todos los transportadores serán solidariamente responsables de la indemnización respectiva.

Además, la protesta prevista en el artículo 153 podrá ser dirigida a cualquiera de los transportadores.

Conc.: CA: Art. 142-154; CC: art. 1511; OACI: arts. 5, 7, 35, 44 y 67.

**Artículo 130.** En el caso de transportes combinados efectuados en parte por el aire y en parte por cualquier otro medio de transporte, las normas de este código se aplicarán sólo al transporte aéreo.

### 1. Del transporte de pasajeros y sus derechos

**Artículo 131.** El transportador dará al pasajero un billete de pasaje, que deberá contener, a lo menos, las siguientes indicaciones:

a) Lugar y fecha de expedición.

b) Nombre del pasajero y del transportador o transportadores.

c) Puntos de partida y de destino, precio y clase del pasaje.

d) La explicitación clara de las condiciones, restricciones y limitaciones a que está sujeto y de todos los derechos contemplados en el presente Capítulo.

El transportador podrá expedir el billete de pasaje por cualquier medio, siempre y cuando éste permita cumplir con lo señalado anteriormente.

El billete de pasaje hace fe de la celebración y de las condiciones del contrato de transporte. La falta, irregularidades o pérdida del billete no afectarán a la existencia ni a la validez del contrato.

El transportador, sus agentes autorizados y los explotadores de aeródromos y aeropuertos estarán obligados a informar a los pasajeros los derechos que establece este Título, en conformidad a las condiciones que establezca la Junta de Aeronáutica Civil, previa consulta al Servicio Nacional del Consumidor. Lo anterior se entenderá sin perjuicio de que el transportador estará obligado a poner a disposición de los pasajeros folletos informativos con especificación de sus derechos, en un lugar visible de las oficinas de venta de pasajes y en los mostradores de los aeropuertos.

Conc.: CA: art. 142-154; CC: arts. 1438 y 1545; OACI: arts. 5, 7, 35, 44 y 67.

**Artículo 131 Bis.** Cesión del derecho a ser transportado en vuelo de cabotaje. El pasajero podrá ceder libremente y sin costo alguno su derecho a ser transportado en un vuelo de cabotaje, por trayectos de ida y/o vuelta.

La cesión sólo podrá realizarse hasta las veinticuatro horas previas al vuelo, y se perfeccionará por medio de la individualización del cedente y del cesionario en el formulario digital que el transportador deberá disponer al efecto en su sitio web oficial. En dicho documento, el transportador podrá solicitar, asimismo, los datos que permitan singularizar el billete de pasaje y demás aspectos necesarios para asegurar la correcta cesión del derecho. Lo anterior, también se podrá realizar presencialmente en las oficinas de venta de pasajes, los mostradores de los aeropuertos y agencias autorizadas con que cuente el transportador.

Verificado el ingreso de la información antes indicada, se otorgará al cedente un comprobante de la transferencia.

Será responsabilidad exclusiva del cedente que la información proporcionada sea precisa y correcta.

Sin perjuicio de lo dispuesto en los incisos anteriores, la cesión del derecho en cuestión se podrá realizar únicamente entre personas naturales y sólo por una vez por cada billete de pasaje, siendo inválida cualquier transferencia ulterior por parte del cesionario.

De igual modo, en un año calendario, el pasajero sólo podrá ceder su derecho hasta por un máximo de dos veces por transportador, a razón de una transferencia por cada semestre.

Las cesiones no podrán efectuarse en ningún caso con fines de lucro, tampoco como actividad comercial o en forma habitual. Sin perjuicio de lo anterior, las cesiones que se realicen en virtud de este artículo, siempre que se hagan hasta por el máximo de veces señalado en el inciso anterior, no configurarán habitualidad en la actividad.

Lo señalado en el presente artículo, es sin perjuicio de las condiciones de mayor flexibilidad que el transportador ofrezca o pacte con el pasajero.

**Artículo 131 Ter.** Derecho a retracto. Los pasajeros tendrán derecho a poner término unilateralmente al contrato de transporte aéreo en vuelos de cabotaje, dentro de las cuarenta y ocho horas siguientes de adquirido un billete de pasaje, para los viajes que se compren al menos siete días corridos antes de la fecha y hora de salida programada del vuelo. Los pasajeros, bajo esas condiciones, podrán dejar sin efecto el contrato y recibir un reembolso completo de lo pagado, sin penalización.

Con todo, en el evento de que la salida programada del vuelo se verifique en un plazo igual o superior a los ciento ochenta días de adquirido el billete de pasaje, el plazo de retractación podrá ejercerse dentro de los siete días posteriores contados desde la celebración del contrato de transporte aéreo. En estos casos, los pasajeros, de igual forma, recibirán la completa devolución de lo pagado, sin penalización, dejándose sin efecto la convención.

Para el ejercicio de esta facultad, los transportadores deberán contar con un formulario digital al efecto, dispuesto en su sitio web oficial, en donde el pasajero pueda manifestar su expresa voluntad de retractarse. Lo anterior, también se podrá realizar presencialmente en las oficinas de venta de pasajes, los mostradores de los aeropuertos y agencias autorizadas con que cuente el transportador.

La devolución producto del ejercicio del derecho a retracto deberá ser reembolsada por el transportador, con o sin requerimiento del pasajero, dentro del plazo de diez días, a través del mismo medio utilizado para pagar el billete de pasaje. Dicho plazo se extenderá a treinta días en los casos referidos en el inciso segundo de este artículo.

No obstante, en caso de no haberse podido materializar dicho reembolso o en caso de haberse verificado el pago en efectivo, el transportador deberá contactar al pasajero con el fin de que éste señale el medio para efectuar el reembolso, contacto que deberá realizarse en el plazo máximo de diez días contado desde que debió haberse verificado el viaje. Dicho reembolso deberá efectuarse en el plazo máximo de diez días contado desde que el pasajero señale al transportador la información necesaria para estos efectos. En caso de retraso injustificado, dicho reembolso se recargará en el cincuenta por ciento en favor del pasajero cada treinta días.

Una vez vencido el primer período de treinta días sin verificarse el reembolso al pasajero, podrá este último optar por exigir el reembolso al agente autorizado que haya realizado la venta, o bien, persistir en el reembolso y recargos conforme al inciso precedente. Lo anterior, sin perjuicio del derecho del agente autorizado a repetir contra el transportador, cuando corresponda.

**Artículo 132.** El transportador puede rehusar o condicionar el transporte de aquellos pasajeros cuyo estado o condición constituyere un peligro para la seguridad, higiene o buen orden a bordo, o cuando requirieren atención o cuidado especial durante el viaje.

Un reglamento del Ministerio de Defensa Nacional establecerá las condiciones técnicas y de seguridad bajo las cuales se autorizará el transporte de personas con discapacidad, orgánicamente descompensadas, agónicas o inconscientes.

Conc.: CA: arts. 65-68; OACI: arts. 5, 7, 35, 44 y 67; Convenio para la Represión de Actos Ilícitos contra la Aviación Civil: art. 1; DAR - 17.

**Artículo 133.** Denegación de Embarque. En el evento que el transportador prevea que tendrá que denegar el embarque de uno o más pasajeros por sobreventa, los cuales se hubieren presentado oportunamente y cuyo billete de pasaje estuviere previamente confirmado en un vuelo determinado, deberá pedir en primer lugar que se presenten voluntarios que renuncien a sus reservas a cambio de determinadas prestaciones y reparaciones que se acuerden entre los voluntarios y el transportador. Si el número de voluntarios es insuficiente para que los restantes pasajeros con billetes confirmados puedan ser embarcados en el respectivo vuelo, el transportador podrá denegar el embarque a uno o más pasajeros contra su voluntad, para lo cual deberá:

1. A elección del pasajero:

a) Embarcar en el siguiente vuelo que tenga disponible el transportador, o en un transporte alternativo, si es que decidiera persistir en el contrato de transporte aéreo;

b) El reembolso del monto total pagado por el billete, si el pasajero se desiste del contrato de transporte aéreo y éste no hubiera comenzado su ejecución, o

c) Si ya se hubiera iniciado la ejecución de un viaje con escala y/o conexión, el transportador deberá ofrecer, a elección del pasajero, cualesquiera de las siguientes opciones:

i. Embarque en el siguiente vuelo que tenga disponible el transportador, o en un transporte alternativo, si es que decidiera persistir en el contrato de transporte aéreo.

ii. Reembolso de la porción no utilizada.

iii. Retorno al punto de partida, con reembolso del precio del pasaje.

2. Sin perjuicio de lo anterior, el transportador deberá ofrecer una compensación al pasajero afectado con la denegación de embarque, cuyo monto será determinado en conformidad con la siguiente tabla:

| Distancia vuelo denegado de embarque (km) | Tiempo de retraso en hora de llegada a destino entre 1 y 3 horas | Tiempo de retraso en hora de llegada a destino entre 3 y 4 horas | Tiempo de retraso en hora de llegada a destino superior a 4 horas |
|---|---|---|---|
| Menos de 500 km | 2 UF | 2 UF | 2,5 UF |
| Entre 500 km y 1.000 km | 3 UF | 3 UF | 3,75 UF |
| Entre 1.000 km y 2.500 km | 4 UF | 4 UF | 5 UF |
| Entre 2.500 km y 4.000 km | 8 UF | 8 UF | 10 UF |
| Entre 4.000 km y 8.000 km | 12 UF | 12 UF | 15 UF |
| Más de 8.000 km | 16 UF | 16 UF | 20 UF |

El pasajero que acepte esas compensaciones no podrá posteriormente ejercer acciones contra el transportador por el mismo hecho, sin perjuicio de las infracciones e indemnizaciones consagradas en la ley N° 19.496, que Establece normas sobre protección de los derechos de los consumidores.

3. Si, conforme a la letra a) del número 1 del presente artículo, se embarca al pasajero en el siguiente vuelo que tenga disponible el transportador, y la diferencia en la hora de salida respecto a la prevista para el vuelo inicialmente reservado es inferior a tres horas, no procederá compensación alguna de acuerdo al número 2 precedente.

4. Para los efectos de este artículo, se entenderá que un billete de pasaje se encuentra confirmado, con respecto a los puntos de partida y destino indicados en el mismo, incluyendo puntos intermedios de conexión o escala, en la medida que conste que la reserva o el billete de pasaje ha sido aceptado y registrado por el transportista aéreo o por su agente autorizado.

5. Por "viaje con escala y/o conexión" se entiende aquel cuya llegada al punto de destino contempla un punto de partida y uno o más puntos intermedios de escala y/o conexión, cuando formen parte de un mismo contrato.

6. Sin perjuicio de otros servicios adicionales que puedan ofrecer los transportistas, de acuerdo con las circunstancias y la especial condición del pasajero, en caso de denegación de embarque el transportador deberá embarcar de manera prioritaria a los niños no acompañados, a personas con discapacidad, a los pasajeros de edad avanzada o delicados de salud, a embarazadas que, en razón de su estado, requieran embarcarse prioritariamente y, en general, a los pasajeros que, por razones humanitarias calificadas por el transportador, deban ser embarcados con preferencia.

Conc.: CA: Arts. 65-68; OACI: arts. 5, 7, 35, 44 y 67; Convenio para la Represión de Actos Ilícitos contra la Aviación Civil: art. 1; DAR - 17.

**Artículo 133 A.** Si el pasajero decide perseverar en el contrato ante una denegación de embarque, el transportador estará obligado a las siguientes prestaciones asistenciales:

a) Comunicaciones que el pasajero necesite efectuar, ya sean telefónicas, electrónicas o de naturaleza similar, si es que la diferencia entre la hora de salida prevista para el vuelo inicialmente reservado y la nueva hora de salida fuere superior a una hora.

b) Comidas y refrigerios equivalentes a lo menos a 0,5 unidades de fomento cuando el tiempo transcurrido entre la hora de salida prevista para el vuelo inicialmente reservado y la nueva hora de salida fuere igual o superior a dos horas. Una vez cumplido el plazo anterior, el pasajero tendrá derecho a una nueva prestación, y por el mismo valor, cada vez que transcurran tres horas adicionales de espera. Las prestaciones a que se refiere esta letra deberán entregarse dentro de cada período correspondiente, por lo que no serán acumulables, y no serán aplicables mientras el pasajero no se encuentre presencialmente en el aeropuerto, u operen las prestaciones señaladas en la letra c).

c) Alojamiento para pasajeros con vuelo de retorno y para pasajeros con vuelo de ida que se les deniega el embarque en un punto de conexión, no residentes en la ciudad, localidad o área del aeropuerto de salida, en caso de que se les ofrezca un nuevo vuelo cuya salida sea, como mínimo, al día siguiente de la salida programada en el billete de pasaje, y siempre que el pasajero deba pernoctar una o varias noches y el tiempo de espera para embarcar en el otro vuelo así lo requiera. Por "noche" se entenderá desde la medianoche hasta las 6 horas a.m.

d) Movilización desde el aeropuerto al lugar de residencia del pasajero en la ciudad, localidad o área del aeropuerto de salida, o al lugar de alojamiento, y viceversa, en caso que fuere aplicable.

e) Los arreglos y prestaciones que sean necesarias para continuar el viaje, en caso de que el pasajero pierda un vuelo de conexión con reserva confirmada.

Conc.: CA: arts. 65-68; OACI: arts. 5, 7, 35, 44 y 67.

**Artículo 133 B.** En caso de retraso o de cancelación de un vuelo, el pasajero afectado tendrá los siguientes derechos:

a) Embarcar en el siguiente vuelo que tenga disponible el transportador, o en un transporte alternativo, si es que decidiera persistir en el contrato de transporte aéreo; ya sea que el vuelo aún no se hubiere iniciado o se hubiere iniciado y se encuentre en una escala y/o conexión.

b) Prestaciones asistenciales, conforme a lo dispuesto en el artículo 133 A, siempre que la causa del retraso o cancelación sea imputable al transportador.

c) Indemnización con arreglo a lo previsto en el artículo 147, si el retraso o la cancelación se debe a causa imputable al transportador, en conformidad a lo siguiente:

i) Si el retraso fuere superior a tres horas respecto a la hora de salida prevista en el billete de pasaje o cuatro horas en vuelos que utilicen aeronaves que hayan sido diseñadas para una capacidad de hasta 29 asientos.

ii) Al momento de la cancelación, salvo que se le informe al pasajero y se le ofrezca tomar otro vuelo que le permita salir a su destino con no más de tres horas de retraso con respecto a la hora de salida prevista o cuatro horas en vuelos que utilicen aeronaves que hayan sido diseñadas para una capacidad de hasta 29 asientos.

Cualquier cambio en el itinerario, por adelanto, retraso o cancelación del vuelo, deberá ser informado al pasajero por el transportador mediante comunicación escrita por el medio más expedito posible, con indicación de la causal del cambio. Para los efectos de esta comunicación y otras que sean necesarias, el transportador deberá requerir al pasajero, en forma directa o a través de sus agentes autorizados, sus datos de contacto, tales como dirección, teléfono y correo electrónico.

d) Reembolso del monto total pagado por el billete o de la porción no utilizada, según fuere el caso, si el pasajero decide no perseverar en el contrato y han transcurrido los plazos de la letra c) anterior, sea o no imputable al transportador la causa del retraso o de la cancelación.

Conc.: CC: art. 45; OACI: arts. 5, 7, 35, 44 y 67.

**Artículo 133 C.** En caso de no verificarse el viaje, ya sea por causas imputables al transportador, al pasajero o por razones de seguridad o de fuerza mayor sobreviniente, las tasas, cargos o derechos aeronáuticos que hubiere pagado el pasajero deberán ser restituidas por el transportador, con o sin requerimiento del pasajero, dentro del plazo de diez días, a través del mismo medio utilizado para pagar el billete de pasaje.

No obstante, en caso de no haberse podido materializar dicha restitución o de haberse verificado el pago en efectivo, el transportador deberá contactar al pasajero con el fin de que éste señale el medio para efectuar la restitución, contacto que deberá realizarse en el plazo máximo de diez días contado desde que debió haberse verificado el viaje. Dicha restitución deberá efectuarse en un plazo máximo de diez días contado desde que el pasajero señale al operador la información necesaria para estos efectos. En caso de retraso injustificado, dicha restitución se recargará en el 50 por ciento en favor del pasajero cada treinta días.

Una vez vencido el primer período de treinta días sin verificarse la restitución al pasajero, este último podrá optar por exigir la restitución al agente autorizado que haya realizado la venta, o bien, persistir en la restitución y recargos conforme al inciso precedente. Lo anterior se entenderá sin perjuicio del derecho del agente autorizado a repetir contra el transportador, cuando corresponda.

Conc.: CC: art. 45; OACI: arts. 5, 7, 35, 44 y 67.

**Artículo 133 D.** Del Derecho a Reparación del Transportador. El transportador que pague cualquier indemnización o proporcione prestaciones o asistencia a un pasajero por causas o circunstancias que se deban en todo o parte al hecho o culpa de un tercero, siempre tendrá el derecho de exigir de tal tercero la indemnización de los perjuicios que haya sufrido, incluyendo los costos o gastos de tales compensaciones, prestaciones y asistencias, de acuerdo a las reglas generales del derecho.

Conc.: CC. Art. 2314; OACI: arts. 5, 7, 35, 44 y 67.

**Artículo 133 E.** En caso que el transportador acomode a un pasajero en una clase superior a la que había pagado, y esto se deba a cualquier causa ajena a la voluntad del pasajero, el transportador no podrá exigir pago suplementario alguno.

**Artículo 133 F.** Las acciones individuales o colectivas destinadas a sancionar las infracciones a las normas contenidas en este Párrafo y a la obtención de las prestaciones, reparaciones e indemnizaciones que en él se establecen, se tramitarán conforme al procedimiento y ante los tribunales señalados en el Título IV de la ley N° 19.496, sobre protección de los derechos de los consumidores, y para efectos de lo dispuesto en esta ley, será también competente, a elección del pasajero, el tribunal de su domicilio.

Conc.: Ley N° 19.496: arts. 50-50 I; 51-51G.

**Artículo 133 G.** El que, en inobservancia de lo dispuesto en el inciso séptimo del artículo 131 bis, ceda su derecho a ser transportado en un vuelo de cabotaje, o facilite dicha cesión, será sancionado con multa de once a veinte unidades tributarias mensuales.

Con la misma pena se sancionará al cesionario del aludido derecho que, en inobservancia de lo establecido en el inciso quinto del artículo 131 bis, lo transfiera nuevamente, a cualquier título, o al que facilite dicha operación.

En caso de reiteración de las conductas consideradas en los incisos anteriores, se aplicará la pena de presidio menor en su grado medio y multa de veintiuna a treinta unidades tributarias mensuales.

A los delitos consagrados en los incisos anteriores no les será aplicable lo dispuesto en el artículo 201 de este Código.

**Artículo 133 H.** En los casos de servicios de transporte aéreo nacional o cabotaje que se encuentren fraccionados por tramos y/o por trayectos de ida y vuelta, el no uso de alguna de las fracciones no podrá motivar la denegación o condicionar el uso del resto de las fracciones, si el pasajero se presenta oportunamente al chequeo y embarque.

**Artículo 133 I.** El transportador deberá tomar las medidas necesarias para que los niños menores de 14 años viajen en asientos contiguos a los de al menos un adulto de su familia o de algún adulto incluido en la misma reserva.

**Artículo 133 J.** La fecha programada para un viaje podrá modificarse, o solicitarse la devolución del monto pagado, si el pasajero prueba, a través de certificado médico, que está impedido de viajar. El certificado médico deberá indicar la razón del impedimento y el período o las fechas entre las cuales se encuentra impedido de viajar en avión. El pasajero deberá dar aviso al transportador antes del horario programado del vuelo y presentarle el certificado médico en el plazo de veinticuatro horas a contar del aviso. Alternativamente, el pasajero podrá optar por solicitar la devolución del monto pagado, dentro del plazo de treinta días a contar de la fecha programada del viaje original. En caso de que el cambio se realice por un billete de pasaje de mayor valor, el pasajero deberá pagar la diferencia. La nueva fecha de viaje podrá fijarse en un período de hasta un año a contar de la fecha programada del viaje original. El derecho a que se refiere este artículo podrá ser invocado, asimismo, por el cónyuge o conviviente civil, los padres y los hijos del pasajero, siempre que se encuentren incluidos en la misma reserva.

El uso indebido o falsificación de dicho certificado médico será sancionado de acuerdo con lo establecido en el artículo 202 del Código Penal.

## 2. Del transporte de equipaje

**Artículo 134.** El transportador está obligado a conducir con el pasajero y por el precio del pasaje, su equipaje, dentro de los límites de peso y volumen que se determinen en el contrato.

El equipaje comprende tanto el registrado como los objetos de mano que porte el pasajero.

El transporte de exceso de equipaje será objeto de estipulación especial.

En el caso de traslado de animales, el transportador deberá establecer condiciones que aseguren razonablemente su seguridad y bienestar.

Conc.: CC: arts. 1438 y 1545.

**Artículo 135.** El transportador expedirá en duplicado un talón o recibo por el equipaje que transporte, exceptuados los objetos que el pasajero lleve consigo, y entregará a éste un ejemplar.

El talón o recibo del equipaje debe contener las siguientes indicaciones:

a) Puntos de partida y de destino;

b) Cantidad de bultos, y

c) El valor declarado, en su caso.

Si el talón o recibo está combinado o inserto en el billete de pasaje, sólo se requerirá la mención de la letra b), y la declaración de valor, en su caso, irá en documento separado.

Podrán extenderse tantos talones o recibos como bultos se transporten.

El talón de equipajes hace fe de haberse facturado el equipaje y de las condiciones del contrato de transporte. La ausencia, irregularidad o pérdida del talón no afectan a la existencia ni a la validez del contrato.

**Artículo 136.** La restitución del equipaje al término del vuelo se hará contra la presentación del talón o recibo, cualquiera que fuere la persona que lo exhiba.

A falta de dicho título, el transportador podrá exigir la identificación de quien tenga derecho a reclamar el equipaje y diferir su entrega hasta que ella le sea acreditada suficientemente.

## 3. Del transporte de mercaderías

**Artículo 137.** Para el transporte de mercaderías, se extenderá una carta de porte aéreo, con las siguientes indicaciones:

a) Lugar y fecha de su otorgamiento;

b) Nombre y domicilio del cargador, del transportador y del consignatario;

c) Puntos de partida y de destino;

d) Naturaleza y estado aparente de las mercaderías y del embalaje;

e) Número de bultos, clase de su embalaje y marcas;

f) Peso, volumen o dimensiones de las mercaderías o los bultos;

g) Precio del transporte;

h) El valor declarado de las mercaderías, en su caso, e

i) Cualesquiera otros pactos o condiciones que acordaren los contratantes.

**Artículo 138.** La carta de porte aéreo se extenderá en tres ejemplares.

El primer ejemplar llevará la indicación "para el transportador" y será firmada por el cargador. El segundo ejemplar llevará la indicación "para el consignatario", será firmado por el cargador y el transportador y deberá acompañar a la mercadería. El tercer ejemplar será firmado por el transportador y entregado por éste al cargador, previa aceptación de la mercadería.

La firma de las partes podrá ser reemplazada por un sello.

Podrán extenderse tantas cartas de porte como bultos se transporten.

**Artículo 139.** La carta de porte aéreo hace fe salvo prueba en contrario, de la celebración del contrato; de las condiciones del transporte; de la recepción de la mercadería por el transportador; de su peso, volumen y embalaje, y del número de bultos.

Las indicaciones relativas al estado aparente de la mercadería sólo constituyen prueba en contra del transportador si dicho estado hubiere sido verificado por éste en presencia del cargador, dejándose constancia de este hecho en la carta de porte.

**Artículo 140.** El cargador es responsable de la exactitud de las indicaciones y declaraciones referentes a la mercadería señaladas en la carta de porte.

Si el cargador encomienda el transporte de objetos o mercaderías peligrosos para la seguridad del vuelo, estará obligado a manifestar esta circunstancia al transportador y a procurarle los antecedentes y la asistencia que a éste le fueren necesarios para el adecuado cumplimiento de su cometido.

El cargador deberá indemnizar al transportador y a cualquiera otra persona respecto de la cual éste sea responsable, por todo daño que sea consecuencia de sus indicaciones y declaraciones irregulares, inexactas o incompletas.

Conc.: CA: Arts. 85-87.

**Artículo 141.** El transportador, sin incurrir en responsabilidad, podrá rehusar, condicionar o dejar sin efecto el transporte de cualquier mercadería que pueda ser peligrosa para la seguridad del vuelo o la higiene de a bordo, o que no cumpla con la exigencias legales y reglamentarias relativas a su embalaje y acondicionamiento y a la documentación y permisos especiales requeridos.

Conc.: CA: Arts. 85-87; DAR - 18.

## TÍTULO IX
## DE LA RESPONSABILIDAD AERONÁUTICA

### CAPÍTULO I
### DE LA RESPONSABILIDAD EN EL TRANSPORTE AÉREO

**Artículo 142.** En virtud del contrato de transporte, el transportador es obligado a indemnizar los daños causados con motivo u ocasión del transporte, en la forma y dentro de los límites establecidos en este código.

Conc.: CC: arts. 1437; 2314, 2329; Convenio de Montreal de 1999.

**Artículo 143.** El transportador estará obligado a indemnizar la muerte o lesiones causadas a los pasajeros durante su permanencia a bordo de la aeronave o durante la operación de embarque o desembarque.

Para estos efectos, la operación de embarque se extiende desde que el pasajero, bajo las instrucciones del transportador, ingresa a la plataforma de estacionamiento de aeronaves y hasta que aborda la aeronave; y la operación de desembarque, desde que el pasajero, del mismo modo, abandona la aeronave y sale de la plataforma de estacionamiento de aeronaves.

Se entiende por plataforma de estacionamiento de aeronaves, cualquier superficie que sea utilizada con este objeto.

Conc.: CA: arts. 128; 131; CC: art. 2314; Convenio de Montreal de 1999.

**Artículo 144.** La indemnización estará limitada a una suma que no excederá de cuatro mil unidades de fomento por muerte o lesión de cada pasajero.

No obstante, podrá estipularse una suma superior a la señalada en el inciso precedente.

Conc.: CA: art. 172; CC: art. 2314; Convenio de Montreal de 1999.

**Artículo 145.** Se presumirá pasajero a toda persona que, al momento del accidente, se encontrare a bordo de la aeronave.

Conc.: CC: art. 47; Convenio de Montreal de 1999.

**Artículo 146.** El transportador sólo podrá liberarse de la obligación señalada en el artículo 143:

a) si el daño producido se debe al estado de salud del pasajero;

b) si la víctima del daño fue quien lo causó o contribuyó a causarlo, o

c) si el daño es consecuencia de un delito del que no sea autor un tripulante o dependiente del transportador o explotador.

Conc.: CC: art. 2330; Convenio de Montreal de 1999.

**Artículo 147.** La indemnización por retardo en la ejecución del transporte de pasajeros no excederá de doscientas cincuenta unidades de fomento por cada uno de ellos.

Sin embargo, no procederá esta indemnización si el transportador probare que adoptó las medidas necesarias para evitar el hecho causante del retardo, o que le fue imposible adoptarlas.

Conc.: CA: 131-133F; CC: art. 2314; Convenio de Montreal de 1999.

**Artículo 148.** La destrucción, pérdida o avería del equipaje que se produjere durante el transporte aéreo de éste, o el retardo en su transporte, serán indemnizados con una cantidad equivalente a cuarenta unidades de fomento por cada pasajero.

Conc.: CA: 134-136; CC: art. 2314; Convenio de Montreal de 1999.

**Artículo 149.** La destrucción, pérdida o avería de la mercadería que se produjere durante el transporte aéreo de ella o por retardo en su transporte, serán indemnizadas con una cantidad que no exceda de una unidad de fomento por kilogramo de peso bruto de la carga.

Conc.: CA: 137-141; CC: art. 2314; Convenio de Montreal de 1999.

**Artículo 150.** Las partes podrán convenir que, mediante el pago de un precio adicional, el transportador responda hasta el valor real de los equipaje o mercaderías transportados, según declaración hecha por el pasajero o cargador.

En caso de no existir acuerdo, el transportador responderá del valor total declarado, sólo en el caso de culpa o dolo de su parte.

El transportador podrá probar que el valor declarado era superior al real en el momento de la entrega.

Conc.: CA: arts. 172; CC: arts. 1437, 1438, 2314; Convenio de Montreal de 1999.

**Artículo 151.** En el transporte de mercaderías, el transportador no será responsable de la destrucción, pérdida o avería de ellas, en los casos siguientes:

a) si el daño derivare de la naturaleza o del vicio propio de la mercadería;

b) si el daño proviniere del embalaje defectuoso de la mercadería, realizado por quien no sea el transportador o su dependiente, o

c) si el daño derivare de un acto de la autoridad pública, efectuado en relación con la entrada, salida o tránsito de la mercadería.

Asimismo, el transportador no será responsable del retardo en el transporte del equipaje o mercadería, si probare que adoptó las medidas necesarias para evitar el hecho causante del retardo o que le fue imposible adoptarlas.

Conc.: CA: arts. 148, 149 y 170; CC: art. 2314; Convenio de Montreal de 1999.

**Artículo 152.** Para los efectos de este capítulo, el transporte aéreo comprende el período durante el cual los equipajes o las mercaderías permanecen bajo el cuidado del transportador, en un aeródromo, a bordo de una aeronave o en otro lugar cualquiera en el evento de un aterrizaje fuera de un aeródromo.

El período de transporte aéreo no comprende ningún transporte marítimo, terrestre o fluvial efectuado fuera de un aeródromo. No obstante, cuando alguno de estos transportes se efectuare en ejecución de un contrato aéreo, a fin de proceder a la carga, entrega o trasbordo, se presumirá que los daños producidos han sido causados durante el transporte aéreo.

Conc.: CA: art. 130; Convenio de Montreal de 1999.

**Artículo 153.** La responsabilidad del transportador por los equipajes y mercaderías transportados se extinguirá si el consignatario o pasajero, según el caso, no formulare protesta al transportador, inmediatamente después de haber sido notadas las faltas o averías, o dentro de siete días para los equipajes y de catorce días para las mercaderías, a contar de la fecha de recepción. En caso de retraso, la protesta deberá hacerse dentro de los veintiún días a contar de la fecha en que el equipaje o la mercadería hayan sido puestos a disposición del consignatario.

La protesta deberá hacerse mediante reserva estampada en el talón de equipaje o en la carta de porte, o mediante un escrito presentado dentro de los plazos antedichos.

A falta de protesta dentro de los plazos establecidos en este artículo, serán inadmisibles las acciones que se interpongan contra el transportador, salvo las que provengan de su propio dolo.

La recepción del equipaje y mercaderías transportadas y el pago del porte, en su caso, sin protesta, hacen presumir que las cosas porteadas han sido entregadas en buen estado.

El canje de los originales de las cartas de porte prueba la recepción de las mercaderías y el pago del porte.

Conc.: CA: arts. 90-92; Convenio de Montreal de 1999.

**Artículo 154.** La indemnización pagada por un transportador por daños ocurridos en el transporte sucesivo en un tramo que no ha sido posible determinar, será soportada conjuntamente por todos los transportadores en proporción al trayecto ejecutado por cada uno, y acrecerá, en su caso, la cuota del insolvente a la de los demás, en la misma proporción.

Conc.: CA: art. 128; CC: art. 2314; Convenio de Montreal de 1999.

## CAPÍTULO II
## DE LA RESPONSABILIDAD POR DAÑOS A TERCEROS EN LA SUPERFICIE

**Artículo 155.** El explotador indemnizará los daños que se causen a las personas o cosas que se encuentren en la superficie, por el solo hecho de que emanen de la acción de una aeronave en vuelo, o por cuanto de ella caiga o se desprenda.

Conc.: CA: arts. 81, 99 y 100; CC: arts. 2314-2334.

**Artículo 156.** El explotador de la aeronave no responderá de los daños a que se refiere este capítulo, en los casos siguientes:

1. si ha sido privado de su uso por acto de autoridad pública;

2. si los daños son consecuencia directa de un acto de guerra o de un conflicto armado;

3. si son causados por un acto de sabotaje, o

4. si son causados con ocasión del apoderamiento ilícito de la aeronave.

Conc.: CA: arts. 81, 99 y 100; CC: arts. 2314-2334; Convenio de Montreal.

**Artículo 157.** Si sobrevinieren daños a terceros en la superficie cuando una aeronave fuere usada por persona distinta del explotador, ambos responderán solidariamente de los daños en las condiciones y límites de responsabilidad establecidos en este capítulo. El explotador se eximirá de su responsabilidad si prueba que adoptó todas las medidas necesarias para evitar el uso de la aeronave, o que le fue imposible hacerlo.

Conc.: CA: arts. 99 y 100; CC: arts. 1511, 2314-2334.

**Artículo 158.** La cuantía total de la indemnización a terceros en la superficie, por un accidente, tendrá los siguientes máximos en consideración al peso de la aeronave:

a) Hasta treinta mil kilogramos de peso, cinco unidades de fomento por cada kilogramo;

b) En lo que exceda de treinta mil kilogramos y hasta ochenta mil kilogramos de peso, tres unidades de fomento con setenta y cinco centésimas por cada kilogramo, y

c) En lo que exceda de ochenta mil kilogramos de peso, dos y media unidades de fomento por cada kilogramo.

Para estos efectos, peso de la aeronave significa el peso máximo autorizado para su despegue, certificado por la autoridad aeronáutica.

Conc.: CA: arts. 183, 185-189, 195; CC: arts. 1511, 2314-2334.

**Artículo 159.** En caso de concurrencia de daños en las personas y bienes, la cantidad total a distribuir se destinará preferentemente a indemnizar los daños causados a las personas.

Conc.: CC: arts. 1556, 2314-2334.

**Artículo 160.** Si en un mismo accidente hubiere varios damnificados y la suma total que debiera pagarse excediere los límites señalados en el artículo 158, se reducirá proporcionalmente el monto de la indemnización de cada uno de ellos.

Conc.: CC: arts. 1556, 2314-2334.

## CAPÍTULO III
## DE LA RESPONSABILIDAD POR ABORDAJE AÉREO

**Artículo 161.** Se entiende por abordaje aéreo la colisión entre dos o más aeronaves en vuelo.

Se considera también abordaje el caso en que se causen daños a aeronaves en movimiento, o a personas o bienes a bordo de ellas, por otra aeronave en movimiento, aunque no haya verdadera colisión.

Conc.: DAR - 13 "Reglamento de Investigación de Accidentes e Incidentes de Aviación".

**Artículo 162.** La responsabilidad por los daños causados a aeronaves, o a personas y cosas a bordo de ellas, en abordaje imputable a culpa o dolo del piloto de una de las aeronaves, incumbe al explotador de ésta.

Conc.: CA: arts. 99 y 100; CC: arts. 44, 1556 y 2314; DAR - 13 "Reglamento de Investigación de Accidentes e Incidentes de Aviación".

**Artículo 163.** La obligación de indemnizar en el caso de abordaje es solidaria respecto de todos los explotadores responsables, sin perjuicio del derecho del que hubiere pagado una suma mayor de la que le correspondiere, para repetir en contra de los demás responsables.

Conc.: CA: arts. 99 y 100; CC: arts. 1511, 1556, 2314, 2317; DAR - 13 "Reglamento de Investigación de Accidentes e Incidentes de Aviación".

**Artículo 164.** Si en el abordaje hubiere concurrencia de culpabilidad, los explotadores responsables concurrirán al pago de la indemnización en la proporción que determine el juez de acuerdo con la participación de cada uno de ellos.

Para determinar la cuantía, se considerarán todos los daños causados, incluidos los de la aeronave propia.

Si no pudiere efectuarse la determinación de que trata el inciso primero, la concurrencia al pago será por partes iguales.

Conc.: CA: arts. 99 y 100; CC: arts. 44, 1556, 2314, 2317; DAR - 13 "Reglamento de Investigación de Accidentes e Incidentes de Aviación".

**Artículo 165.** Se aplicará lo dispuesto en los artículos 158, 159 y 160 para establecer la responsabilidad de cada explotador.

Conc.: CA: arts. 99 y 100; CC: arts. 44, 1556, 2314; DAR - 13 "Reglamento de Investigación de Accidentes e Incidentes de Aviación".

## CAPÍTULO IV
## DE LOS DAÑOS CAUSADOS A TERCEROS EN LA SUPERFICIE EN CASO DE ABORDAJE AÉREO

**Artículo 166.** En casos de daños causados a terceros en la superficie por causa de abordaje de dos o más aeronaves, sus explotadores responderán solidariamente de los daños dentro de los límites señalados en el artículo 158.

Conc.: CA: arts. 99 y 100; CC: arts. 1511, 1556, 2314; DAR - 13 "Reglamento de Investigación de Accidentes e Incidentes de Aviación".

**Artículo 167.** Si el abordaje se produjere por la operación culpable de una de las aeronaves, los explotadores de las otras tendrán derecho a repetir el importe de las indemnizaciones que hubieren sido obligados a pagar a causa de la solidaridad.

En caso de concurrencia de culpabilidad, quien en virtud de la solidaridad hubiere pagado una suma mayor de la que le correspondiere, tendrá derecho a repetir por el exceso.

Conc.: CA: arts. 99 y 100; CC: arts. 1511, 1556, 2314; DAR - 13 "Reglamento de Investigación de Accidentes e Incidentes de Aviación".

**Artículo 168.** Si el abordaje se hubiere producido por caso fortuito o fuerza mayor, el explotador de cada aeronave responderá solidariamente dentro de los límites y en las condiciones previstas en los artículos 158 a 161, con derecho a repetir el excedente que hubiere pagado sobre la suma que le corresponde.

Conc.: CA: arts. 99 y 100; CC: arts. 45, 1511, 1556, 2314, 2317; DAR - 13.

**Artículo 169.** Las acciones de repetición entre los explotadores por las sumas pagadas por daños provenientes de abordaje, prescriben a los seis meses, contados desde la fecha del pago.

Conc.: CC: arts. 2314, 2332, 2492, 2514, 2524; DAR - 13 "Reglamento de Investigación de Accidentes e Incidentes de Aviación".

## CAPÍTULO V
## DISPOSICIONES GENERALES

**Artículo 170.** Será causal para eximir o atenuar la responsabilidad, el hecho que la víctima del daño fue quién lo causó, contribuyó a causarlo o se expuso a él imprudentemente.

Conc.: CA: art. 146; CC: arts. 2314, 2330.

**Artículo 171.** El transportador y el explotador serán responsables tanto de sus propios hechos como de los ejecutados por sus dependientes, durante el ejercicio de las funciones de éstos.

Conc.: CA: arts. 99, 100, 142, 143, 144, 146, 155; CC: arts. 2314, 2320.

**Artículo 172.** En todo caso el afectado por el daño podrá demandar una indemnización superior a los límites señalados en el código, si probare dolo o culpa del transportador, del explotador o de sus dependientes, cuando éstos actuaren durante el ejercicio de sus funciones.

Cualquier estipulación en contrario para fijar límites de indemnización inferiores a los establecidos en este código, se tendrá por no escrita.

Conc.: CA: arts. 99, 100, 142; CC: arts. 44, 1465, 1556 y 2314.

**Artículo 173.** Si se interpusiere acción directa en contra de un dependiente el transportador o del explotador, dicho dependiente podrá ampararse en los límites de responsabilidad establecidos en favor del transportador o del explotador, probando que actuaba en el ejercicio de sus funciones, salvo que haya mediado dolo o culpa de su parte.

Conc.: CA: Arts. 99, 100, 142, 172; CC: arts. 45, 1511, 1556, 2314.

**Artículo 174.** Si dos o más personas fueren responsables de las obligaciones que impone este título, cada una de ellas estará solidariamente obligada al pago total de la indemnización.

Si el explotador fuere persona distinta del transportador, ambos responderán solidariamente de las obligaciones que impone este título.

Conc.: CA: Arts. 99, 100, 142; CC: arts. 1511, 1556, 2314, 2317.

**Artículo 175.** Las acciones establecidas en este título prescribirán en el plazo de un año contado desde el día de los hechos, desde el día en que la aeronave llegó a su destino o desde que el transporte fue interrumpido, según el caso.

Conc.: CC: art. 2492, 2514, 2524.

## TÍTULO X
## DE LA BÚSQUEDA, ASISTENCIA Y SALVAMENTO DE AERONAVES

**Artículo 176.** La búsqueda, asistencia y salvamento de las aeronaves accidentadas o en peligro, son actos de interés público y se efectuarán en conformidad con las disposiciones legales.

Conc.: OACI: art. 25; DAR 12.

**Artículo 177.** El comandante de una aeronave tiene la obligación de asistir a otra en peligro, salvo que ello constituya un grave riesgo para la seguridad de la suya.

Esta obligación cesa cuando tal asistencia es manifiestamente inútil o cuando exista la certeza de que va a ser prestada por otros en mejores condiciones.

El comandante de aeronave que no cumpliere este deber será sancionado con la cancelación de su licencia.

Conc.: CA: Arts. 64, 185; OACI: art. 25; DAR 12.

**Artículo 178.** El salvamento de personas no da derecho a remuneración alguna.

**Artículo 179.** La asistencia y salvamento de bienes otorgan derecho a remuneración en la forma y monto convenido. Sin embargo, si la suma convenida como remuneración resultare inferior al monto de los gastos efectuados por el asistente en la operación, éste podrá exigir que se le reembolsen los gastos efectuados.

Toda estipulación en contrario se tendrá por no escrita.

**Artículo 180.** Si no mediare convención para remunerar la asistencia y salvamento, el pago sólo procederá si la operación de asistencia tuvo un resultado útil, y su monto no podrá exceder al valor de los bienes salvados, en el momento de término de la operación.

Además, para fijar su monto, se considerará principalmente el esfuerzo realizado para prestar la asistencia y socorro, el riesgo corrido, los elementos utilizados y el tiempo empleado.

Conc.: CC: Arts. 1438, 1545.

## TÍTULO XI
## DE LA INVESTIGACIÓN DE ACCIDENTES E INCIDENTES DE AVIACIÓN

**Artículo 181.** Corresponde a la autoridad aeronáutica investigar administrativamente los accidentes e incidentes de aeronaves que se produzcan en el territorio nacional y los que ocurran a aeronaves chilenas en aguas o territorios no sujetos a la soberanía de otro Estado, sin perjuicio de las facultades que corresponden a los tribunales competentes.

La investigación se realizará con el fin de determinar la causa del accidente o incidente, adoptar medidas tendientes a evitar su repetición y hacer efectiva la responsabilidad infraccional que existiere.

Conc.: CA: arts. 1, 6, 183, 185; OACI: art. 26; DAR 13; DFL N° 241: art. 15 N° 14.

**Artículo 182.** La persona que tuviere conocimiento de un accidente de aviación o de la existencia de restos o despojos de una aeronave, deberá dar aviso a la autoridad policial más próxima.

Recibido el aviso, esta autoridad tomará las medidas adecuadas para la protección y custodia de la aeronave accidentada, y comunicará este hecho a la autoridad competente por la vía más rápida.

Conc.: CA: arts. 1, 6, 183, 185; OACI: art. 26; DAR 13; DFL N° 241: art. 15 N° 14.

## TÍTULO XII
## DE LA AUTORIDAD AERONÁUTICA Y DE LAS INFRACCIONES A LA LEY Y REGLAMENTOS AERONÁUTICOS

### 1. De la autoridad aeronáutica

**Artículo 183.** La autoridad aeronáutica a que se refiere este código es la Dirección General de Aeronáutica Civil, a menos que se haga mención expresa a la Junta de Aeronáutica Civil.

Conc.: CA: art. 185-189; Ley N° 16.752: art. 3°; DFL N° 241: art. 14.

**Artículo 184.** Corresponderá a la Dirección General de Aeronáutica Civil conocer y sancionar las infracciones de este código, de las leyes y reglamentos sobre aeronáutica y de las instrucciones que ella dicte en el ejercicio de sus atribuciones, salvo las que correspondan a la Junta de Aeronáutica Civil, todo ello sin perjuicio de las facultades de los Tribunales de Justicia.

Conc.: CA: art. 185-189; Ley N° 16.752 art. 3 letra r). DFL N° 241: art. 15 N° 14.

### 2. De las infracciones o contravenciones

**Artículo 185.** Las infracciones a las disposiciones de este código, a las leyes aeronáuticas y a los reglamentos, que no constituyan delito, serán sancionados con:

a) Amonestación escrita;

b) Multa de cinco a quinientos ingresos mínimos mensuales;

c) Suspensión de los permisos o licencias por un plazo de hasta tres años, y

d) Cancelación definitiva de los permisos o licencias.

En los casos de contravenciones a las instrucciones de general aplicación dictadas por la autoridad aeronáutica, sólo podrán aplicarse las sanciones de las letras a) a la c).

Conc.: CA: art. 184. CP: art. 1°

**Artículo 186.** El Director General de Aeronáutica Civil, al ejercer las atribuciones señaladas en el artículo 187, deberá escuchar previamente al infractor.

Conc.: Ley N° 16.752: art. 2°

**Artículo 187.** En todo caso, si el infractor lo solicitare al momento de ser oído, el Director General deberá abrir un término probatorio de cinco días, dentro del cual se recibirá la prueba o antecedentes que aquél ofreciere, sin que pueda interrogarse a más de dos testigos.

Todas las notificaciones se efectuarán por carta certificada dirigida al domicilio que el afectado hubiere registrado en la Dirección General de Aeronáutica Civil.

Conc.: CC: art. 59; CPC: art. 38; Ley N° 16.752: art. 2°; Ley N° 19.880: arts. 35, 45-47.

**Artículo 188.** De la resolución del Director General de Aeronáutica Civil que aplique una multa superior a veinte ingresos mínimos mensuales, o que cancele un permiso o licencia, podrá reclamarse ante el Comandante en Jefe de la Fuerza Aérea de Chile, dentro de los quince días de la recepción por el Servicio de Correos de la carta certificada que notifica la resolución.

Conc.: CA: art. 185; Ley N° 16.752: art. 2°; Ley N° 19.880: art. 59

**Artículo 189.** La resolución que imponga una multa tendrá mérito ejecutivo, sirviendo de título suficiente una copia suya, autorizada por el Director General de Aeronáutica Civil.

Además, en tanto no se pague la multa, quedará ipso facto suspendido el permiso o la licencia.

Conc.: CA: art. 185; CPC: art. 434; Ley N° 16.752: art. 2°

## TÍTULO XIII
## DE LOS DELITOS CONTRA LA SEGURIDAD DE LA AVIACIÓN CIVIL

**Artículo 190.** El que pilotare o hiciere volar una aeronave que carezca de certificado de aeronavegabilidad vigente, será castigado con presidio o reclusión menores en sus grados medio a máximo y multa de cien a quinientos ingresos mínimos mensuales.

El comandante sufrirá, además, la suspensión de su licencia hasta por un plazo máximo de tres años.

Conc.: CA: arts. 52, 53, 64 99, 100; CP: art. 1°; CPP: art. 53; OACI: Anexo 8; DAR - 08; DAR - 39.

**Artículo 191.** El que, sin haber obtenido las licencias o habilitaciones competentes, desempeñare a bordo de una aeronave en vuelo actividades como tripulante de vuelo, será castigado con presidio o reclusión menores en sus grados medio a máximo.

Conc.: CA: arts. 27, 28, 57, 61; CP: art. 1°; CPP: art. 53; OACI: Anexo 1; DAR - 01.

**Artículo 192.** El miembro de la tripulación de vuelo que se desempeñare en una aeronave con sus licencias o habilitaciones vencidas, será castigado con presidio o reclusión menores en sus grados mínimos o multa de veinte a cincuenta ingresos mínimos mensuales.

Si estuviere inhabilitado por suspensión, el tribunal podrá, además, decretar la cancelación definitiva de su licencia.

Conc.: CA: arts. 27, 57, 61; CP: art. 1°; CPP: art. 53; OACI: Anexo 1; DAR - 01 "Licencias para el Personal Aeronáutico".

**Artículo 193.** El personal aeronáutico que desempeñe sus funciones bajo la influencia del alcohol será castigado con presidio o reclusión menores en sus grados medio a máximo y multa de diez a cien unidades tributarias mensuales.

En caso de reincidencia, el tribunal decretará la cancelación definitiva de su licencia.

Conc.: CA: art. 57; CP: art. 1°; CPP: art. 53; OACI: Anexo 02; DAR - 91.

**Artículo 194.** El comandante de la aeronave que omitiere dar la información que requiriere el control de tierra para la seguridad del vuelo, o diere datos falsos, será castigado con presidio o reclusión menores en sus grados medio a máximo y multa de diez a cien ingresos mínimos mensuales.

El tribunal podrá imponerle, además, la suspensión de la licencia hasta por un plazo de tres años.

Conc.: CA: arts. 67, 76, 83, 84; CP: art. 1°; CPP: art. 53; OACI: Anexos 02 y 11; DAR - 91; DAR - 11.

**Artículo 194 bis.** Los que sin emplear violencia, amenaza de violencia ni intimidación atentaren en contra de una aeronave en vuelo o en servicio o realizaren actos que pongan o puedan poner en peligro la vida, la integridad personal o la salud de sus pasajeros o tripulantes, serán sancionados con presidio menor en su grado medio a máximo.

Conc.: CA: art. 1°, 28. CP: arts. 1°, 439; CPP: art. 53; Ley N° 18.314: art. 2° N° 2; Convenio de Montreal: art. 2° letra b).

**Artículo 195.** El que transportare o hiciere transportar objetos peligrosos para la seguridad de la aeronave, sin cumplir con las disposiciones legales o reglamentarias, será castigado con presidio o reclusión menores en sus grados medio a máximo o multa de treinta a doscientos ingresos mínimos mensuales.

En igual pena incurrirá quien ordenare emprender el vuelo y quien condujere la aeronave, con exceso de peso o mala distribución de la carga.

Conc.: CA: arts. 65, 85, 137; CP: arts. 1°; CPP: art. 53; OACI: art. 35, Anexo 18; DAR - 06; DAR - 18.

**Artículo 196.** Será castigado con presidio o reclusión menores en sus grados medio a máximo y multa de dos a diez ingresos mínimos mensuales:

a) El que pilotare un avión bajo las alturas mínimas que determine la autoridad aeronáutica, y

b) El piloto que, sin autorización, realizare vuelos acrobáticos sobre zonas o lugares poblados.

El tribunal podrá imponerle, además, la suspensión de la licencia hasta por un plazo de tres años. En caso de reincidencia, podrá decretarse su cancelación definitiva.

Conc.: CA: Arts. 27, 88 y 89; CP: arts. 1°; CPP: art. 53; OACI: art. 35, Anexo 18; DAR - 06; DAR - 08 ; DAR - 91 "Reglas de Vuelo y Operación General".

**Artículo 197.** El que, sin autorización legítima, se detuviere o penetrare en la pista de aterrizaje de un aeródromo, o consintiere la entrada de animales en un aeródromo, sufrirá la pena de presidio menor en su grado mínimo o multa de uno a diez ingresos mínimos mensuales.

Conc.: CA: arts. 7-10, 77; CP: arts. 1°; CPP: art. 53; DAR - 14.

**Artículo 198.** Será castigado con presidio o reclusión menores en sus grados medio a máximo:

a) El que emitiere comunicaciones o señales aeronáuticas falsas o indebidas;

b) El que, sin autorización legítima, suprimiere señales aeronáuticas;

c) El que omitiere efectuar las señales o comunicaciones debidas;

d) El que interviniere, interfiriere o interrumpiere las comunicaciones o señales aeronáuticas, y

e) El que colocare obstáculos en las pistas de aterrizaje.

Si el hecho fuere cometido maliciosamente por personal de tierra, se aplicará la pena en su grado máximo.

Conc.: CA: arts. 14, 17, 57-60, 194; CP: arts. 1°; CPP: art. 53; OACI: Anexos 10 y 14; DAR - 10; DAR - 14.

**Artículo 199.** Si, a causa de las conductas delictivas descritas en los artículos 190 a 198, se causaren daños a la aeronave, cosas transportadas u otros bienes, la pena privativa de libertad se aumentará en un grado.

Conc.: CC: art. 2314; CP: Arts. 56, 57.

**Artículo 200.** El comandante de una aeronave en vuelo internacional que se desviare injustificadamente de las rutas aéreas o aerovías fijadas para entrar o salir del país o no utilizare los aeropuertos, será castigado con presidio menor en sus grados medio a máximo, multa de diez a veinte ingresos mínimos mensuales y suspensión de la licencia hasta por un período de tres años.

En iguales penas se incurrirá cuando se volare en zonas prohibidas o restringidas.

En caso de reincidencia podrá decretarse la cancelación definitiva de la licencia.

Conc.: CA: arts. 64, 77; CP: arts. 1°; CPP: art. 53; OACI: Arts. 5°, 9°.

**Artículo 201.** Los procesos a que dieren lugar los delitos previstos en este código serán de competencia de los juzgados de Aviación y se sujetarán al procedimiento establecido en el libro II, títulos I, II, y III, del Código de Justicia Militar, a excepción de los delitos cuyos imputados sean civiles.

Conc.: CJM: arts. 5°, 15 A y 122; Ley N° 20.477.

**Artículo 202.** Deróganse el decreto con fuerza de ley N° 221, del Ministerio del Interior (Aviación), de 1931, y el decreto ley N° 1.286, de 1975.

Conc.: CC: arts. 52, 53.

**Artículo 203.** Esta ley entrará en vigencia seis meses después de su publicación en el Diario Oficial.

Conc.: CC: art. 7°.

JOSE T. MERINO CASTRO, Almirante, Comandante en Jefe de la Armada, Miembro de la Junta de Gobierno. FERNANDO MATTHEI AUBEL, General del Aire, Comandante en Jefe de la Fuerza Aérea, Miembro de la Junta de Gobierno. RODOLFO STANGE OELCKERS, General Director, General Director de Carabineros, Miembro de la Junta de Gobierno. SANTIAGO SINCLAIR OYANEDER, Teniente General de Ejército, Miembro de la Junta de Gobierno.

Habiéndose dado cumplimiento a lo dispuesto en el N° 1, del Art. N° 82 de la Constitución Política de la República, y por cuanto he tenido a bien aprobar la precedente ley, la sanciono y la firmo en señal de promulgación. Llévese a efecto como Ley de la República.

Regístrese en la Contraloría General de la República, publíquese en el Diario Oficial e insértese en la Recopilación Oficial de dicha Contraloría.

Santiago, 19 de enero de 1990. AUGUSTO PINOCHET UGARTE, Capitán General, Presidente de la República. Hugo Rosende Subiabre, Ministro de Justicia.

Lo que transcribo a Ud. para su conocimiento. Le saluda atentamente, Hernán Novoa Carvajal, Subsecretario de Justicia.

# APÉNDICE

# DECRETO Nº 509 bis
# PROMULGA CONVENIO DE AVIACIÓN CIVIL INTERNACIONAL (OACI)
## Publicado en el Diario Oficial de 06 de diciembre de 1957

---

GABRIEL GONZÁLEZ VIDELA
Presidente de la República de Chile

POR CUANTO la República de Chile suscribió el 7 de Diciembre de 1944 en la Conferencia Internacional de Aviación Civil celebrada en la ciudad de Chicago, Estados Unidos de América, una Convención de Aviación Civil Internacional cuyo texto se adjunta;

Y por cuanto la mencionada Convención ha sido ratificada por mí, después de su aprobación por el Congreso Nacional, y el respectivo Instrumento de ratificación ha sido depositado en el Departamento de Estado de los Estados Unidos de América, con fecha 11 de Marzo de 1947, en conformidad a lo dispuesto en el mismo Convenio,

POR TANTO, y en uso de la facultad que me confiere el número 16 del Artículo 72 de la Constitución Política del Estado, dispongo y mando que se cumpla y lleve a efecto en todas sus partes como Ley de la República.

Dado en la Sala de mi Despacho y refrendado por el Ministro de Estado en el Departamento de Relaciones Exteriores en Santiago, a los veintiocho días del mes de Abril del año de mil novecientos cuarenta y siete. GABRIEL GONZALEZ VIDELA. Raúl Juliet.

Es copia fiel del original:

Alvaro Droguett del Fierro, Subsecretario de Relaciones Exteriores.

## CONVENIO DE AVIACIÓN CIVIL INTERNACIONAL
(Firmado en Chicago, el 7 de Diciembre de 1944)

### Preámbulo

Considerando: Que el desarrollo futuro de la aviación civil internacional puede contribuir poderosamente a crear y a mantener la amistad y el entendimiento entre las naciones y los pueblos del mundo, mientras que el abuso de la misma puede llegar a constituir una amenaza a la seguridad general, y

Considerando: Que es deseable evitar todo desacuerdo entre las naciones y los pueblos y estimular entre ellos la cooperación de que depende la paz del mundo.

Los Gobiernos que suscriben, habiendo convenido en ciertos principios y arreglos, a fin de que la aviación civil internacional pueda desarrollarse de manera segura y ordenada y de que los servicios internacionales de transporte aéreo puedan establecerse con carácter de igualdad para todos, y realizarse sobre base firme y económica;

Celebran a estos fines el presente Convenio.

## PRIMERA PARTE
## NAVEGACIÓN AÉREA

### CAPÍTULO I
### PRINCIPIOS GENERALES Y APLICACIÓN DEL CONVENIO

#### Artículo primero
#### Soberanía

Los Estados contratantes reconocen que cada Estado tiene soberanía completa y exclusiva sobre el espacio aéreo correspondiente a su territorio.

## Artículo 2
## Territorio

A los fines del presente Convenio se considerará territorio de un Estado las extensiones terrestres y las aguas jurisdiccionales adyacentes a ellas que se encuentren bajo la soberanía, jurisdicción, protectorado o mandato de dicho Estado.

## Artículo 3
## Aeronaves civiles y de Estado

a) El presente Convenio se aplicará solamente a las aeronaves civiles, y no a las aeronaves de Estado,

b) Se considerarán aeronaves de Estado las utilizadas en servicios militares, de aduanas o de policía.

c) Ninguna aeronave de Estado perteneciente a un Estado contratante podrá volar sobre el territorio de otro Estado o aterrizar en el mismo sin haber obtenido autorización para ello, por acuerdo especial o de otro modo, y de conformidad con las condiciones estipuladas.

d) Los Estados contratantes se comprometen, cuando regulen lo concerniente a las aeronaves de Estado, a tener debidamente en consideración la seguridad de la navegación de las aeronaves civiles.

## Artículo 4
## Uso indebido dé la aviación civil

Todo Estado contratante conviene en no usar la aviación civil con propósitos incompatibles con los fines del presente Convenio.

# CAPÍTULO II
# VUELO SOBRE TERRITORIO DE ESTADOS CONTRATANTES

## Artículo 5
## Derecho de vuelo en servicios no regulares

Todo Estado contratante conviene en que toda aeronave de los demás Estados contratantes que no se dedique a servicios aéreos internacionales regulares tendrá derecho a penetrar sobre su territorio, a cruzarlo sin hacer escalas y a hacer escalas para fines no comerciales, sin necesidad de obtener permiso previo, a condición de que se respete lo estipulado en el presente Convenio y a reserva del derecho del Estado sobre, el que se vuele a exigir aterrizaje. Sin embargo, cada Estado contratante se reserva, por razones de seguridad de vuelo, el derecho a exigir que las aeronaves que deseen volar sobre regiones inaccesibles o que no cuenten con facilidades adecuadas para la navegación aérea, sigan las rutas prescritas u obtengan permisos especiales para tales vuelos.

Si dichas aeronaves están dedicadas, en servicios distintos de los aéreos internacionales regulares, al transporte de pasajeros, correo o carga por remuneración o alquiler, tendrán también el privilegio, con sujeción a las disposiciones del artículo 7, de embarcar o desembarcar pasajeros, carga o correo, sin perjuicio del derecho del Estado donde tenga lugar el embarque o desembarque a imponer las reglamentaciones, condiciones o restricciones que considere convenientes.

### Artículo 6
### Servicios aéreos regulares

No podrá explotarse ningún servicio aéreo internacional regular sobre el territorio de un Estado contratante o hacia el interior de éste si no es mediante permiso especial u otra autorización de dicho Estado, y de conformidad con las condiciones de dicho permiso o autorización.

### Artículo 7
### Cabotaje

Todo Estado contratante tiene el derecho a negar a las aeronaves de los demás Estados contratantes el permiso de embarcar en su territorio, pasajeros, correo o carga para transportarlos, mediante remuneración o alquiler, con destino a otro punto situado en su propio territorio. Cada Estado contratante se compromete a no celebrar ningún acuerdo por el que expresamente se conceda un privilegio de esta naturaleza, a base de exclusividad, a otro Estado o empresa de transportes aéreos de otro Estado; y a no obtener tal privilegio exclusivo de otro Estado.

## Artículo 8
## Aeronaves sin piloto

Ninguna aeronave capaz de volar sin piloto volará sin piloto sobre el territorio de un Estado contratante, a menos que se cuente con autorización especial de tal Estado y de conformidad con los términos de dicha autorización. Todo Estado contratante se compromete a tomar las medidas necesarias para que los vuelos de tales aeronaves sin piloto en las regiones abiertas a la navegación de las aeronaves civiles sean controlados en forma que se evite todo peligro a las aeronaves civiles.

## Artículo 9
## Zonas prohibidas

a) Todo Estado contratante podrá, por razones militares o de seguridad, pública, restringir o prohibir de manera uniforme los vuelos de las aeronaves de otros Estados sobre ciertas zonas de su territorio, entendiéndose que no se establecerán distinciones a este respecto entre las aeronaves del Estado en cuestión dedicadas a servicios aéreos internacionales regulares y las aeronaves de los otros Estados contratantes que se dediquen a servicios similares. Dichas zonas prohibidas deberán ser de extensión y situación razonables, a fin de no estorbar innecesariamente a la navegación aérea. La descripción de tales zonas prohibidas situadas en el territorio de un Estado contratante, y todas las modificaciones de que puedan ser objeto posteriormente, deberán comunicarse lo antes posible a los demás Estados contratantes y a la Organización de Aviación Civil Internacional.

b) Todo Estado contratante se reserva igualmente el derecho, en circunstancias excepcionales o durante un período de emergencia o bien en interés de la seguridad pública, a restringir o prohibir temporalmente y con efecto inmediato los vuelos sobre todo su territorio o parte del mismo, a condición de que esta restricción o prohibición se aplique, sin distinción de nacionalidad, a las aeronaves de todos los demás Estados.

c) Todo Estado contratante podrá, de acuerdo con las condiciones que determine, exigir que toda aeronave que penetre en las zonas a que se hace referencia en los párrafos a) y b) anteriores aterrice tan pronto como le sea posible en un aeropuerto designado al efecto dentro de su territorio.

## Artículo 10
## Aterrizaje en aeropuertos aduaneros

Excepto en el caso en que, de acuerdo con lo dispuesto en el presente Convenio o en una autorización especial, se permita a las aeronaves cruzar el territorio de un Estado contratante sin aterrizar, toda aeronave que penetre en el territorio de un Estado contratante deberá, si los reglamentos de tal Estado así lo exigen, aterrizar en el aeropuerto designado por tal Estado para fines de inspección de aduanas y otras formalidades. Al salir del territorio de un Estado contratante, toda aeronave deberá partir de un aeropuerto aduanero designado de igual manera. Las características de todos los aeropuertos aduaneros deberán ser publicadas por el Estado y transmitidas a la Organización de Aviación Civil Internacional, creada en virtud de lo dispuesto en la Parte II del presente Convenio, la cual las comunicará a todos los demás Estados contratantes.

## Artículo 11
## Aplicación de las reglamentaciones relativas a la navegación aérea

A reserva de lo dispuesto en el presente Convenio, las leyes y reglamentos de un Estado contratante que regulen la entrada y salida de su territorio de las aeronaves dedicadas a la navegación aérea internacional, o la operación y navegación de dichas aeronaves mientras se encuentren en su territorio, se aplicarán sin distinción de nacionalidad a las aeronaves de todos los Estados contratantes y dichas aeronaves deberán cumplir dichas leyes y reglamentos a la entrada, a la salida, y mientras se encuentren dentro del territorio de ese Estado.

## Artículo 12
## Reglamento del aire

Todo Estado contratante se compromete a adoptar medidas para que todas las aeronaves que vuelen sobre su territorio o maniobren en él, así como todas las aeronaves que lleven la marca de su nacionalidad, dondequiera que se encuentren, observen los reglamentos aplicables en tal lugar a los vuelos y maniobras de las aeronaves. Todo Estado contratante se compromete a mantener sus propios reglamentos sobre este particular de acuerdo, en todo lo posible, con los que en su caso se establezcan en aplicación del presente Convenio. Sobre alta mar, las reglas aplicables serán las que se establezcan de acuerdo con el presente Convenio. Todo Estado contratante se compromete a proceder contra todas las personas que infrinjan los reglamentos aplicables.

## Artículo 13
## Disposiciones de entrada y salida

Las leyes y reglamentos de un Estado contratante que regulen la entrada o salida de su territorio de pasajeros, tripulación o carga transportados por aeronaves, tales como los relativos a formalidades de entrada, permiso de salida, inmigración, pasaportes, aduanas y cuarentena, deberán ser observados por dichos pasajeros, tripulaciones o por cuanto a la carga, a la entrada, a la salida o mientras se encuentren dentro del territorio de ese Estado.

## Artículo 14
## Protección contra la propagación de enfermedades

Todo Estado contratante se compromete a tomar medidas eficaces para impedir la propagación, por medio de la navegación aérea, del cólera, el tifo (epidémico), la viruela, la fiebre amarilla, la peste y todas aquellas enfermedades contagiosas que los Estados contratantes decidan designar en su oportunidad. A este fin, los Estados contratantes celebrarán consultas frecuentes con los organismos encargados de los reglamentos internacionales relativos a las medidas sanitarias aplicables a las aeronaves, sin perjuicio de la aplicación de toda convención internacional existente sobre la materia en la que sean partes los Estados contratantes.

## Artículo 15
## Derechos de aeropuertos y otros similares

Todo aeropuerto de un Estado contratante que esté abierto a las aeronaves nacionales de tal Estado para fines de uso público estará igualmente, y a reserva de lo dispuesto en el artículo 68, abierto, en condiciones uniformes, a las aeronaves de todos los demás Estados contratantes. Se aplicarán condiciones igualmente uniformes por lo que respecta al uso, por parte de las aeronaves de cada uno de los Estados contratantes, de todos las instalaciones y servicios para la navegación aérea, incluso los servicios de radio y meteorológicos que existan a disposición del público para la seguridad y rapidez de la navegación aérea.

Los derechos que un Estado contratante imponga o permita que se impongan por el uso de tales aeropuertos e instalaciones, y servicios para la navegación aérea por parte de las aeronaves de cualquier otro Estado contratante no deberán ser más elevados:

a) Por lo que respecta a las aeronaves que no se dediquen a servicios aéreas internacionales regulares, que los derechos que paguen sus aeronaves nacionales de la misma clase dedicadas a servicios similares, y

b) Por lo que respecta a las aeronaves dedicadas a servicios aéreos internacionales regulares, que los derechos que paguen sus aeronaves nacionales dedicadas a servicios internacionales similares.

c) Todos estos derechos serán publicados y se comunicarán a la Organización de Aviación Civil Internacional, entendiéndose que si un Estado contratante interesado hace una representación, los derechos impuestos por el uso de aeropuertos y otras instalaciones y servicios serán objeto de examen por el Consejo, que rendirá un informe y formulará recomendaciones al respecto para su examen por el Estado o Estados interesados. Ningún Estado contratante impondrá gravamen alguno por el mero derecho de tránsito, entrada o salida de su territorio de cualquier aeronave da un Estado contratante o de las personas o bienes que se encuentren a bordo.

### Artículo 16
### Visitas de inspección de las aeronaves

Las autoridades competentes de cada uno de los Estados contratantes tendrán derecho a inspeccionar, sin causar demoras innecesarias, las aeronaves de los demás Estados contratantes, tanto al aterrizar como al salir, y a examinar los certificados y demás documentos prescritos por el presente Convenio.

## CAPÍTULO III
## NACIONALIDAD DE LAS AERONAVES

### Artículo 17
### Nacionalidad de las aeronaves

Las aeronaves tienen la nacionalidad del Estado donde estén matriculadas.

### Artículo 18
### Matricula única

Ninguna aeronave podrá estar válidamente matriculada en más de un Estado. Sin embargo, su matrícula podrá transferirse de un Estado a otro.

### Artículo 19
### Legislación nacional sobre matrículas

La matrícula o traspaso de matrícula de una aeronave en un Estado contratante se efectuará de acuerdo con sus leyes y reglamentos.

## Artículo 20
## Ostentación de marcas

Toda aeronave dedicada a la navegación aérea internacional deberá llevar las correspondientes marcas de nacionalidad y de matrícula.

## Artículo 21
## Notificación de las matrículas

Todo Estado contratante se compromete a facilitar, a petición, a cualquier otro Estado contratante o a la Organización de Aviación Civil Internacional, informes sobre la matrícula y la propiedad de toda aeronave matriculada en dicho Estado. Además, todo Estado contratante facilitará a la Organización de Aviación Civil Internacional, de acuerdo con las disposiciones que ésta decida dictar, informes con cuantos datos pertinentes puedan facilitarse sobre la propiedad y control de las aeronaves matriculadas en el Estado que se dediquen habitualmente a la navegación aérea internacional. La Organización de Aviación Civil Internacional transmitirá a los demás Estados que le soliciten los datos así obtenidos.

# CAPÍTULO IV
# MEDIDAS PARA FACILITAR LA NAVEGACIÓN AÉREA

## Artículo 22
## Simplificación de formalidades

Todo Estado contratante conviene en adoptar, mediante la promulgación de reglamentos especiales o de otro modo, todas las medidas posibles que faciliten y aceleren la navegación de las aeronaves entre los territorios de los Estados contratantes y en evitar todo retardo innecesario a las aeronaves, tripulaciones, pasajeros y carga, especialmente en lo que se refiere a la aplicación de las leyes sobre inmigración, cuarentena, aduanas y despacho.

## Artículo 23
## Formalidades de aduanas y de inmigración

Todo Estado contratante se compromete, en la medida de lo posible, a establecer reglamentos de aduanas y de inmigración que se apliquen a la navegación aérea internacional, de acuerdo con los métodos que puedan establecerse o recomendarse en su oportunidad en aplicación del presente Convenio. Ninguna disposición del presente Convenio se interpretará en el sentido de que impide la creación de aeropuertos francos.

## Artículo 24
## Derechos de aduana

a) Toda aeronave en vuelo que proceda, se dirija o atraviese el territorio de otro Estado contratante, será admitida temporalmente libre de derechos, en las condiciones previstas en los reglamentos de aduanas de tal Estado. El combustible, aceites lubricantes, piezas de repuesto, equipo ordinario y suministros de a bordo que se lleven en una aeronave de un Estado contratante cuándo llegue al territorio de otro Estado contratante y que se encuentren aún a bordo de tal aeronave cuando ésta salga de dicho Estado, estarán exentos del pago de derechos de aduana, derechos de inspección u otros derechos o impuestos similares, ya sean nacionales o locales. Esta exención no se aplicará a las cantidades u objetos descargados, salvo disposición en contrario de los reglamentos de aduanas de este Estado, los que pueden exigir que dichas cantidades u objetos se guarden bajo vigilancia aduanera.

b) Las piezas de repuesto y el equipo que se importen al territorio de un Estado contratante para su instalación o uso en las aeronaves de otro Estado contratante dedicadas a la navegación aérea internacional serán admitidas libres de derechos, a reserva de lo dispuesto en los reglamentos del Estado interesado, que pueden exigir que dichos efectos sean guardados bajo vigilancia aduanera.

## Artículo 25
## Aeronaves en peligro

Todo Estado contratante se compromete a proporcionar toda la ayuda que le sea posible a las aeronaves que se hallen en peligro en su territorio y, a reserva del derecho de control de sus propias autoridades, a permitir que los propietarios de las aeronaves o las autoridades del Estado donde esté matriculada la aeronave proporcionen la ayuda que las circunstancias exijan. Todo Estado contratante, al emprender la búsqueda de aeronaves perdidas, participará en las medidas coordinadas que puedan recomendarse en su oportunidad en aplicación del presente Convenio.

## Artículo 26
## Investigación de accidentes

En el caso de que una aeronave de un Estado contratante sufra en el territorio de otro Estado contratante un accidente que ocasione muerte o heridas graves, o que indique graves defectos técnicos en la aeronave o en las instalaciones y servicios para la navegación aérea, el Estado donde ocurra el accidente abrirá una investigación de las circunstancias del mismo, ajustándose en la medida que lo permitan sus leyes a los procedimientos que pueda recomendar la Organización de Aviación Civil Internacional. Se permitirá al Estado donde esté matriculada la aeronave que designe observadores para asistir a la investigación y el Estado que realice ésta comunicará al otro Estado el informe y las conclusiones sobre el accidente.

## Artículo 27
## Inembargabilidad por infracción de los derechos sobre patentes

a) Cuando una aeronave de un Estado contratante, dedicada a la navegación aérea internacional, efectúe una entrada autorizada en el territorio de otro Estado contratante o un tránsito autorizado a través de dicho territorio, con o sin aterrizaje, la aeronave no podrá ser objeto de embargo o retención, ni dar lugar a reclamación contra su propietario u operador ni a intervención alguna por parte o en nombre de este Estado o de cualquier persona en él domiciliada, bajo el pretexto de que la construcción, el mecanismo, las piezas, los accesorios o el funcionamiento de la aeronave constituyen infracción de alguna patente, diseño o modelo cualquiera debidamente protegido o registrado en el Estado a cuyo territorio haya penetrado la aeronave, entendiéndose que el Estado en el que haya penetrado la aeronave no exigirá en ningún caso un depósito de garantía por la exención anteriormente mencionada de embargo o retención de la aeronave.

b) Las disposiciones del párrafo a) del presente artículo se aplicarán también al almacenaje de las piezas y equipo de repuesto para aeronaves, así como al derecho de usar e instalar tales piezas y equipo en la reparación de una aeronave de un Estado contratante en el territorio de otro Estado contratante, entendiéndose que toda pieza o equipo patentado así almacenado no podrá venderse ni distribuirse dentro del Estado contratante en cuyo territorio haya penetrado la aeronave, ni ser exportado desde dicho Estado con carácter comercial.

c) Los beneficios del presente artículo se aplicarán sólo a los Estados partes en el presente Convenio que 1) sean partes en la Convención Internacional para la Protección de la Propiedad Industrial y en las enmiendas a la misma, o 2) hayan promulgado leyes sobre patentes que reconozcan y protejan debidamente las invenciones de los nacionales de los demás Estados que sean partes en el presente Convenio.

## Artículo 28
## Facilidades para la navegación aérea y sistemas uniformes

Todo Estado contratante se compromete, hasta donde le sea posible:

a) A establecer en su territorio aeropuertos, servicios de radio, servicios meteorológicos y otras instalaciones y servicios para la navegación aérea que faciliten la navegación aérea internacional, de acuerdo con las normas y métodos recomendados o establecidos en su oportunidad en cumplimiento del presente Convenio.

b) A adoptar y poner en práctica los sistemas uniformes adecuados en materia de procedimientos de comunicaciones, códigos, balizamientos, señales, iluminaciones y demás métodos y reglas de operación técnica que en su oportunidad se recomienden o establezcan en cumplimiento del presente Convenio.

c) A colaborar en las medidas tomadas con carácter internacional, a fin de asesorar la publicación de mapas y cartas aeronáuticas, de conformidad con las normas que en su oportunidad se recomienden o establezcan en cumplimiento del presente Convenio.

## CAPÍTULO V
## CONDICIONES QUE DEBEN CUMPLIRSE CON RESPECTO A LAS AERONAVES

### Artículo 29
### Documentos que deben llevarse a bordo de las aeronaves

Toda aeronave de un Estado contratante dedicada a la navegación internacional deberá, de conformidad con las condiciones prescritas en el presente Convenio, llevar a bordo la siguiente documentación:

a) Certificado de matrícula.

b) Certificado de aeronavegabilidad.

c) Las licencias correspondientes a cada miembro de la tripulación.

d) Diario de a bordo.

e) Si está provista de aparatos de radio, la licencia de la estación de radio de la aeronave.

f) Si lleva pasajeros, una lista por nombres de los mismos, indicando los puntos de embarque y de destino.

g) Si transporta carga, un manifiesto y declaraciones detalladas de la carga.

### Artículo 30
### Equipo de radio de las aeronaves

a) Cuando se encuentren en el territorio de otros Estados contratantes, o sobre el mismo, las aeronaves de todo Estado contratante solamente podrán llevar a bordo radiotransmisores, si las autoridades competentes del Estado donde esté matriculada la aeronave han expedido una licencia que permita la instalación y utilización de dichos aparatos. El uso de radiotransmisores en el territorio del Estado contratante en que vuele la aeronave deberá ajustarse a los reglamentos prescritos por dicho Estado.

b) Sólo podrán usar los radiotransmisores los miembros de la tripulación de vuelo que estén provistos de una licencia especial al efecto expedida por las autoridades competentes del Estado donde esté matriculada la aeronave.

## Artículo 31
## Certificados de aeronavegabilidad

Toda aeronave que se dedique a la navegación internacional deberá estar provista de un certificado de aeronavegabilidad expedido o convalidado por el Estado donde esté matriculada la aeronave.

## Artículo 32
## Licencias al personal

a) El piloto y los demás miembros de la tripulación de toda aeronave que se dedique a la navegación internacional deberán estar provistos de certificados de aptitud y de licencias expedidas o convalidadas por el Estado donde la aeronave esté matriculada.

b) Todo Estado contratante se reserva el derecho de no reconocer como válidos, por lo que respecta a los vuelos sobre su propio territorio, los títulos de aptitud y licencias otorgados a sus nacionales por otro Estado contratante.

## Artículo 33
## Reconocimiento de certificados y licencias

Los certificados de aeronavegabilidad y de aptitud y las licencias expedidos o convalidados por el Estado contratante donde esté matriculada la aeronave serán reconocidos como válidos por los demás Estados contratantes, siempre que los requisitos de acuerdo con los cuales se hayan expedido o convalidado dichos certificados o licencias sean iguales o superiores a las normas mínimas que en su oportunidad, se establezcan en virtud del presente Convenio.

**Artículo 34**
**Diario de a bordo**

Por cada aeronave dedicada a la navegación internacional deberá llevarse un diario de a bordo, en el que se asentarán los datos relativos a la aeronave, a su tripulación y cada viaje en la forma que, en su oportunidad, se prescriba en virtud del presente Convenio.

**Artículo 35**
**Restricciones sobre la carga**

a) Las aeronaves que se dediquen a la navegación internacional no podrán transportar ninguna clase de municiones de guerra ni material de guerra dentro o sobre el territorio de un Estado, excepto con el consentimiento de tal Estado. Cada Estado determinará, mediante reglamentos, lo que constituyen municiones de guerra o material de guerra a los efectos del presente artículo, teniendo debidamente en cuenta, a los efectos de uniformidad, las recomendaciones que la Organización de Aviación Civil internacional pueda hacer en su oportunidad.

b) Por razones de orden público y de seguridad, todo Estado contratante se reserva el derecho a reglamentar o prohibir el transporte dentro de su territorio o sobre él de otros artículos que no sean los especificados en el párrafo a), entendiéndose que no se hará ninguna distinción a este respecto entre sus aeronaves nacionales que se dediquen a la navegación internacional y las aeronaves de otros Estados dedicadas a servicios similares, y entendiéndose, además, que no se impondrá restricción alguna que pueda poner obstáculos al transporte y uso, a bordo de las aeronaves, de los aparatos necesarios al funcionamiento y la navegación de dichas aeronaves o a la seguridad del personal o de los pasajeros.

## Artículo 36
## Máquinas fotográficas

Todo Estado contratante puede prohibir o reglamentar el uso de máquinas fotográficas a bordo de las aeronaves que vuelen sobre su territorio.

# CAPÍTULO VI
# NORMAS Y MÉTODOS RECOMENDADOS INTERNACIONALES

## Artículo 37
## Adopción de normas y procedimientos internacionales

Todo Estado contratante se compromete a colaborar, con el fin de lograr el mayor grado de uniformidad posible en los reglamentos, normas, procedimientos y organización relativos a las aeronaves, personal, rutas aéreas y servicios auxiliares, en todas las cuestiones en que tal uniformidad facilite y mejore la navegación aérea.

A este efecto, la Organización de Aviación Civil Internacional adoptará y modificará, en su oportunidad y según sea necesario, las normas y los métodos y procedimientos recomendados internacionales relativos a lo siguiente:

a) Sistema de comunicaciones y ayudas para la navegación aérea, incluso señalamiento terrestre;

b) Características de los aeropuertos y áreas de aterrizaje;

c) Reglamento del aire y métodos de control del tránsito aéreo;

d) Licencias para el personal de conducción del vuelo y mecánicos;

e) Aeronavegabilidad;

f) Matrícula e identificación de aeronaves;

g) Compilación e intercambio de informes meteorológicos;

h) Libros de a bordo;

i) Mapas y cartas aeronáuticos;

j) Formalidades de aduana e inmigración;

k) Aeronaves en peligro e investigación de accidentes: así como todas, las demás cuestiones relacionadas con la seguridad, regularidad y eficiencia de la navegación aérea que en su oportunidad se consideren convenientes.

## Artículo 38
## Desviaciones respecto de las normas y procedimientos internacionales

Cualquier Estado que considere imposible cumplir, en todos sus aspectos, con cualesquiera de tales normas o procedimientos internacionales, o el concordar completamente sus propios reglamentos o métodos con las normas o procedimientos internacionales, cuando éstos hayan sido modificados, o que considere necesario adoptar reglamentos o métodos que difieran en cualquier respecto de los establecidos por una norma internacional, notificará inmediatamente a la Organización de Aviación Civil Internacional las diferencias que existan entre sus propios métodos y los establecidos por la norma internacional. Cuando se trate de enmiendas a las normas internacionales, todo Estado que no haga las modificaciones correspondientes a sus propios reglamentos o métodos lo comunicará al Consejo dentro de sesenta días a contar de la fecha de adopción de la enmienda a la norma internacional o indicará las medidas que se proponga adoptar a este respecto. En tal caso, el Consejo notificará inmediatamente a todos los demás Estados las diferencias que existan sobre uno o varios puntos entre la norma internacional y el método correspondiente en el Estado en cuestión.

## Artículo 39
## Anotaciones en los certificados y licencias

a) Toda aeronave o parte de ella sobre la cual exista una norma internacional de aeronavegabilidad o cualidades de vuelo, pero que en el momento de darse su certificado de navegación deje de cumplir en algún punto con lo previsto en dicha norma, deberá llevar en su certificado de aeronavegabilidad o en un anexo al mismo una lista completa de los puntos en que deje de cumplir con lo previsto en dicha norma.

b) Toda persona titular de una licencia que no reúna por completo las condiciones exigidas por la norma internacional relativa a la clase de licencia o título de que sea titular deberá llevar en su licencia, o en un anexo a la misma, una lista completa de los puntos en que deje de cumplir con dichas condiciones.

## Artículo 40
## Validez de los certificados y licencias anotados

Ninguna aeronave o miembro del personal que posea un certificado o licencia anotado en tal forma podrá tomar parte en la navegación internacional sin permiso del Estado o Estados en cuyo territorio se entre. La matrícula o el uso de tal aeronave o de una pieza cualquiera de aeronave homologada en un Estado que no sea aquel donde se otorgó el certificado original de homologación quedará a discreción del Estado donde se importe la aeronave o la pieza en cuestión.

## Artículo 41
## Reconocimiento de las normas existentes de aeronavegabilidad

Las disposiciones del presente Capítulo no se aplicarán a las aeronaves ni al equipo de aeronaves de los tipos cuyo prototipo haya sido presentado a las autoridades nacionales competentes para la homologación antes de expirar los tres años siguientes a la fecha de adopción de una norma internacional de aeronavegación para tal equipo.

## Artículo 42
## Reconocimiento de las normas existentes sobre competencia del personal

Las disposiciones del presente Capítulo no se aplicarán a los miembros del personal cuyas licencias originales se hayan expedido antes de cumplirse un año después de la fecha de adopción de una norma internacional sobre aptitud del personal; sin embargo, estas disposiciones se aplicarán a todos los miembros del personal cuyas licencias sean aún válidas cinco años después de la fecha de adopción de dicha norma.

## SEGUNDA PARTE
## LA ORGANIZACIÓN DE AVIACIÓN CIVIL INTERNACIONAL

### CAPÍTULO VII
### LA ORGANIZACIÓN

#### Artículo 43
#### Nombre y composición

Por el presente Convenio se crea una organización que se denominará Organización de Aviación Civil Internacional. Se compondrá de una Asamblea, un Consejo y los demás organismos que, se estimen necesarios.

#### Artículo 44
#### Fines

El objeto y los fines de la Organización son: desarrollar los principios y la técnica de la navegación aérea internacional y fomentar el establecimiento y desenvolvimiento del transporte aéreo internacional, con el objeto de:

a) lograr el progreso seguro y sistemático de la aviación civil internacional en todo el mundo;

b) fomentar la técnica de la construcción y utilización de aeronaves para fines pacíficos;

c) estimular el desarrollar de aerovías, aeropuertos e instalaciones y servicios para la navegación aérea empleados en la aviación civil internacional;

d) facilitar los transportes aéreos seguros, regulares, eficaces y económicos que necesiten los pueblos del mundo;

e) evitar el despilfarro económico producido por la competencia excesiva;

f) asegurar que se respeten plenamente los derechos de los Estados contratantes y que cada Estado contratante tenga oportunidad equitativa de explotar los servicios de transportes aéreos internacionales;

g) evitar que se den preferencias a ciertos Estadas contratantes;

h) aumentar la seguridad de los vuelos en la navegación aérea internacional;

i) fomentar, en general, el desarrollo de la aeronáutica civil internacional en todos sus aspectos.

## Artículo 45
## Sede permanente

La Organización tendrá su sede permanente en el lugar que determine en su última reunión la Asamblea interina de la Organización Provisional de Aviación Civil Internacional, creada por el Convenio Provisional de Aviación Civil Internacional firmado en Chicago el 7 de Diciembre de 1944. Esta sede podrá trasladarse temporalmente a otro lugar por decisión del Consejo.

## Artículo 46
## Primera reunión de la Asamblea

La primera reunión de la Asamblea será convocada por el Consejo Interino de la Organización provisional anteriormente mencionada tan pronto como entre en vigor el presente Convenio, para celebrarse en la fecha y lugar que designe el Consejo Interino.

## Artículo 47
## Capacidad jurídica

La Organización gozará en el territorio de cada Estado contratante de la capacidad jurídica necesaria al ejercicio de sus funciones. Se le concederá la plena personalidad jurídica siempre que ello sea compatible con la Constitución y las leyes del Estado interesado.

## CAPÍTULO VIII
## LA ASAMBLEA

### Artículo 48
### Reuniones de la Asamblea y votaciones

a) La Asamblea se reunirá cada año y será convocada por el Consejo en la fecha y lugar apropiados. La Asamblea podrá celebrar reuniones extraordinarias en todo momento por convocatoria del Consejo o a petición de diez Estados contratantes, dirigida al Secretario General.

b) Todos los Estados contratantes tendrán igual derecho a estar representados en las reuniones de la Asamblea, y cada Estado contratante tendrá derecho a un voto. Los delegados que representen a los estados contratantes podrán ser ayudados en sus trabajos por asesores técnicos, quienes podrán participar en las reuniones; pero sin derecho a voto.

c) En las reuniones de la Asamblea, será necesaria la mayoría de los Estados contratantes para constituir quórum. Salvo disposición en contrario del presente Convenio, las decisiones de la Asamblea se tomarán por mayoría de votos emitidos.

### Artículo 49
### Atribuciones de la Asamblea

Serán atribuciones de la Asamblea:

a) Elegir en cada reunión su Presidente y el resto de la mesa directiva.

b) Elegir los Estados contratantes que estarán representados en el Consejo, de acuerdo con las disposiciones del Capítulo IX.

c) Examinar los informes del Consejo y actuar en consecuencia, y decidir cualquier asunto que éste someta a su consideración.

d) Establecer su propio reglamento interno, y crear las comisiones auxiliares que juzgue necesarias o útiles.

e) Aprobar un presupuesto anual y determinar el régimen financiero de la Organización, de acuerdo con lo dispuesto en el Capítulo XII.

f) Examinar los gastos y aprobar las cuentas de la Organización.

g) A su discreción, someter al Consejo, a las comisiones auxiliares, o a cualquier otro órgano, toda cuestión que sea de su competencia.

h) Delegar en el Consejo las facultades y autoridad necesarias o útiles para el desempeño de las funciones de la Organización, y revocar o modificar en cualquier momento tal delegación.

i) Llevar a efecto las disposiciones apropiadas del Capítulo XIII.

j) Examinar las proposiciones de reforma del presente Convenio y, si las aprueba, recomendar su adopción a los Estados contratantes de acuerdo con las disposiciones del Capítulo XXI.

k) Ocuparse de toda cuestión de la competencia de la Organización que no se haya encargado expresamente al Consejo.

## CAPÍTULO IX
## EL CONSEJO

### Artículo 50
### Composición y elección del Consejo

a) El Consejo será un órgano permanente; responsable ante la Asamblea. Se compondrá de veintiún Estados contratantes, elegidos por la Asamblea. Se efectuará una elección en la primera reunión de la Asamblea y, después, cada tres años. Los miembros del Consejo así elegidos permanecerán en funciones hasta la elección siguiente.

b) Al elegir los miembros del Consejo, la Asamblea acordará la debida representación: 1) a los Estados más importantes en materia de transporte aéreo; 2) a los Estados, no representados por otras razones, que más contribuyan a proveer instalaciones y servicios para la navegación aérea civil internacional; y 3) a los Estados, no representados por otras razones, cuya designación permita la representación de todas las principales regiones geográficas del mundo. Toda vacante en el Consejo deberá ser cubierta por la Asamblea a la mayor brevedad posible; el Estado contratante así elegido para el Consejo permanecerá en funciones hasta la expiración del mandato de su predecesor.

c) Ningún representante de un Estado contratante en el Consejo podrá tomar parte activa en la explotación de un servicio aéreo internacional, ni estar financieramente interesado en tal servicio.

## Artículo 51
## El Presidente del Consejo

El Consejo elegirá su Presidente por un período de tres años, pudiendo ser reelegido. El Presidente no tendrá voto. El Consejo elegirá entre sus miembros a uno o varios vicepresidentes, que conservarán su derecho a voto cuando actúen como Presidentes. El Presidente no necesita ser elegido entre los representantes de los miembros del Consejo; sin embargo, si se eligiese a un representante, su puesto se considerará vacante y será cubierto por el Estado que representaba. Serán atribuciones del Presidente:

a) Convocar las reuniones del Consejo, del Comité de Transporte Aéreo y de la Comisión de Aeronavegación;

b) Actuar como representante del Consejo, y

c) Desempeñar en nombre del Consejo las funciones que éste le asigne.

## Artículo 52
## Votaciones en el Consejo

Las decisiones del Consejo deberán ser aprobadas por la mayoría de sus miembros. El Consejo podrá delegar su autoridad, por lo que respecta a una cuestión determinada, a un Comité elegido entre sus miembros. Todo Estado contratante interesado podrá apelar ante el Consejo de las decisiones tomadas por cualquiera de los comités del Consejo.

## Artículo 53
## Participación sin derecho a voto

Todo Estado contratante podrá participar, sin derecho a voto, en las deliberaciones del Consejo y de sus Comités y Comisiones, en toda cuestión que afecte directamente a sus intereses. Ningún miembro del Consejo podrá votar cuando se examine por éste una controversia en la cual sea parte.

## Artículo 54
## Funciones obligatorias del Consejo

El Consejo deberá:

a) Presentar informes anuales a la Asamblea.

b) Llevar a efecto las instrucciones de la Asamblea y cumplir con las obligaciones que se le asignan en el presente Convenio.

c) Determinar su propia organización y adoptar su reglamento interno.

d) Nombrar un Comité de Transporte Aéreo y definir sus funciones. Los miembros de este Comité serán elegidos entre los representantes de los miembros del Consejo y el Comité será responsable ante él.

e) Establecer una Comisión de Aeronavegación de acuerdo con las disposiciones del Capítulo X.

f) Administrar los fondos de la Organización, de acuerdo con las disposiciones de los Capítulos XII y XV.

g) Fijar los emolumentos del Presidente del Consejo.

h) Nombrar un funcionario ejecutivo principal, que se denominará Secretario General, y disponer el nombramiento de personal adicional necesario, de acuerdo con las disposiciones del Capítulo XI.

i) Solicitar, compilar, estudiar y publicar los informes relativos a los progresos de la navegación aérea y a la explotación de servicios aéreos internacionales, incluso los informes sobre los gastos de explotación y los datos sobre las subvenciones pagadas por el erario público a las empresas de transportes aéreos.

j) Comunicar a los Estados contratantes toda infracción del presente Convenio, así como toda inobservancia de las recomendaciones o decisiones del Consejo.

k) Comunicar a la Asamblea toda infracción del presente Convenio, en caso de que un Estado contratante no haya tomado las medidas pertinentes en un período de tiempo razonable, después de habérsele notificado tal infracción.

l) Adoptar, de conformidad con las disposiciones del Capítulo VI del presente Convenio, normas y métodos recomendados internacionales; designarlos, por conveniencia, con el nombre de Anexos al presente Convenio; y notificar a todos los Estados contratantes las medidas tomadas a este efecto.

m) Estudiar las recomendaciones de la Comisión de Aeronavegación sobre enmiendas de los Anexos, y tomar todas las medidas del caso de acuerdo con las disposiciones del Capítulo XX.

n) Examinar toda cuestión relativa al Convenio que someta a su consideración un Estado contratante.

## Artículo 55
## Funciones discrecionales del Consejo

El Consejo podrá:

a) Cuando se considere conveniente, y lo aconseje la experiencia, crear comisiones auxiliares de transporte aéreo sobre base regional o de otra clase, y designar los grupos de Estados o de empresas de transportes aéreos con los cuales, o por conducto de los cuales, pueda tratar para facilitar la realización de los fines del presente Convenio.

b) Delegar en la Comisión de Aeronavegación otras funciones, además de las previstas en el presente Convenio, y revocar o modificar en cualquier momento tal delegación.

c) Emprender investigaciones en todos los dominios del transporte aéreo y de la navegación aérea que sean de importancia internacional; transmitir los resultados de sus investigaciones a los Estados contratantes, y facilitar entre éstos el intercambio de informes relativos al transporte aéreo y a la navegación aérea.

d) Estudiar todas las cuestiones que se relacionen con la organización y explotación de los transportes aéreos internacionales, incluso la propiedad y explotación internacionales de servicios aéreos internacionales en las rutas principales, y presentar proyectos a la Asamblea sobre tales cuestiones.

e) Investigar, a petición de cualquier Estado contratante, toda situación susceptible de oponer al desarrollo de la navegación aérea internacional obstáculos que puedan ser evitados y, terminada tal investigación, publicar los informes que considere convenientes.

## CAPÍTULO X
## LA COMISIÓN DE AERONAVEGACIÓN

### Artículo 56
### Candidaturas y nombramientos en la Comisión

La Comisión de Aeronavegación se compondrá de doce miembros, nombrados por el Consejo de entre las personas que presenten los Estados contratantes.

Dichas personas deberán poseer la competencia y experiencia necesarias en materia de ciencia y práctica aeronáuticas. El Consejo invitará a todos los Estados contratantes a que presenten candidaturas. El Presidente de la Comisión de Aeronavegación será nombrado por el Consejo.

### Artículo 57
### Funciones de la Comisión

Las funciones de la Comisión de Aeronavegación serán las siguientes:

a) Examinar modificaciones a los Anexos del presente Convenio y recomendar su adopción al Consejo.

b) Establecer subcomisiones técnicas en las que podrá estar representado todo Estado contratante que así lo desee.

c) Asesorar al Consejo sobre la compilación y comunicación a los Estados contratantes de todos los informes que considere necesarios y útiles para el progreso de la navegación aérea.

## CAPÍTULO XI
## EL PERSONAL

### Artículo 58
### Nombramientos del personal

A reserva de los reglamentos establecidos por la Asamblea y de las disposiciones del presente Convenio, el Consejo determinará el sistema de nombramiento y de terminación de servicios, la formación profesional, los sueldos, bonificaciones y condiciones de empleo del Secretario General y del resto del personal de la Organización, pudiendo emplear o utilizar los servicios de nacionales de cualquier Estado contratante.

### Artículo 59
### Carácter internacional del personal

En el desempeño de sus funciones, el Presidente del Consejo, el Secretario General y el resto del personal no deberán solicitar ni recibir instrucciones de ninguna autoridad externa a la Organización. Cada Estado contratante se compromete a respetar plenamente el carácter internacional de las funciones del personal y a no tratar de ejercer influencia sobre sus nacionales en el desempeño de sus deberes.

### Artículo 60
### Inmunidades y privilegios del personal

Cada Estado contratante se compromete, en la medida que lo permitan sus reglas constitucionales, a conceder al Presidente del Consejo, al Secretario General y al resto del personal de la Organización, las inmunidades y privilegios que se concedan al personal de la categoría correspondiente de otras organizaciones internacionales públicas. Si se llegase a un acuerdo internacional general sobre las inmunidades y privilegios de los funcionarios internacionales, las inmunidades y privilegios concedidos al Presidente, al Secretario General y al resto del personal de la Organización serán las inmunidades y privilegios concedidos de conformidad con dicho acuerdo internacional general.

## CAPÍTULO XII
## FINANZAS

### Artículo 61
### Presupuesto y distribución de gastos

El Consejo presentará a la aprobación de la Asamblea un presupuesto, estados de cuentas y cálculos de ingresos y egresos por el periodo de un año. La Asamblea aprobará el presupuesto con las modificaciones que considere conveniente introducir y, a excepción de las asignaciones que se hagan de acuerdo con el Capítulo XV a los Estados que consientan en ello, distribuirá los gastos de la Organización entre los Estados contratantes en la forma que en su oportunidad determine.

### Artículo 62
### Suspensión del derecho de voto

La Asamblea podrá suspender el derecho de voto en la Asamblea y en el Consejo de todo Estado contratante que, en un plazo razonable, no cumpla sus obligaciones financieras para con la Organización.

### Artículo 63
### Gastos de las delegaciones y otros representantes

Cada Estado contratante sufragará los gastos de su propia delegación en la Asamblea y los honorarios, gastos de viaje y otros de la persona que nombre para actuar en el Consejo, así como de las que le representen o actúen de otro modo por designación de tal Estado en cualquier comité o comisión subsidiaria de la Organización.

## CAPÍTULO XIII
## OTROS ACUERDOS INTERNACIONALES

### Artículo 64
### Acuerdos sobre seguridad

Por lo que respecta a cuestiones de aviación que sean de su competencia y que afecten directamente a la seguridad mundial, la Organización podrá, por el voto da la Asamblea, celebrar los acuerdos, correspondientes con toda, organización general que establezcan las naciones del mundo para mantener la paz.

### Artículo 65
### Acuerdos con otros organismos internacionales

El Consejo podrá, en nombre de la Organización, celebrar acuerdos con otros organismos internacionales para el mantenimiento de servicios comunes y hacer arreglos comunes por lo que se refiere al personal, pudiendo celebrar con la aprobación de la Asamblea, todos aquellos acuerdos susceptibles de facilitar las tareas de la Organización.

### Artículo 66
### Funciones relacionadas con otros convenios

a) La Organización desempeñará asimismo las funciones que le asignen el Acuerdo relativo al Tránsito de los Servicios Aéreos Internacionales y el Acuerdo sobre Transporte Aéreo Internacional, concluidos en Chicago el 7 de Diciembre de 1944, de conformidad con las condiciones establecidas en dichos Convenios.

b) Los miembros de la Asamblea y del Consejo que no hayan aceptado el Acuerdo relativo al Tránsito de los Servicios Aéreos Internacionales o el Acuerdo sobro Transporte Aéreo Internacional, concluidos en Chicago el 7 de Diciembre de 1944, no tendrán derecho a votar sobre ninguna cuestión de que se ocupe la Asamblea o el Consejo de conformidad con las disposiciones del Acuerdo correspondiente.

## TERCERA PARTE
## TRANSPORTE AÉREO INTERNACIONAL

## CAPÍTULO XIV
## DATOS E INFORMES

### Artículo 67
### Transmisión de informes al Conseja

Cada Estado contratante se compromete a que sus empresas de transportes aéreos internacionales comuniquen al Consejo, de acuerdo con las prescripciones establecidas por el mismo, informes sobre su tráfico, estadísticas de sus costos y estados de cuentas que indiquen, entre otras cosas, el monto y la fuente de todos sus ingresos.

## CAPÍTULO XV
## AEROPUERTOS Y OTRAS INSTALACIONES Y SERVICIOS PARA LA NAVEGACIÓN AÉREA.

### Artículo 68
### Designación de rutas y aeropuertos

Cada Estado podrá, a reserva de lo dispuesto en el presente Convenio, designar la ruta que deberá seguir dentro de su territorio, todo servicio aéreo internacional, así como los aeropuertos que podrá usar cualquiera de tales servicios.

### Artículo 69
### Mejora de las instalaciones y servicios para la navegación aérea

Si el Consejo considera que los aeropuertos y demás instalaciones y servicios para la navegación aérea, incluso los servicios meteorológicos y de radio de un Estado contratante no son lo suficientemente adecuados para permitir que los servicios aéreos internacionales, existentes o en proyecto, se lleven a cabo en forma segura, regular, eficiente y económica, consultará con el Estado en cuestión y con los otros Estados interesados a fin de encontrar los medios de poner remedio a tal situación, pudiendo hacer recomendaciones a este efecto. Ningún Estado contratante será considerado culpable de infracción al presente Convenio en el caso de que no ponga en ejecución tales recomendaciones.

### Artículo 70
### Financiamiento de las instalaciones y servicios para la navegación aérea

En circunstancias como las señaladas en el artículo 69 anterior, todo Estado contratante podrá concluir acuerdos con el Consejo a fin de llevar a efecto tales recomendaciones. El Estado podrá decidir sufragar todos los gastos que implique tal acuerdo. En caso contrario, el Consejo, a petición, del Estado, podrá aceptar el sufragar la totalidad o parte de los gastos.

### Artículo 71
### Provisión y mantenimiento de instalaciones y servicios por el Consejo

Si un Estado contratante así lo solicita, el Consejo podrá convenir en proveer, dotar de personal, mantener y administrar en su totalidad o en parte los aeropuertos y demás instalaciones y servicios para la navegación aérea, incluso los servicios meteorológicos y de radio que se necesiten en el territorio de dicho Estado para que los servicios aéreos internacionales de los demás Estados contratantes se realicen en forma segura, regular, eficiente y económica, pudiendo imponer derechos justos y razonables por el uso de las instalaciones y servicios proporcionados.

### Artículo 72
### Adquisición o uso de terrenos

En el caso en que se necesiten terrenos para instalaciones costeadas en su totalidad o en parte por el Consejo a petición de un Estado contratante, tal Estado deberá proveer él mismo los terrenos, conservando la propiedad si así lo desea, o permitir que el Consejo los use en condiciones justas y razonables de acuerdo con las leyes de dicho Estado.

### Artículo 73
### Gastos y prorrateo de fondos

Siempre que no se exceda de los fondos que, de acuerdo con el Capítulo XII, la Asamblea ponga a disposición del Consejo, éste podrá sufragar los gastos ordinarios necesarios a los fines del presente Capítulo con el fondo general de la Organización. El Consejo asignará la cantidad de capital necesario, a los fines del presente Capítulo, en las proporciones previamente convenidas y en un período de tiempo razonable, entre los Estados contratantes que consientan en ello y cuyas empresas de transportes aéreos utilicen tales instalaciones. Si es necesario un fondo de capital circulante, el Consejo podrá igualmente prorratearlo entre los Estados contratantes que lo acepten.

### Artículo 74
### Ayuda técnica y destino de los ingresos

Cuando, a petición de un Estado contratante, el Consejo adelante fondos o provea aeropuertos u otras instalaciones y servicios en su totalidad o en parte, el acuerdo podrá prever, si tal Estado consiente en ello, la prestación de ayuda técnica en la intervención general y explotación de tales aeropuertos y demás instalaciones y servicios y el pago, por medio de los ingresos derivados de la explotación de los aeropuertos y demás instalaciones y servicios, de los gastos de explotación de dichos aeropuertos y demás instalaciones y servicios, así como de los intereses y de la amortización del capital.

### Artículo 75
### Adquisición de las instalaciones y servicios provistos por el Consejo

Un Estado contratante podrá en todo momento liberarse de las obligaciones contraídas por él mismo en virtud del artículo 70 y tomar posesión de los aeropuertos y demás instalaciones y servicios provistos por el Consejo en su territorio en virtud de las disposiciones de los artículos 71 y 72, mediante pago al Consejo de una suma que, en opinión del Consejo, sea razonable de acuerdo con las circunstancias. Si el Estado interesado considerase que la suma fijada por el Consejo es excesiva, podrá apelar contra la decisión del Consejo ante la Asamblea, la que podrá confirmar o modificar tal decisión.

### Artículo 76
### Restitución de fondos

Los fondos obtenidos por el Consejo, ya sean fondos reembolsados en virtud de las disposiciones del artículo 75 o fondos provenientes de intereses y amortizaciones en virtud del artículo 74 serán, en el caso de adelantos hechos originariamente por los Estados de conformidad con el artículo 73, restituidos a dichos Estados en proporción a las contribuciones fijadas inicialmente para cada uno de ellos por el Consejo.

## CAPÍTULO XVI
## ORGANIZACIONES DE EXPLOTACIÓN EN COMÚN Y CONSORCIO DE SERVICIOS

### Artículo 77
### Organizaciones autorizadas de explotación en común.

Ninguna disposición del presente Convenio impedirá que dos o más Estados contratantes constituyan, por lo que respecta a los transportes aéreos, organizaciones de explotación en común u organismos internacionales de explotación, ni que organicen consorcios de sus servicios aéreos sobre cualquier ruta o región. Sin embargo, estas organizaciones u organismos y consorcios se regirán por las disposiciones del presente Convenio, incluso las relativas al registro de acuerdos en el Consejo. El Consejo determinará la forma en que las disposiciones del presente Convenio sobre nacionalidad de aeronaves se aplicarán a las aeronaves explotadas por entidades internacionales de explotación.

### Artículo 78
### Función del Consejo

El Consejo podrá sugerir a los Estados la formación de organizaciones comunes para mantener servicios aéreos en cualquier ruta o región.

### Artículo 79
### Participación en las empresas comunes

Todo Estado podrá formar parte de la organización de explotación en común o participar en los consorcios, ya sea por conducto de su gobierno o por conducto de una o varias empresas de transportes aéreos designadas por su gobierno. Estas empresas podrán, a discreción exclusiva del Estado interesado, ser propiedad del Estado, en todo o en parte, o propiedad privada.

# CUARTA PARTE
# DISPOSICIONES FINALES

## CAPÍTULO XVII
## OTROS CONVENIOS Y ACUERDOS AERONÁUTICOS

### Artículo 80
### Convenciones de París y de La Habana

Todo Estado contratante se compromete, tan pronto como entre en vigor el presente Convenio, a denunciar la Convención sobre la regulación de la Navegación Aérea, suscrita en París el 13 de Octubre de 1919, o la Convención sobre aviación comercial, suscrita en La Habana el 20 de Febrero de 1928, si es parte de una u otra. El presente Convenio reemplaza, entre los Estados contratantes, las Convenciones de París y de La Habana anteriormente mencionadas.

### Artículo 81
### Registro de acuerdos existentes

Todos los acuerdos aeronáuticos que existan en el momento de la entrada en vigor del presente Convenio, celebrados entre un Estado contratante y cualquier otro Estado o entre una empresa de transporte aéreo de un Estado contratante y cualquier otro Estado o una empresa de transporte aéreo de otro Estado, deberán ser registrados inmediatamente en el Consejo.

### Artículo 82
### Derogación de los Acuerdos incompatibles con las disposiciones del presente Convenio

Los Estados contratantes convienen en que el presente Convenio deroga todas las obligaciones y compromisos existentes entre ellos que sean incompatibles con las disposiciones del mismo y se comprometen a no contraer obligaciones o compromisos de esta naturaleza. Un Estado contratante que antes de ser miembro de la Organización haya contraído con un Estado no contratante o un nacional de un Estado, ya sea contratante o no, obligaciones incompatibles con los términos del presente Convenio, deberá tomar inmediatamente medidas para liberarse de dichas obligaciones. Si una empresa de transportes aéreos de un Estado contratante ha contraído tales obligaciones incompatibles, el Estado del cual sea nacional hará cuanto esté a su alcance para conseguir la rescisión inmediata de tales obligaciones y, en todo caso, hará que se rescindan tan pronto como sea jurídicamente posible después de la entrada en vigor del presente Convenio.

### Artículo 83
### Registro de nuevos Acuerdos

Salvo lo dispuesto en el artículo precedente, todo Estado contratante podrá concertar Acuerdos que no sean incompatibles con las disposiciones del presente Convenio. Todo acuerdo de esta naturaleza se registrará inmediatamente en el Consejo, el cual lo hará público a la mayor brevedad posible.

### Artículo 83 bis
### Transferencia de ciertas funciones y obligaciones

a) No obstante lo dispuesto en los Artículos 12, 30, 31 y 32 a), cuando una aeronave matriculada en un Estado contratante sea explotada de conformidad con un contrato de arrendamiento, fletamento o intercambio de aeronaves, o cualquier arreglo similar, por un explotador que tenga su oficina principal o, de no tener tal oficina, su residencia permanente en otro Estado contratante, el Estado de matrícula, mediante acuerdo con ese otro Estado, podrá transferirle todas o parte de sus funciones y obligaciones como Estado de matrícula con respecto a dicha aeronave, según los artículos 12, 30, 31 y 32 a). El Estado de matrícula quedará relevado de su responsabilidad con respecto a las funciones y obligaciones transferidas.

b) La transferencia no producirá efectos con respecto a los demás Estados contratantes antes de que el acuerdo entre Estados sobre la transferencia se haya registrado ante el Consejo y hecho público de conformidad con el Artículo 83 o de que un Estado Parte en dicho acuerdo haya comunicado directamente la existencia y alcance del acuerdo a los demás Estados contratantes interesados.

c) Las disposiciones de los párrafos a) y b) anteriores también serán aplicables en los casos previstos por el Artículo 77.

## CAPÍTULO XVIII
## CONTROVERSIAS E INCUMPLIMIENTO

### Artículo 84
### Solución de controversias

Si surge un desacuerdo entre dos o más Estados contratantes sobre la interpretación o la aplicación del presente Convenio y de sus Anexos que no pueda ser solucionado mediante negociaciones, el Consejo decidirá, a petición de cualquier Estado afectado en el desacuerdo. Ningún miembro del Consejo podrá votar durante las deliberaciones de éste cuando se trate de una controversia en la que dicho miembro sea parte. Todo Estado contratante podrá, a reserva de lo dispuesto en el artículo 85, apelar de la decisión del Consejo, ya sea ante un tribunal de arbitraje especial aceptado por las otras partes en la controversia, o ante la Corte Permanente de Justicia Internacional. Toda apelación de esta clase deberá ser notificada al Consejo en el término de sesenta días, a partir de la fecha en que se haya recibido la notificación de la decisión del Consejo.

### Artículo 85
### Procedimiento de arbitraje

Si un Estado contratante, parte en una controversia en la que se ha apelado de la decisión del Consejo, no ha aceptado el Estatuto de la Corte Permanente de Justicia Internacional, y si los Estados contratantes partes en la controversia no logran ponerse de acuerdo sobre la elección del tribunal de arbitraje, cada uno de los Estados contratantes partes en la controversia designará un árbitro, y los árbitros nombrarán un tercero. En caso de que cualquiera de los Estados contratantes partes en la controversia no nombre un árbitro en el término de tres meses a partir de la fecha de apelación, el Presidente del Consejo designará un árbitro en nombre de tal Estado, seleccionándolo de una lista que el Consejo lleve de personas calificadas y disponibles. Si, en un período de treinta días, los árbitros no pueden llegar a un acuerdo sobre la elección del tercero, el Presidente del Consejo designará como tal a una de las personas que figuren en la lista anteriormente mencionada. Los árbitros y el tercero se constituirán entonces en tribunal de arbitraje. Todo tribunal de arbitraje establecido de conformidad, con el presente artículo o el artículo anterior adoptará su propio procedimiento y pronunciará sus laudos arbitrales por mayoría de votos, entendiéndose que el Consejo podrá decidir cuestiones de procedimiento en el caso de que se produjesen dilaciones que, en opinión del Consejo, fuesen excesivas.

## Artículo 86
## Apelaciones

Salvo si el Consejo decide lo contrario, toda decisión del mismo sobre si una empresa de transportes aéreos internacionales es explotada de acuerdo con las disposiciones del presente Convenio surtirá efecto a menos que sea invalidada en apelación. Sobre cualquier otra cuestión, las decisiones del Consejo no surtirán efecto, si se apela de ellas, hasta que se falle por el tribunal de apelación. Las decisiones de la Corte Permanente de Justicia Internacional o de un tribunal de arbitraje serán definitivas y obligatorias para las partes.

## Artículo 87
## Sanciones a las empresas de transporte aéreo que no cumplan con las decisiones

Cada Estado contratante se compromete a no autorizar a una empresa de transportes aéreos de un Estado contratante a volar en el espacio aéreo situado sobre su territorio si el Consejo ha decidido que la empresa en cuestión no cumple con una decisión definitiva pronunciada de conformidad con el artículo precedente.

### Artículo 88
### Sanciones a los Estados que no cumplan las disposiciones

La Asamblea suspenderá el derecho de voto en la Asamblea y en el Consejo a todo Estado contratante que aparezca en falta en cuanto al cumplimiento de las disposiciones del presente capítulo.

## CAPÍTULO XIX
## GUERRA

### Artículo 89
### Estado de guerra y estado de emergencia

En caso de guerra, las disposiciones del presente Convenio no afectarán la libertad de acción de los Estados contratantes afectados, ya sean beligerantes o neutrales. El mismo principio se aplicará en el caso de un Estado contratante que declare un estado de emergencia nacional y lo comunique al Consejo.

## CAPÍTULO XX
## ANEXOS

### Artículo 90
### Adopción y enmienda de los anexos

a) La adopción por el Consejo de los anexos previstos en el inciso 1) del artículo 54, requerirá una mayoría de las dos terceras partes de los votos del Consejo en una reunión convocada a este fin; después serán sometidos por el Consejo a la consideración de cada Estado contratante. Estos anexos o las enmiendas a cualquiera de ellos, surtirán efectos en el término de tres meses después de ser transmitidos a los Estados contratantes, o a la expiración del período mayor que prescriba el Consejo, a menos que en el ínterin la mayoría de los Estados contratantes notifiquen al Consejo su desaprobación.

b) El Consejo notificará inmediatamente a todos los Estados contratantes la entrada en vigor de cualquier anexo o enmienda al mismo.

## CAPÍTULO XXI
## RATIFICACIONES, ADHESIONES, ENMIENDAS Y DENUNCIAS

### Artículo 91
### Ratificación del Convenio

a) El presente Convenio deberá ser ratificado por los Estados signatarios. Los instrumentos de ratificación se depositarán en los archivos del Gobierno de los Estados Unidos de América, el cual notificará la fecha del depósito a cada uno de los Estados signatarios y adherentes.

b) Tan pronto como veintiséis Estados hayan ratificado o se hayan adherido al presente Convenio, éste entrará en vigor entre tales Estados el trigésimo día después del depósito del vigésimosexto instrumento de ratificación o adhesión. Entrará en vigor, por lo que respecta a cada Estado que lo ratifique después, el trigésimo día siguiente a la fecha del depósito del instrumento de ratificación de dicho Estado.

c) El Gobierno de los Estados Unidos de América deberá notificar la fecha de entrada en vigor del presente Convenio al Gobierno de cada uno de los Estados signatarios y adherentes.

### Artículo 92
### Adhesión al Convenio

a) El presente Convenio quedará abierto a la adhesión de los Estados miembros de las Naciones Unidas, de los Estados asociados a ellos y de los Estados que hayan permanecido neutrales durante el presente conflicto mundial.

b) La adhesión se efectuará por notificación dirigida al Gobierno de los Estados Unidos de América y surtirá efectos el trigésimo día después de la fecha de recepción de esta notificación por el Gobierno de los Estados Unidos de América, el cual la notificará a todos los Estados contratantes.

## Artículo 93
## Admisión de otros Estados

A reserva de la aprobación de la Organización internacional general que establezcan las naciones del mundo para el mantenimiento de la paz, podrán ser admitidos a formar parte en el presente Convenio otros Estados que no sean los previstos en los artículos 91 y 92 a) por la aprobación de cuatro quintas partes de los votos de la Asamblea y de acuerdo con las condiciones que ésta pueda imponer, entendiéndose que en cada caso será necesario el consentimiento de todo Estado invadido o atacado durante la guerra actual por el Estado que solicite su ingreso.

## Artículo 94
## Enmiendas al Convenio

a) Toda enmienda que se proponga al presente Convenio deberá ser aprobada por las dos terceras partes de los votos de la Asamblea y entrará en vigor con respecto a los Estados que hayan ratificado la enmienda cuando la ratifique el número de Estados contratantes fijado por la Asamblea. Este número no deberá ser inferior a las dos terceras partes del número total de Estados contratantes.

b) Si la Asamblea opina que la enmienda es de tal naturaleza que justifique esta medida, en su resolución recomendando la adopción de dicha enmienda, podrá disponer que todo Estado que no haya ratificado la enmienda dentro de un período de tiempo determinado a contar desde que ésta entre en vigor, cesará ipso facto de ser miembro de la Organización y parte en el Convenio.

## Artículo 95
## Denuncia del Convenio

a) Todo Estado contratante podrá denunciar el presente Convenio tres años después de que haya entrado en vigor, por medio de notificación dirigida al Gobierno de los Estados Unidos de América, quien dará inmediatamente conocimiento de ello a cada uno de los Estados contratantes.

b) La denuncia surtirá efectos un año después de la fecha de recepción de la notificación y no producirá efectos más que en lo que respecta al Estado que haya hecho tal denuncia.

## CAPÍTULO XXII
## DEFINICIONES

### Artículo 96
### Definiciones

A los fines del presente Convenio, se entenderá por:

a) "Servicio aéreo" todo servicio aéreo regular realizado por aeronaves destinadas al transporte público de pasajeros, correo o carga.

b) "Servicio aéreo internacional", un servicio aéreo que pasa por el espacio aéreo situado sobre el territorio de más de un Estado.

c) "Empresa de transporte aéreo", toda empresa de transporte aéreo que ofrezca o explote un servicio aéreo internacional.

d) "Escala para fines no comerciales", una escala para fines que no sean los de embarcar o, desembarcar pasajeros, carga o correo.

## FIRMA DEL CONVENIO

En testimonio de lo cual, los plenipotenciarios que suscriben, debidamente autorizados, firman el presente Convenio en nombre de sus Gobiernos respectivos en las fechas que aparecen frente a sus firmas.

Hecho en Chicago, el séptimo día de Diciembre de mil novecientos cuarenta, y cuatro, en el idioma inglés. Un texto redactado en los idiomas inglés, francés y español, cada uno de los cuales tiene igual autenticidad quedará abierto para la firma en Washington, D.C. Tales textos serán depositados en los archivos del Gobierno de los Estados Unidos de América, el cual transmitirá copias certificadas a los Gobiernos de todos los Estados que firmen o se adhieran al presente Convenio.

# LEY N° 16.752
# FIJA ORGANIZACIÓN Y FUNCIONES Y ESTABLECE DISPOSICIONES GENERALES A LA DIRECCIÓN GENERAL DE AERONÁUTICA CIVIL
## Publicada en el Diario Oficial de 17 de febrero de 1969

---

Por cuanto el Congreso Nacional ha dado su aprobación al siguiente

**PROYECTO DE LEY:**

## TÍTULO I
## DE LA DIRECCIÓN GENERAL DE AERONÁUTICA CIVIL

### Organización

**Artículo 1°** La Dirección General de Aeronáutica Civil será un servicio dependiente de la Comandancia en Jefe de la Fuerza Aérea de Chile, cuyas funciones se le asignan en la presente ley y que, para los efectos de lo establecido en el Título III, del decreto con fuerza de ley 47, de 4 de diciembre de 1959, deberá considerarse como un servicio funcionalmente descentralizado. Le corresponderá fundamentalmente la dirección y administración de los aeródromos públicos y de los servicios destinados a la ayuda y protección de la navegación aérea.

Dependerán de la Dirección General de Aeronáutica Civil la Dirección Meteorológica de Chile y la Escuela Técnica Aeronáutica.

Inciso Tercero. Derogado.

**Artículo 2°** El cargo de Director General de Aeronáutica Civil será desempeñado por un Oficial General de la rama del Aire de la Fuerza Aérea de Chile, en servicio activo, que será el Jefe Superior del Servicio y el titular de las atribuciones que las leyes y reglamentos confieren a la Dirección General de Aeronáutica Civil.

Habrá un Departamento Jurídico, a cargo de un Fiscal, cuyas funciones serán las siguientes, sin perjuicio de las que le encomiende el reglamento: llevar el Registro Nacional de Aeronaves y asesorar e informar sobre los asuntos jurídicos relacionados con la aeronáutica a requerimiento del Director General.

Para optar al cargo de fiscal será necesario haber desempeñado por cinco años a lo menos cualquiera de los siguientes cargos o funciones: Auditor de la Fuerza Aérea de Chile o de la Subsecretaría de Aviación, profesor de Derecho Aéreo en un universidad del Estado o reconocida por éste o abogado de planta de la Dirección General de Aeronáutica Civil o de la Junta de Aeronáutica Civil.

El Director de meteorología será un especialista en meteorología.

## TÍTULO II
## FUNCIONES

**Artículo 3°** Corresponderá a la Dirección General de Aeronáutica Civil.

a) Aprobar y calificar los terrenos en los cuales se desee construir aeródromos civiles, autorizar las construcciones que en esos terrenos deben realizarse, una vez determinada su aptitud para tal efecto, como asimismo sus ampliaciones, modificaciones o mejoramientos, cualquiera que sea la naturaleza de éstos y autorizar el establecimiento y funcionamiento de los aeródromos civiles, clasificarlos de acuerdo con el uso y destino y establecer las condiciones para su operación. Esta aprobación y calificación deberá hacerse con informe de la Dirección de Aeropuertos del Ministerio de Obras Públicas.

b) Controlar y fiscalizar los aeródromos públicos y privados y administrar los públicos de dominio fiscal, sin perjuicio de las funciones policiales que correspondan a las fuerzas de orden y seguridad públicas en sus respectivos ámbitos de competencia y siempre que ello no afecte la seguridad aérea;

c) Organizar y controlar el tránsito aéreo en el país;

d) Proporcionar servicios de tránsito aéreo en los aeródromos públicos de dominio fiscal, municipal o particular, cuando la seguridad de vuelo así lo requiera.

e) Construir, operar y mantener las instalaciones y obras anexas de cualquier orden, dentro o fuera de los aeródromos o estaciones aeronáuticas, destinadas a servir de ayuda y protección a la navegación aérea o para habitación del personal que se desempeñe en dichos aeródromos o estaciones aeronáuticas, como también, autorizar su construcción, operación o mantenimiento por terceros.

f) Instalar, mantener y operar los servicios de telecomunicaciones aeronáuticas y de radioayudas, como asimismo los servicios meteorológicos para la operaciones aéreas y de otras actividades nacionales.

g) Proponer al Presidente de la República, previo informe de la Junta de Aeronáutica Civil, las tasas y derechos que se cobrarán por el uso de los aeródromos públicos de dominio fiscal, por los servicios que preste en los de dominio municipal o particular y demás servicios e instalaciones destinados a la protección y ayuda de la navegación aérea.

h) Dictar normas técnicas en resguardo de la seguridad de la navegación aérea y de los recintos aeroportuarios y proporcionar, en el marco de los estudios, proyección, construcción, mantenimiento, reparación y mejoramiento de los aeródromos y de sus edificios o instalaciones, su asesoría técnica a la Dirección de Aeropuertos del Ministerio de Obras Públicas.

i) Otorgar concesiones o celebrar arrendamientos u otra clase de contratos en los aeródromos sometidos a su administración, como, asimismo, en los terrenos que le sean destinados.

j) Fiscalizar las actividades de la aviación civil, en resguardo de la seguridad de vuelo y dictar las instrucciones de general aplicación que sean necesarias para los fines señalados.

k) Aprobar los planes de distribución de los fondos que para el fomento de la aviación civil no comercial otorguen las leyes y supervigilar la distribución de dichos fondos.

l) Informar las solicitudes de concesión de personalidad jurídica a los Clubes Aéreos en el país.

m) Llevar el Registro Nacional de Aeronaves, Aeronaves, practicar las inscripciones, subinscripciones, anotaciones y cancelaciones que procedan, y otorgar las copias y certificados que se le soliciten.

n) Autorizar provisionalmente a las aeronaves que se construyan o adquieran en el extranjero para volar con distintivo chileno desde el lugar de construcción o adquisición hasta un punto determinado en el territorio nacional.

ñ) Inspeccionar las aeronaves matriculadas en Chile para determinar sus condiciones y estado para el vuelo; otorgar los correspondientes certificados de aeronavegabilidad, suspenderlos y cancelarlos; y mantener el registro correspondiente. Podrá también inspeccionar, en la misma forma, las aeronaves extranjeras que operen en Chile.

o) Otorgar licencias a todo el personal aeronáutico que, en conformidad a los reglamentos, requiera de ellas; convalidar, cuando proceda, las otorgadas por otros Estados; suspenderlas, cancelarlas y llevar el registro correspondiente.

p) Impartir instrucción técnica aeronáutica y otorgar los títulos en las especialidades que determine el respectivo reglamento, pudiendo concertar convenios o acuerdos de carácter educacional con Universidades y otros Institutos de enseñanza profesional o técnica.

q) Dictar normas para que la operación de aeronaves se efectúe dentro de los límites de la seguridad aérea.

r) Investigar las infracciones a las leyes, reglamentos y demás disposiciones relacionadas con la navegación aérea cuya aplicación y control le corresponda y, en especial, los accidentes que ocurran a aeronaves civiles de cualquiera nacionalidad en territorio chileno y los que ocurran a aeronaves chilenas en aguas o territorios no sujetos a otra soberanía; y observar o cooperar en la investigación de accidentes de aeronaves civiles chilenas que se realicen por otros Estados, cuando a éstos le corresponda esa investigación.

s) Cumplir y hacer cumplir los acuerdos de la Junta de Aeronáutica Civil en lo que se refiere a las operaciones aéreas que se realicen.

t) Proponer la adopción o adoptar, según corresponda, las normas, métodos recomendados y procedimientos internacionales aprobados por la

Organización de Aviación Civil Internacional y por la Organización Meteorológica Mundial.

u) Designar los funcionarios que deban hacer uso de las becas que, en materias aeronáuticas, otorguen los Estados u Organismos nacionales o internacionales y proponer la designación de los representantes de Chile ante los congresos, reuniones o conferencias internacionales sobre materias técnicas aeronáuticas.

v) Adquirir directamente en el país o en el extranjero, con cargo a los fondos de que disponga, previas las correspondientes propuestas públicas o propuestas o cotizaciones privadas, conforme al reglamento, los bienes muebles o materiales técnicos necesarios para los estudios, construcciones, reparación, mantenimiento y conservación de las obras a su cargo o para la administración y explotación de los servicios que esta ley le encomienda atender y, en general, ejecutar los actos y celebrar los contratos que se requieran para el cumplimiento de sus fines.

w) Adquirir bienes raíces para el servicio y enajenar inmuebles fiscales prescindibles, asumiendo el Director General de Aeronáutica Civil la representación del Fisco y quedando facultado para delegar dicha representación, conforme a lo previsto en el artículo 17 bis.

Lo dispuesto en el artículo 15 se aplicará a las adquisiciones autorizadas por esta letra.

La enajenación de bienes raíces fiscales destinados a la Dirección General será siempre a título oneroso y su producido no ingresará a rentas generales de la Nación, constituyendo recurso propio del servicio.

El Director General tendrá asimismo la facultad de autorizar las demoliciones de edificios o construcciones fiscales destinados al servicio y el empleo o venta de los materiales que provengan de ellas.

Las adquisiciones, enajenaciones y demoliciones de bienes raíces que se efectúen se informarán al Ministerio de Bienes Nacionales.

x) Vender o arrendar materiales o bienes muebles, como asimismo arrendar en todo o en parte, los bienes inmuebles que le estén destinados y cuyo uso no sea necesario transitoriamente.

y) Informar a la Oficina de Planificación Nacional y a los correspondientes organismos sectoriales del Ministerio de Obras Públicas y Transportes, sus planes, programas y proyectos específicos para la elaboración de los planes generales y programas anuales de infraestructura aeronáutica civil, comprendidas todas las obras, instalaciones o servicios que la complementan,

z) Declarar las alertas de origen meteorológico, su nivel y cobertura, y comunicarlas en forma oportuna y suficiente al Servicio Nacional de Prevención y Respuesta ante Desastres, en la forma que determinen los protocolos generados para estos efectos.

**Artículo 4°** Corresponderán a la Dirección General de Aeronáutica Civil funciones de organismo consultivo y asesor del Supremo Gobierno en los asuntos o actividades de la aeronáutica civil.

La Dirección General podrá, además, por orden y cuenta de terceros, efectuar estudios y peritajes mediante remuneración.

**Artículo 5°** Las construcciones, instalaciones y plantaciones en los aeródromos públicos, en su zona de aproximación y en los terrenos circundantes a las instalaciones de ayuda y protección a la navegación aérea, requerirán autorización previa de la Dirección General de Aeronáutica Civil. Las construcciones e instalaciones en los aeródromos sólo podrán ser autorizadas previo informe de la Dirección de Aeropuertos del Ministerio de Obras Públicas.

**Artículo 6°** Las aeronaves particulares de matrícula extranjera no podrán permanecer en Chile sin autorización de la Dirección General de Aeronáutica Civil, más allá del plazo fijado por el reglamento.

**Artículo 7°** El Servicio de Búsqueda y Salvamento de Aeronaves será atendido por la Fuerza Aérea de Chile.

## TÍTULO III
## DISPOSICIONES GENERALES

**Artículo 8°** Por decreto supremo se fijarán las condiciones generales, derechos y rentas mínimas para el otorgamiento de las concesiones y la celebración de los contratos a que se refiere la letra i) del artículo 3°, como también los mínimos y máximos de los derechos que se deban cobrar por las certificaciones, diligencias o actuaciones de la Dirección General.

Toda actividad lucrativa que se desarrolle en los aeródromos públicos de dominio fiscal, deberá ser objeto de una concesión aeronáutica a título oneroso.

En los casos de concesiones para la venta o la prestación de servicios a terceros, los derechos aeronáuticos que deba pagar el concesionario podrán consistir en un porcentaje del precio de venta de los artículos o elementos de que se trate o del valor del servicio que se preste. No podrán ser objeto de concesión el servicio de control del tránsito aéreo ni aquéllos de ayuda a la aeronavegación. Las concesiones que se otorguen a los clubes aéreos podrán ser gratuitas.

La Dirección General deberá entregar el uso gratuito de los bienes fiscales que le estén destinados o que administre, a las instituciones o servicios públicos que deban cumplir funciones de administración o de orden y seguridad pública en los recintos de los aeródromos.

La Dirección General podrá entregar en concesión cualquiera de los bienes fiscales sometidos a su administración o que le sean destinados, debiendo determinar en el respectivo contrato el objeto de la concesión que se confiere y su plazo, el que no podrá ser superior a veinte años.

Sin embargo, cuando la concesión comprenda la construcción de obras determinadas cuya explotación futura se concede, este plazo podrá extenderse hasta cincuenta años.

El contrato de concesión deberá celebrarse por escritura pública o por instrumento privado protocolizado y, en ambos casos deberá aprobarse por resolución de la Dirección General de Aeronáutica Civil. Tratándose de instrumento privado protocolizado, éste podrá reemplazarse por la suscripción ante Notario, por parte del concesionario, de tres ejemplares de la resolución que otorga la concesión y la protocolización de uno de ellos ante el mismo Notario. En el caso de concesiones que comprendan la obligación de efectuar construcciones y cuyo plazo sea superior a veinte años, deberá siempre celebrarse el contrato por escritura pública.

El concesionario podrá desarrollar en la concesión actividades comerciales siempre que no altere el objeto para el cual le fue otorgada, estando facultado para explotar el o los bienes objeto de la concesión por cuenta propia o por terceros, quedando, en todo caso, como único responsable ante la Dirección General. Podrá, además, dispones de la concesión y transferirla, previa autorización de la Dirección General.

Al término de la concesión, las construcciones, instalaciones o mejoras que se hubieren introducido quedarán a beneficio fiscal, sin costo alguno para el Fisco.

En el contrato de concesión deberá incluirse una cláusula que faculte a la Dirección General para que, sin expresión de causa, ponga término anticipadamente al contrato. En tal caso, deberá convenir con el concesionario el monto y la forma de pago de la indemnización, y, a falta de acuerdo, resolverán los tribunales ordinarios de justicia, los que la fijarán en dinero efectivo y al contado.

Si por cualquier causa faltare la cláusula a que se refiere el inciso anterior, el contrato valdrá; y su término anticipado sólo procederá, a falta de acuerdo, mediante expropiación del derecho a la concesión, en conformidad al inciso tercero del N° 24 del artículo 19 de la Constitución Política de la República.

**Artículo 9°** Las empresas de transporte aéreo cobrarán y percibirán las tasas que, en conformidad al reglamento, deban pagar los pasajeros. Dentro de los primeros quince días del mes siguiente a su percepción, las sumas que por este concepto perciban dichas empresas deberán ser remitidas a la Dirección. En todo caso, las empresas de transporte aéreo serán responsables, en la forma que determine el reglamento, del pago de esta obligación.

El reglamento establecerá, además, el procedimiento para el cobro de los derechos que se impongan por servicios a la carga aérea. Con respecto a la carga aérea internacional que se interne, los derechos que establezca el reglamento serán recaudados por intermedio del Servicio de Aduanas.

**Artículo 10°** El pago de las tasas correspondientes a las operaciones de aeronaves será de cargo de la persona por cuya cuenta o riesgo se opera o explota la aeronave. Responderá de dicho pago, solidariamente con el operador o explotador, la persona a cuyo nombre esté inscrita la aeronave en el Registro Nacional de Aeronaves.

**Artículo 11°** La Dirección General de Aeronáutica civil cobrará y percibirá las tasas y derechos aeronáuticos en la forma, plazos y fechas que determine el reglamento. Estas tasas y derechos podrán expresarse en pesos oro, en dólares de los Estados Unidos de América, en unidades tributarias o en otra unidad reajustable y podrán pagarse y percibirse en moneda nacional o extranjera.

El atraso en el pago de las tasas y derechos será sancionado con un interés penal igual al que el Fisco esté autorizado para cobrar por los impuestos atrasados.

El Director General podrá condonar, total o parcialmente, los intereses penales devengados, previo acuerdo de la Junta de Aeronáutica Civil.

Una copia del documento de cobro de tasas y derechos aeronáuticos, autorizada por el Director General, servirá de suficiente título ejecutivo.

Las tasas y derechos aeronáuticos atrasados podrán ser declarados incobrables por acuerdo de la Junta de Aeronáutica Civil.

Los Tribunales del departamento de Santiago serán competentes para conocer de los juicios que origine el cobro de las tasas y derechos aeronáuticos.

La cobranza judicial de tasas y derechos aeronáuticos se regirá por las normas del Título V del Libro III del Código Tributario, asumiendo la representación y patrocinio del Fisco el Abogado Provincial que corresponda, de acuerdo con el artículo 186° de mencionado Código.

Los créditos en favor de la Dirección General de Aeronáutica Civil, por concepto de tasas y derechos aeronáuticos, gozan del mismo privilegio que los créditos del Fisco y de las Municipalidades por impuestos fiscales o municipales atrasados.

Las aeronaves de Estado chilenas y las de Estado extranjeras en condiciones de reciprocidad, estarán exentas del pago de tasas aeronáuticas. Las aeronaves extranjeras que ingresen temporalmente al país debidamente autorizadas en vuelos no comerciales, con fines de exhibición o intercambio tecnológico, estarán exentas del pago de tasas y derechos aeronáuticos. El Director General, al autorizar el ingreso de estas aeronaves, declarará la procedencia de esta exención.

**Artículo 12°** DEROGADO

**Artículo 13°** Decláranse de utilidad pública y autorízase el Presidente de la República para expropiar los terrenos en los que se hayan establecido o sea necesario establecer aeródromos y los terrenos o construcciones en que existan o sea necesario instalar equipos de ayuda y protección a la navegación aérea, de comunicaciones aeronáuticas y construcciones anexas. Estas expropiaciones se realizaran por intermedio de la Dirección General de Obras Públicas, en conformidad a su Ley Orgánica.

**Artículo 14°** La administración de los terrenos que el Fisco adquiera para aeródromos y para instalaciones de ayuda y protección a la navegación aérea, corresponderá a la Dirección General de Aeronáutica Civil desde su adquisición para dichos fines.

**Artículo 15°** Los contratos de estudios y proyectos, de ejecución de obras, de aprovisionamiento de vehículos, materiales, maquinarias y equipos u otros, incluyendo el pago de expropiaciones, podrán celebrarse para que sean cumplidos o pagados en mayor tiempo que el del año presupuestario con posterioridad al término del respectivo ejercicio. En estos casos podrán efectuarse imputaciones parciales de fondos en el año presupuestario vigente, de acuerdo a las normas establecidas en la Ley Orgánica de presupuestos.

**Artículo 16°** Los recursos de la Dirección General de Aeronáutica Civil se formaran:

a) Con los fondos percibidos por concepto de la aplicación del Reglamento de Tasas y Derechos Aeronáuticos y con los fondos percibidos por los intereses penales a que refiere el artículo 11° de la presente ley.

b) Con los fondos que se le destinen anualmente en la Ley de Presupuesto de Entradas y Gastos de la Nación.

c) Con las erogaciones, herencias, legados, donaciones y demás bienes o ingresos que perciba a cualquier título.

d) Con los saldos de presupuestos corrientes y de capital del ejercicio del año anterior, que se encuentren depositados en las cuentas bancarias de la Dirección General de Aeronáutica Civil al final del ejercicio respectivo, los que, en consecuencia, no pasarán a rentas generales de la Nación.

e) Con los fondos percibidos de instituciones fiscales, semifiscales, municipales o particulares que le encomienden algún proyecto, estudio técnico, peritaje o construcción específica;

f) Con el producto de la enajenación o arrendamiento de sus bienes y de la explotación de sus servicios, y

g) Con el producto del impuesto establecido en el artículo 37°.

**Artículo 17°** El Director General de Aeronáutica Civil depositará los fondos a que se refiere la presente ley en el Banco del Estado de Chile, en cuentas subsidiarias de la Cuenta Única Fiscal que se denominarán cuenta de la Dirección General de Aeronáutica Civil: contra las cuales girará para los fines y en la forma determinados en la ley.

**Artículo 17° bis** El Director General de Aeronáutica Civil podrá delegar una o más atribuciones en personal de planta de la Dirección General de Aeronáutica Civil y en oficiales de la Fuerza Aérea de Chile destinados a ella, de conformidad al artículo 27. Tales delegaciones se dispondrán mediante resoluciones del Director General que serán remitidas a la Contraloría General de la República para el trámite de toma de razón, y podrán revocarse en la misma forma, cuando aquél lo considere conveniente.

Estas delegaciones se regirán, en todo, por lo previsto en el artículo 43 de la Ley N° 18.575.

**Artículo 18°** La Dirección General de Aeronáutica civil estará exenta de derechos de internación y de toda clase de impuestos o contribuciones fiscales o municipalidades.

## TÍTULO IV
## DEL PERSONAL

**Artículo 19°** Las Plantas del personal de la Dirección General de Aeronáutica Civil serán las que fije anualmente el Presidente de la República en conformidad al artículo 53° del Decreto con fuerza de ley 47, de 1959.

**Artículo 20°** Los cargos de las Plantas a que se refiere el artículo anterior serán clasificados y remunerados de acuerdo con la escala de sueldos y sistemas de remuneraciones vigentes para el personal de las Fuerzas Armadas, sin que tengan aplicación a su respecto las limitaciones del artículo 18° del decreto con fuerza de ley 1, de 1968.

El encasillamiento derivado de la aplicación de la presente ley no será considerado ascenso para ningún efecto legal.

**Artículo 21°** El personal de las Plantas y el contratado de la Dirección General de Aeronáutica Civil, tiene para todos los efectos legales, la calidad de Empleado Civil de las Fuerzas Armadas.

En consecuencia, les son aplicables las disposiciones establecidas en el decreto con fuerza de ley 1, de 1968 "Estatuto del Personal de las Fuerzas Armadas" y las de su Reglamento Complementario, aprobado por Decreto Supremo 204 de 28 de mayo de 1969, como asimismo, las disposiciones sobre remuneraciones para el personal del Ministerio de Defensa Nacional y de las Fuerzas Armadas contenidas en los decretos con fuerza de ley 3 de 1968 y de 1 de 1970 y sus modificaciones posteriores.

**Artículo 22°** Podrán ingresar a los cargos de las Plantas Directiva, Profesional y Técnica de la Dirección General de Aeronáutica Civil las personas que tuvieren el título de la respectiva especialidad otorgado por la Universidad de Chile y demás Universidades reconocidas por el Estado, por la Escuela Técnica Aeronáutica o por las Fuerzas Armadas, tanto del país como del extranjero.

**Artículo 23°** El Director General de Aeronáutica Civil podrá contratar el personal que sea necesario para el funcionamiento de los servicios de su dependencia, de acuerdo al artículo 107 del decreto con fuerza de ley (G) N° 1, de 1968.

Además, el Director General podrá contratar personal auxiliar o de servicios menores, conforme a las disposiciones del Código del Trabajo.

**Artículo 24°** Se faculta al Director General de Aeronáutica Civil para trasladar y disponer el cambio de destino del personal de su dependencia en los casos en que sea necesario para el buen funcionamiento del servicio.

**Artículo 25°** El Director General podrá, con autorización del Ministro de Defensa Nacional y en caso de accidentes de aeronaves chilenas ocurridos en el extranjero, comisionar uno o más funcionarios investigadores, para ausentarse del país, pudiendo dictarse el decreto supremo de pago de remuneraciones o viáticos en moneda extranjera, con posterioridad a su salida del territorio nacional.

Igual facultad tendrá el Director General para comisionar a funcionarios que deben cumplir labores de inspección de Empresas Aéreas Nacionales en vuelos al extranjero.

**Artículo 26°** Las comisiones de servicio al extranjero de los funcionarios de la Dirección General de Aeronáutica Civil y su régimen de remuneraciones en él, se regirán exclusivamente por las disposiciones aplicables sobre la materia al personal de las Fuerzas Armadas.

**Artículo 27°** Mientras la Dirección General de Aeronáutica Civil no cuente en sus Plantas con un número suficiente de funcionarios para la atención de todos los servicios que esta ley le encomienda, la Fuerza Aérea de Chile le destinará el personal que sea necesario. La Dirección General de Aeronáutica Civil proporcionará a la Fuerza Aérea de Chile el servicio de telecomunicaciones que esta institución requiera.

El personal destinado por la Fuerza Aérea de Chile a prestar servicios en la Dirección General de Aeronáutica Civil gozará durante su permanencia en ella, además de la remuneración que le corresponda, de una gratificación de 10%, que se aplicará sobre los sueldos imponibles, porcentaje que no estará afecto a imposiciones de carácter previsional.

Dicha gratificación será cancelada con cargo a los recursos establecidos en el artículo 16° de la presente ley.

**Artículo 28°** El Departamento de Bienestar Social de la Dirección General de Aeronáutica Civil se regirá por las normas establecidas en la ley N° 18.712, y el Director General ejercerá las facultades que dicha ley otorga a los Comandantes en Jefe.

**Artículo 29°.** DEROGADO.

**Artículo 30°** El personal de la Dirección General de Aeronáutica Civil no podrá tener interés alguno en empresas o servicios de aeronavegación comercial, de fabricación o mantenimiento de aeronaves civiles, ni formar parte de sus consejos o directivas.

**Artículo 31°** La compatibilidad de las remuneraciones de los funcionarios de la Dirección General de Aeronáutica Civil con las pensiones de jubilación o retiro de que gocen estos mismos funcionarios se regirla por artículo 172° del Estatuto Administrativo.

El personal con pensión de jubilación o retiro tendrá derecho a reliquidar su pensión al enterar tres años de servicio en la Dirección General de Aeronáutica Civil.

**Artículo 32°** Las multas y los intereses penales que la presente ley establece o autoriza cobrar se pagarán con un recargo de un uno por ciento en beneficio del "Instituto Chileno de Derecho Aéreo" institución a la cual se le otorgó personalidad jurídica por el decreto supremo 1.859, de 1965, del Ministerio de Justicia.

La Dirección General de Aeronáutica Civil girará estos fondos trimestralmente a la orden del nombrado Instituto.

INCISO FINAL. DEROGADO.

**Artículo 33°** Las empresas nacionales de transporte Aéreo estarán obligadas a conducir gratuitamente en sus aeronaves, cada vez que sean requeridas y sin responsabilidad para ellas, al personal de la Dirección General de Aeronáutica Civil que sea designado para cumplir funciones específicas de inspectoría en dichas empresas.

**Artículo 34°** Agrégase en el artículo 3° del decreto con fuerza de ley 118, de 1960, el siguiente inciso, como 2°:

"No obstante, en el caso de existir plazas de Tenientes no llenadas por las causales indicadas en el inciso anterior, la Dirección General de Carabineros quedará facultada para dispensar a los Subtenientes del solo requisito de tiempo en el grado para los efectos de disponer su promoción al grado superior".

**Artículo 35°** El personal de la Dirección General de Aeronáutica Civil que, en virtud de una comisión de servicio, deba desempeñar funciones de tripulante u otra función específica a bordo de una aeronave, gozará de una gratificación de vuelo equivalente al 25% de sus remuneraciones imponibles en el mes en que se hayan desempeñado dichas funciones. El personal de pilotos gozará, en forma permanente, en calidad de sobresueldo, de la gratificación establecida en el presente artículo.

**Artículo 36°** La atención médica y dental curativa, hospitalaria y ambulatoria, del personal de la Dirección General de Aeronáutica Civil, que tenga la calidad de imponente de la Caja de Previsión de la Defensa Nacional, como las de sus cargas familiares legales y de sus padres e hijas solteras mayores de veintiún años de edad que viven a sus expensas, se regirá, en lo pertinente, por las normas de la ley N° 12.856 y los respectivos beneficios serán contratados por la Dirección General de Aeronáutica Civil en conformidad a dicha ley, para lo cual deberá considerar anualmente los fondos necesarios en su presupuesto.

Los fondos que se recauden por concepto de las imposiciones y aportes que se consultan en la ley N° 12.856, serán contabilizados y administrados por el Director General o por el organismo que dicha autoridad determine, debiendo ser aportados a algunos de los fondos a que se refiere dicha ley.

**Artículo 37°** Establécese un impuesto de un 2% sobre el monto de la facturas que pague la Dirección General de Aeronáutica Civil. Dicho impuesto será retenido y percibido por dicha Dirección General y su producto deberá destinarse a financiar el costo de la atención médica de sus funcionarios.

## ARTÍCULOS TRANSITORIOS

**Artículo 1°** Facúltase al Presidente de la República para encasillar en las nuevas Plantas de la Dirección General de Aeronáutica Civil al personal civil que preste servicios en dicha Dirección a la fecha de vigencia de la presente ley, sin sujeción a las reglas sobre provisión de cargos.

**Artículo 2°** El Presidente de la República encasillará en las nuevas Plantas de la Dirección General de Aeronáutica Civil a aquel personal de Meteorólogos o Controladores de Tráfico Aéreo de la Planta de la Fuerza Aérea de Chile que manifieste su voluntad en tal sentido.

Las vacantes que se produzcan en los Escalafones de "Meteorólogos" y de "Controladores de Tráfico Aéreo", contempladas en la letra D, N°II del artículo 4° del decreto con fuerza de ley 6, de 27 de octubre de 1966, no se llenarán. Estos escalafones sólo continuarán hasta su total extinción.

Lo dispuesto en este artículo no afectará en caso alguno a los ascensos que legal o reglamentariamente corresponda efectuar en los respectivos escalafones.

**Artículo 3°** Los fondos que correspondan a las remuneraciones y asignaciones familiares del personal de los escalafones de Meteorólogos y Controladores de Tráfico Aéreo que haga uso del derecho que le confiere el inciso 1° del artículo anterior y que están considerados en el Presupuesto de la Fuerza Aérea de Chile, serán traspasados al Presupuesto de la Dirección General de Aeronáutica Civil para los efectos del financiamiento del gasto originado con el encasillamiento de dicho personal en la Planta de la Dirección General de Aeronáutica Civil.

**Artículo 4°** Al personal señalado en la presente ley, que sea encasillado en las Plantas de la Dirección General de Aeronáutica Civil le será válido, para todos los efectos legales, el tiempo servido en sus actuales empleos.

**Artículo 5°** Las remuneraciones de los funcionarios de la Dirección General de Aeronáutica Civil que sean encasillados en las nuevas plantas, no podrán, en caso alguno, ser inferiores a las de que gozaban a la fecha de la vigencia de la presente ley. Las diferencias que por este concepto se produzcan se pagarán por planillas suplementarias.

**Artículo 6°** El Presidente de la República, por decreto supremo, determinará los bienes fiscales que pasarán a formar parte del inventario de la Dirección General de Aeronáutica Civil que se reestructura por la presente ley.

**Artículo 7°** El Reglamento de Organización y funcionamiento de la Dirección General de Aeronáutica Civil deberá dictarse dentro del plazo de seis meses, contado desde la fecha de publicación de la presente ley.

**Artículo 8°** Al personal de la Junta de Aeronáutica Civil, a que se refiere el artículo 29° del decreto con fuerza de ley 241, de 1960, le serán íntegramente aplicables las disposiciones del decreto con fuerza de ley 209, de 1953, la ley 12.856, de 1958 y las disposiciones sobre Medicina Preventiva del personal de la Defensa Nacional.

**Artículo 9°** La presente ley comenzará a regir noventa días después de su publicación en el "Diario Oficial".

Y por cuanto he tenido a bien aprobarlo y sancionarlo; por tanto, promúlguese y llévese a efecto como ley de la República.

Santiago, treinta de enero de mil novecientos sesenta y ocho. EDUARDO FREI MONTALVA. Juan de Dios Carmona. Bernardo Leighton. Sergio Molina. Sergio Ossa.

# DECRETO Nº 458
# CONVENIO PARA LA UNIFICACIÓN DE CIERTAS REGLAS RELATIVAS AL TRANSPORTE AÉREO INTERNACIONAL DE 12 DE OCTUBRE DE 1929, EN VARSOVIA, Y AL PROTOCOLO QUE LO MODIFICA DE 28 DE SEPTIEMBRE DE 1955, EN LA HAYA
## Publicado en el Diario Oficial de 13 de agosto de 1979

---

Núm. 458.

AUGUSTO PINOCHET UGARTE

*Presidente de la República de Chile*

POR CUANTO, con fecha 12 de octubre de 1929, se aprobó, en Varsovia, el Convenio para la Unificación de Ciertas Reglas Relativas al Transporte Aéreo Internacional, y con fecha 28 de septiembre de 1955, se aprobó, en La Haya, el Protocolo que lo modifica, cuyos textos íntegros y exactos se acompañan,

Y POR CUANTO, dichos Acuerdos han sido aceptados por mí, previa aprobación de la Honorable Junta de Gobierno de la República, según consta en el Decreto Ley Nº 2.381, de 4 de diciembre de 1978, y con fecha 2 de marzo de 1979, se depositó en el Ministerio de Relaciones Exteriores de la República Popular de Polonia el respectivo Instrumento de Ratificación, con las reservas a que se refiere el Protocolo Adicional al artículo 2 del Convenio y el artículo XXVI del Protocolo,

POR TANTO, y en uso de las facultades que me confiere el artículo 5º del Decreto Ley Nº 247, del 17 de enero de 1974, dispongo y mando que se cumplan y lleven a efecto en todas sus partes como ley de la República, publicándose copia autorizada de su texto en el Diario Oficial.

Dado en la Sala de mi despacho y refrendado por el Ministro de Estado en el Departamento de Relaciones Exteriores, en Santiago, Chile, a los doce días del mes de junio de mil novecientos setenta y nueve. AUGUSTO PINOCHET UGARTE, General de Ejército, Presidente de la República. Hernán Cubillos Sallato, Ministro de Relaciones Exteriores.

Lo que transcribo a US. para su conocimiento. Enrique Melkonian Cadi, Ministro Consejero, Director General Administrativo.

## CONVENIO PARA LA UNIFICACIÓN DE CIERTAS REGLAS RELATIVAS AL TRANSPORTE AÉREO INTERNACIONAL

El Presidente del Estado Alemán; el Presidente Federal de la República de Austria; Su Majestad el Rey de los Belgas; el Presidente de los Estados Unidos del Brasil; Su Majestad el Rey de los Búlgaros; el Presidente del Gobierno Nacionalista de la República de China; Su Majestad el Rey de Dinamarca y de Islandia; Su Majestad el Rey de Egipto; Su Majestad el Rey de España; el Jefe de Estado de la República de Estonia; el Presidente de la República de Finlandia; el Presidente de la República Francesa; Su Majestad el Rey de Gran Bretaña, de Irlanda y de los Territorios Británicos de Ultramar, Emperador de las Indias; el Presidente de la República Helénica; Su Alteza Serenísima el Regente del Reino de Hungría; Su Majestad el Rey de Italia; Su Majestad el Emperador del Japón; el Presidente de la República de Letonia; Su Alteza Real la Gran Duquesa de Luxemburgo; el Presidente de los Estados Unidos de México; Su Majestad el Rey de Noruega; Su Majestad la Reina de los Países Bajos; el Presidente de la República de Polonia; Su Majestad el Rey de Rumania; Su Majestad el Rey de Suecia; el Consejo Federal Suizo; el Presidente de la República Checoeslovaca; el Comité Central Ejecutivo de la Unión de las Repúblicas Socialistas Soviéticas; el Presidente de los Estados Unidos de Venezuela; Su Majestad el Rey de Yugoslavia,

Habiendo reconocido la utilidad de reglamentar de una manera uniforme las condiciones del transporte aéreo internacional en lo concerniente a los documentos que se utilicen por este transporte y la responsabilidad del transportista,

Han designado, a este efecto, sus respectivos Plenipotenciarios los cuales, debidamente autorizados, han concertado y firmado el siguiente Convenio:

## CAPÍTULO I
## OBJETO - DEFINICIONES

### Artículo 1°
### Ámbito de aplicación

1. El presente Convenio se aplicará a todo transporte internacional de personas, equipajes o mercancías que se efectúe en aeronaves mediante remuneración.

Se aplicará igualmente a los transportes gratuitos que se efectúen en aeronaves por una empresa de transportes aéreos.

2. Para los efectos del presente Convenio, se denominará "transporte internacional" todo transporte en el cual, de acuerdo con las estipulaciones de las partes, el punto de partida y el punto de destino, haya o no interrupción del transporte o transbordo, estén situados ya sea en el territorio de dos Altas Partes Contratantes ya sea en el territorio de una sola Alta Parte Contratante, si se ha previsto una escala en un territorio sometido a la soberanía, a la jurisdicción, al mandato o a la autoridad de otra Potencia aun cuando ésta no sea Contratante. Sin tal escala, el transporte entre territorios sometidos a la soberanía, a la jurisdicción, al mandato o a la autoridad de una misma Alta Parte Contratante no se considerará como internacional para los efectos del presente Convenio.

3. Para la aplicación de este Convenio se considerará que constituye un transporte único, el transporte que se efectúe por varios transportistas aéreos sucesivos siempre que las partes lo hayan considerado como una sola operación, sea que haya sido concertado bajo la forma de un solo contrato o de una serie de contratos, y no perderá su carácter internacional por el hecho de que un solo contrato o una serie de contratos deban ejecutarse íntegramente en un territorio sometido a la soberanía, a la jurisdicción, al mandato o a la autoridad de una misma Alta Parte Contratante.

## Artículo 2°
## Limitaciones al ámbito de aplicación

1. El Convenio se aplicará a los transportes que se efectúen en las condiciones previstas en el artículo 1° por un Estado u otras personas jurídicas de derecho público.

2. Se exceptuarán de la aplicación del presente Convenio los transportes que se efectúen bajo el imperio de convenios postales internacionales.

# CAPÍTULO II
# DOCUMENTACIÓN DE TRANSPORTE

## SECCIÓN I
## BILLETE DE PASAJE

### Artículo 3°
### Contenido del billete de pasaje

1. En el transporte de pasajeros, el transportista estará obligado a expedir un billete de pasaje que debe contener los siguientes datos:

a) el lugar y la fecha de la emisión;

b) los puntos de partida y de destino;

c) las escalas previstas, bajo reserva de la facultad del transportista de estipular que él podrá modificarlas en casos de necesidad y sin que esta modificación pueda hacer perder al transporte su carácter internacional;

d) el nombre y el domicilio del o de los transportistas;

e) la indicación de que el transporte está sometido al régimen de la responsabilidad establecida por el presente Convenio.

2. La ausencia, la irregularidad o la pérdida del billete no afectará la existencia ni la validez del contrato de transporte, el que no por ello dejará de estar sometido a las reglas del presente Convenio. Sin embargo, si el transportista acepta al pasajero sin haberle expedido un billete de pasaje, no tendrá derecho a ampararse en las disposiciones de este Convenio que excluyen o limitan su responsabilidad.

## SECCIÓN II
## TALÓN DE EQUIPAJES

### Artículo 4°
### Contenido del talón de equipaje

1. En el transporte de equipajes, diferentes de los pequeños objetos personales que el pasajero conserva a su cuidado, el transportista estará obligado a expedir un talón de equipajes.

2. El talón de equipajes deberá expedirse en dos ejemplares, uno para el pasajero y el otro para el transportista.

3. Este documento deberá contener los siguientes datos:

a) el lugar y la fecha de la emisión;

b) los puntos de partida y de destino;

c) el nombre y el domicilio del o de los transportistas;

d) el número del billete de pasaje;

e) la indicación de que la entrega de los equipajes se hará al portador del talón;

f) el número y el peso de los bultos;

g) el monto del valor declarado conforme al artículo 22, inciso 2°;

h) la indicación de que el transporte está sometido al régimen de la responsabilidad establecida por el presente Convenio.

4. La ausencia, la irregularidad o la pérdida del talón no afectará la existencia ni la validez del contrato de transporte, el que no por ello dejará de estar sometido a las reglas del presente Convenio. Sin embargo, si el transportista acepta los equipajes sin haber expedido un talón o si el talón no contiene los datos indicados en las letras d), f) y h), el transportista no tendrá el derecho a ampararse en las disposiciones de este Convenio que excluyen o limitan su responsabilidad.

## SECCIÓN III
## CARTA DE PORTE AÉREO

### Artículo 5º
### Justificación

1. Todo transportista de mercancías tendrá el derecho de exigir al expedidor que extienda y le entregue un documento llamado "carta de porte aéreo"; todo expedidor tendrá el derecho de exigir al transportista la aceptación de este documento.

2. Sin embargo, la ausencia, la irregularidad o la pérdida de este documento no afectará la existencia ni la validez del contrato de transporte el que no por ello dejará de estar sometido a las reglas del presente Convenio, bajo reserva de las disposiciones del artículo 9º.

### Artículo 6º
### Características y ejemplares

1. La carta de porte aéreo deberá extenderse por el expedidor en tres ejemplares originales y se entregará con la mercancía.

2. El primer ejemplar, que llevará la indicación "para el transportista", será firmado por el expedidor. El segundo ejemplar, que llevará la indicación "para el destinatario", será firmado por el expedidor y el transportista y acompañará a la mercancía. El tercer ejemplar será firmado por el transportista y entregado por él al expedidor después de haber aceptado la mercancía.

3. La firma del transportista deberá estamparse al aceptar la mercancía.

4. La firma del transportista podrá ser reemplazada por un timbre; la del expedidor podrá estar impresa o ser reemplazada por un timbre.

5. Si, a petición del expedidor, el transportista extiende la carta de porte aéreo, se considerará, salvo prueba en contrario, que él obra por cuenta del expedidor.

## Artículo 7°
## [Pluralidad de bultos]

El transportista de mercancías tendrá el derecho de exigir al expedidor la extensión de cartas de porte separadas cuando haya pluralidad de bultos.

## Artículo 8°
## Contenido

La carta de porte aéreo deberá contener los siguientes datos:

a) el lugar en que el documento ha sido otorgado y la fecha de su otorgamiento;

b) los puntos de partida y destino;

c) las escalas previstas, bajo reserva de la facultad del transportista de estipular que podrá modificarlas en caso de necesidad y sin que esta modificación pueda hacer perder al transporte su carácter internacional;

d) el nombre y el domicilio del expedidor;

e) el nombre y el domicilio del primer transportista;

f) el nombre y el domicilio del destinatario, si correspondiere;

g) la naturaleza de la mercancía;

h) la cantidad, el tipo de embalaje, las marcas especiales o la numeración de bultos; i) el peso, la cantidad, el volumen o las dimensiones de la mercancía;

j) el estado aparente de la mercancía y del embalaje;

k) el precio del transporte, si se ha estipulado, la fecha y el lugar del pago y la persona obligada al pago;

l) el precio de las mercancías, y cuando proceda, el monto de los gastos, si el envío se hiciere contra reembolso;

m) el monto del valor declarado conforme al artículo 22, inciso 2°;

n) el número de ejemplares de la carta de porte aéreo;

o) los documentos entregados al transportista para acompañar a la carta de porte aéreo;

p) el plazo del transporte y la indicación escueta de la vía que haya de seguirse, si se hubieren estipulado;

q) la indicación de que el transporte queda sometido al régimen de responsabilidad establecida por el presente Convenio.

## Artículo 9°
## Falta de carta de porte aérea

Si el transportista aceptare las mercancías sin que se hubiere otorgado una carta de porte aéreo, o si ésta no contuviere todos los datos exigidos en las letras a) a i), inclusive, y q) del artículo 8°, aquél no tendrá derecho a ampararse en las disposiciones de este Convenio que excluyen o limitan su responsabilidad.

## Artículo 10
## Responsabilidad del expedidor

1. El expedidor será responsable de la exactitud de los datos y declaraciones referentes a la mercancía que él consigne en la carta de porte aéreo.

2. Sobre el expedidor pesará la responsabilidad por todo daño que sufra el transportista o cualquiera otra persona a causa de sus datos y declaraciones irregulares, inexactas o incompletas.

## Artículo 11
## Contenido probatorio

1. La carta de porte aéreo, salvo prueba en contrario, hará fe de la celebración del contrato, de la recepción de la mercancía y de las condiciones del transporte.

2. Las declaraciones de la carta de porte relativas al peso, a las dimensiones y al embalaje de la mercancía, así como a la cantidad de bultos, harán fe, salvo prueba en contrario; las relativas a la cantidad, al volumen y al estado de la mercancía no constituirán prueba contra el transportista, salvo que la verificación haya sido hecha por él en presencia del expedidor

y hecha constar en la carta de porte aéreo o que se trate de declaraciones relativas al estado aparente de la mercancía.

## Artículo 12
## Derechos del expedidor

1. Bajo la condición de cumplir todas las obligaciones que resulten del contrato de transporte, el expedidor tendrá el derecho de disponer de la mercancía, sea retirándola del aeródromo de partida o de destino, sea reteniéndola en el curso de la ruta durante un aterrizaje, sea disponiendo su entrega en el lugar de destino o en otro lugar de la ruta a una persona distinta del destinatario señalado en la carta de porte aéreo, sea requiriendo su retorno al aeródromo de partida, siempre que el ejercicio de este derecho no acarree perjuicio al transportista ni a los otros expedidores y sujeto a la obligación de reembolsar los gastos que de ello resulten.

2. En el caso de que la ejecución de las órdenes del expedidor fuere imposible, el transportista deberá darle aviso de ello inmediatamente.

3. Si el transportista se ajusta a las órdenes de disposición del expedidor sin exigirle la exhibición del ejemplar de la carta de porte aéreo entregada a éste, será responsable, salvo su acción contra el expedidor, del perjuicio que ello pudiere causarle a aquel que estuviere en posesión regular de la carta de porte aéreo.

4. El derecho del expedidor cesará en el momento en que, conforme al artículo 13 siguiente, comience el del destinatario. Sin embargo, si el destinatario rechaza la carta de porte o la mercancía, o si no pudiere ser habido, el expedidor recuperará su derecho de disposición.

## Artículo 13
## Derechos del destinatario

1. Salvo en los casos indicados en el artículo precedente, el destinatario tendrá el derecho, desde el arribo de la mercancía al punto de destino, a exigir al transportista la remisión de la carta de porte aéreo y la entrega de la mercancía contra el pago del importe de los créditos y la ejecución de las condiciones del transporte consignadas en la carta de porte aéreo.

2. Salvo estipulación en contrario, el transportista deberá dar aviso al destinatario de la llegada de la mercancía.

3. Si el transportista reconociere la pérdida de la mercancía o si a la expiración de un plazo de siete días, contados desde que hubiere debido arribar la mercancía no hubiere llegado, el destinatario quedará autorizado para ejercer contra el transportista las acciones derivadas del contrato del transporte.

## Artículo 14
## Derechos del expedidor y destinatario

El expedidor y el destinatario podrán hacer valer todos los derechos que respectivamente les confieren los artículos 12 y 13, cada cual a su propio nombre, sea que actúen en interés propio o en interés ajeno, con la condición de que cumplan las obligaciones que les impone el contrato.

## Artículo 15
## Relación entre expedidor y destinatario

1. Los artículos 12, 13 y 14, no serán obstáculos para las relaciones del expedidor y del destinatario entre sí ni a las relaciones de los terceros cuyos derechos provengan ya del expedidor, ya del destinatario.

2. Toda cláusula derogatoria de las estipulaciones de los artículos 12, 13 y 14, deberá constar por escrito en la carta de porte aéreo.

## Artículo 16
## Obligaciones y responsabilidades del expedidor

1. El expedidor estará obligado a proporcionar las informaciones y a acompañar a la carta de porte aéreo, antes de la remisión de la mercancía al destinatario, los documentos que sean necesarios para el cumplimiento de las formalidades aduaneras, de alcabala o de policía. El expedidor será responsable ante el transportista de todos los daños que pudieren resultar de la ausencia, de la insuficiencia o de la irregularidad de tales informa-

ciones y documentos, salvo el caso de culpa de parte del transportista o de sus dependientes.

2. El transportista no estará obligado a comprobar si tales informaciones y documentos son exactos o suficientes.

## CAPÍTULO III
## RESPONSABILIDAD DEL TRANSPORTISTA

### Artículo 17
### Responsabilidad por muerte, herida o lesiones corporales

El transportista será responsable del daño producido en caso de muerte, de herida o de cualquiera otra lesión corporal sufrida por un pasajero cuando el accidente que ha causado el daño se ha producido a bordo de la aeronave o en el transcurso de las operaciones de embarque o desembarque.

### Artículo 18
### Responsabilidad por destrucción, pérdida o avería de equipajes o mercancías

1. El transportista será responsable del daño que sobrevenga con motivo de la destrucción, pérdida o avería de equipajes facturados o de mercancías cuando el evento que ha causado el daño se ha producido durante el transporte aéreo.

2. Para los efectos del inciso precedente, el transporte aéreo comprende el período durante el cual los equipajes o mercancías se encuentren bajo el cuidado del transportista, sea en un aeródromo, sea a bordo de una aeronave, sea en un lugar cualquiera en caso de aterrizaje fuera de un aeródromo.

3. El período del transporte aéreo no comprenderá ningún transporte terrestre, marítimo o fluvial realizado fuera de un aeródromo. Sin embargo, cuando, en ejecución de un contrato de transporte aéreo, uno de tales transportes se efectúe para las operaciones de carga, de entrega o de

transbordo, se presumirá que todo daño que se produzca ha sobrevenido durante el transporte aéreo, salvo prueba en contrario.

## Artículo 19
## Responsabilidad por retardo

El transportista será responsable del daño proveniente de retardo en el transporte aéreo de pasajeros, equipajes o mercancías.

## Artículo 20
## Exoneración de responsabilidad

1. El transportista no será responsable si prueba que él o sus encargados han adoptado todas las medidas necesarias para evitar el daño o que les fue imposible adoptarlas.

2. En el transporte de mercancías y de equipajes, el transportista no será responsable si prueba que el daño proviene de una falla de pilotaje, de conducción de la aeronave o de navegación y que, en todos los demás aspectos, él y sus encargados han adoptado todas las medidas necesarias para evitar el daño.

## Artículo 21
## Contribución al daño por parte de la víctima

En el caso de que el transportista probare que la persona perjudicada ha causado el daño o ha contribuido a causarlo, el tribunal, conforme a las disposiciones de su propia ley, podrá desechar o atenuar la responsabilidad del transportista.

## Artículo 22
## Limitación de responsabilidad

1. En el transporte de personas, la responsabilidad del transportista con respecto de cada pasajero estará limitada a la suma de ciento veinticinco mil francos. En el caso en que, de acuerdo con la ley del tribunal competente, se pueda fijar la indemnización en forma de renta, el capital

de la renta no podrá sobrepasar ese límite. Sin embargo, por un convenio especial con el transportista el pasajero podrá establecer un límite de responsabilidad más elevado.

2. En el transporte de equipajes facturados y de mercancías, la responsabilidad del transportista estará limitada a la suma de doscientos cincuenta francos por kilogramo, salvo declaración especial de valor hecha por el expedidor en el momento de la entrega del bulto al transportista y mediante el pago de una tasa suplementaria, si hay lugar a ello. En este caso, el transportista estará obligado al pagar el importe de la cantidad declarada, a menos que pruebe que ésta es superior al valor real (declarado) por el expedidor al momento de la entrega.

3. En lo concerniente a los objetos cuya custodia conserva el pasajero, la responsabilidad del transportista estará limitada a cinco mil francos por pasajero.

4. Las cantidades señaladas precedentemente se considerarán referidas al franco francés de sesenta y cinco y medio miligramos de oro, con ley de novecientos milésimos de fino. Esas cantidades podrán convertirse en cada moneda nacional en cifras redondas.

## Artículo 23
## Nulidad de normas que contradigan las presentes reglas

Toda cláusula que tienda a exonerar al transportista de su responsabilidad o a establecer un límite inferior al fijado en el presente Convenio es nula y de ningún valor, pero la nulidad de esta cláusula no entraña la nulidad del contrato, el cual continuará sometido a las disposiciones del presente Convenio.

## Artículo 24
## Acciones de responsabilidad

1. En los casos previstos en los artículos 18 y 19, las acciones persecutorias de responsabilidad a cualquier título que se intenten, no podrán ser ejercidas sino en las condiciones y dentro de los límites previstos por el presente Convenio.

2. En los casos previstos en el artículo 17 se aplicarán igualmente las prescripciones del inciso anterior, sin perjuicio de la determinación de las personas que tengan el derecho de accionar y de sus respectivos derechos.

## Artículo 25
## Dolo o negligencia grave

1. El transportista no tendrá el derecho de ampararse en las disposiciones del presente Convenio que excluyen o limitan su responsabilidad, si el daño proviene de su dolo o de una clase de culpa que, de acuerdo con la ley del tribunal competente, equivalga al dolo.

2. Tampoco tendrá este derecho si el daño ha sido causado en las mismas condiciones por uno de sus dependientes en el ejercicio de sus funciones.

## Artículo 26
## Protesta

1. La recepción de los equipajes y mercancías sin protesta de parte del destinatario constituirá presunción de que las mercancías han sido entregadas en buen estado y conforme con el documento de transporte, salvo prueba en contrario.

2. En caso de avería, el destinatario deberá dirigir al transportista una protesta inmediatamente después del descubrimiento de la avería y, a más tardar, dentro de un plazo de tres días para los equipajes y de siete días para las mercancías, contados desde su recepción. En caso de retardo, la protesta deberá hacerse a más tardar dentro de los catorce días siguientes al día en que el equipaje o la mercancía hubieren sido puestos a su disposición.

3. Toda protesta deberá ser hecha por escrito en el documento de transporte o por medio de otro escrito expedido dentro del plazo previsto para la protesta.

4. A falta de protesta formulada en los plazos previstos todas las acciones en contra del transportista serán inadmisibles, salvo el caso de fraude de éste.

**Artículo 27**
**Fallecimiento del deudor**

En caso de fallecimiento del deudor, la acción de responsabilidad dentro de los límites previstos por el presente Convenio, se ejercerá en contra de sus causahabientes.

**Artículo 28**
**Tribunal competente y procedimiento**

1. La acción de responsabilidad, a la elección del demandante, deberá entablarse, en el territorio de una de las Altas Partes Contratantes ante el tribunal del domicilio del transportista, o del asiento principal de su negocio o del lugar en que posea una oficina por intermedio de la cual se hubiera celebrado el contrato, o ante el tribunal del lugar de destino.
2. El procedimiento se regirá por la ley del tribunal competente.

**Artículo 29**
**Caducidad de las acciones**

1. La acción de responsabilidad deberá intentarse, bajo pena de caducidad dentro del plazo de dos años, contados desde la llegada al punto de destino o desde el día en que la aeronave habría debido llegar o desde la interrupción del transporte.
2. La ley del tribunal competente determinará la forma de computar el plazo.

**Artículo 30**
**Transporte sucesivo**

1. En los casos de transporte regidos por el inciso 3º del artículo 1º que haya de ser ejecutado por diferentes transportistas sucesivos, cada transportista que acepte pasajeros, equipajes o mercancías estará sometido a las disposiciones del presente Convenio y se entenderá que es una de las partes contratantes del contrato de transporte con respecto de aquella parte del transporte que se haya efectuado bajo su control.

2. Con respecto a este tipo de transporte, el pasajero o sus causahabientes no podrán proceder sino en contra del transportista que haya efectuado el transporte en el curso del cual se produjo el accidente o el retardo, salvo el caso en que, por estipulación expresa, el primer transportista haya tomado sobre sí la responsabilidad por todo el viaje.

3. Si se trata de equipajes o de mercancías, el expedidor podrá proceder en contra del primer transportista y el destinatario que tenga derecho a la entrega en contra del último, y uno y otro podrán, además, dirigirse en contra del transportista que haya efectuado el transporte en el curso del cual se hayan producido la destrucción, la pérdida, la avería o el retardo. Todos estos transportistas serán solidariamente responsables frente al expedidor y al destinatario.

## CAPÍTULO IV
## DISPOSICIONES RELATIVAS A LOS TRANSPORTES COMBINADOS

### Artículo 31
### Transporte combinado

1. En el caso de transportes combinados efectuados en parte por aire y en parte por cualquier otro medio de transporte, las estipulaciones del presente Convenio no se aplicarán sino al transporte aéreo y siempre que éste se ajuste a las condiciones del artículo 1°.

2. El presente Convenio no impedirá a las partes, en el caso de transportes combinados, que inserten en el documento de transporte aéreo condiciones relativas a otros medios de transporte, siempre que se respeten las estipulaciones del presente Convenio en lo que concierne al transporte por aire.

## CAPÍTULO V
## DISPOSICIONES GENERALES Y FINALES

### Artículo 32
### Nulidad de cláusulas contractuales

Son nulas todas las cláusulas del contrato de transporte y todo convenio privado anteriores al daño, por los cuales las partes, sea por una determinación de la ley aplicable, sea por una modificación de las reglas de competencia, derogasen las reglas del presente convenio. No obstante, en el transporte de mercancías se admitirán las cláusulas de arbitraje, dentro de los límites del presente Convenio, cuando el arbitraje deba realizarse en los lugares que estén dentro de la competencia de los Tribunales previstos en el inciso 1º del artículo 28.

## Artículo 33
## Contradicción de normas

Ninguna disposición del presente Convenio podrá impedir que un transportista rehúse la celebración de un contrato de transporte o establezca reglas que no estén en contradicción con el presente Convenio.

## Artículo 34
## Primeros ensayos

El presente Convenio no se aplicará a los transportes aéreos internacionales realizados por las empresas de navegación aérea, a título de primeros ensayos con miras al establecimiento de líneas regulares de navegación aérea como tampoco a los transportes efectuados en circunstancias extraordinarias fuera de la operación normal de una explotación aérea.

## Artículo 35
## "Días"

La expresión "días" utilizada en el presente Convenio deberá entenderse referida a días corridos y no a días hábiles.

## Artículo 36
## Idioma

El presente Convenio se redacta en francés en un solo ejemplar que quedará depositado en los archivos del Ministerio de Negocios Extranjeros de Polonia y una copia del cual, certificada conforme, se remitirá por conducto del Gobierno Polaco al Gobierno de cada una de las Altas Partes Contratantes.

## Artículo 37
## Ratificación

1. El presente Convenio será ratificado. Los instrumentos de ratificación se depositarán en los archivos del Ministerio de Negocios Extranjeros de Polonia, el cual notificará dicho depósito al Gobierno de cada una de las Altas Partes Contratantes.

2. Una vez que el presente Convenio sea ratificado por cinco de las Altas Partes Contratantes, entrará en vigor entre ellas al nonagésimo día posterior al depósito de la quinta ratificación. Ulteriormente, entrará en vigor entre las Altas Partes Contratantes que lo hubieren ratificado y la Alta Parte Contratante que deposite su instrumento de ratificación al nonagésimo día posterior a su depósito.

3. Corresponderá al Gobierno de la República de Polonia notificar al Gobierno de cada una de las Altas Partes Contratantes la fecha de entrada en vigor del presente Convenio como asimismo la fecha de depósito de cada ratificación.

## Artículo 38
## Adhesión

1. Con posterioridad a su entrada en vigor, el presente Convenio quedará abierto a la adhesión de todos los Estados.

2. La adhesión se efectuará mediante una notificación dirigida al Gobierno de la República de Polonia, el cual la comunicará a cada una de las Altas Partes Contratantes.

3. La adhesión producirá sus efectos a contar del nonagésimo día posterior a la notificación hecha al Gobierno de la República de Polonia.

## Artículo 39
## Denuncia

1. Cada una de las Altas Partes Contratantes podrá denunciar el presente Convenio mediante una notificación hecha al Gobierno de la República

de Polonia, el cual dará aviso de ello inmediatamente, al Gobierno de cada una de las Altas Partes Contratantes.

2. La denuncia producirá sus efectos seis meses después de la notificación de la denuncia y solamente respecto de la parte que la hubiere formulado.

## Artículo 40
## Adhesión o denuncias parciales

1. Las Altas Partes Contratantes, al momento de la firma, del depósito de las ratificaciones o de su adhesión, podrán declarar que su aceptación al presente Convenio no se extiende respecto del todo o parte de sus colonias, protectorados, territorios bajo mandato o de cualquier otro territorio sometido a su soberanía o a su autoridad, o de cualquier otro territorio bajo su jurisdicción.

2. En consecuencia, y ulteriormente, dichas Partes podrán adherir separadamente en nombre del todo o parte de sus colonias, protectorados, territorios bajo mandato o de cualquier otro territorio sometido a su soberanía o a su autoridad, o de cualquier territorio bajo su jurisdicción excluidos en sus declaraciones originales.

3. Con arreglo a sus disposiciones, las Partes también podrán denunciar el presente Convenio en forma separada para el todo o parte de sus colonias, protectorados, territorios bajo mandato, o para cualquier otro territorio sometido a su soberanía o a su autoridad, o para cualquier otro territorio bajo su jurisdicción.

## Artículo 41
## Futuras conferencias internacionales

Cada una de las Altas Partes Contratantes, no antes de dos años contados desde la entrada en vigor del presente Convenio, tendrá la facultad de provocar la celebración de una nueva Conferencia Internacional con el objeto de buscar las mejoras que pudieren introducirse al presente Convenio. Con este fin, la Parte interesada se dirigirá al Gobierno de la

República Francesa, el cual tomará las medidas necesarias para preparar tal Conferencia.

El presente Convenio, hecho en Varsovia el 12 de octubre de 1929, quedará abierto a la firma hasta el 31 de enero de 1930.

## PROTOCOLO ADICIONAL AL ARTÍCULO 2°

Las Altas Partes Contratantes se reservan el derecho de declarar, al momento de la ratificación o de la adhesión, que el inciso 1 del artículo 2° del presente Convenio no se aplicará a los transportes internacionales aéreos realizados directamente por el Estado, sus colonias, protectorados, territorio bajo mandato o cualquier otro territorio bajo su soberanía, su jurisdicción o su autoridad.

## PROTOCOLO

Que modifica el Convenio para la unificación de ciertas reglas relativas al transporte aéreo internacional firmado en Varsovia, el 12 de octubre de 1929.

## LOS GOBIERNOS FIRMANTES

CONSIDERANDO que es deseable modificar el Convenio para la unificación de ciertas reglas relativas al transporte aéreo internacional, firmado en Varsovia el 12 de octubre de 1929,

HAN CONVENIDO lo siguiente:

## CAPÍTULO PRIMERO
## MODIFICACIONES AL CONVENIO

### Artículo I
### Transporte internacional y transporte sucesivo

En el artículo 1° del Convenio:

a) se suprime el párrafo 2 y se sustituye por la siguiente disposición:

"2. A los fines del presente Convenio, la expresión transporte internacional significa todo transporte, en el que, de acuerdo con lo estipulado por las partes, el punto de partida y el punto de destino, haya o no interrupción en el transporte o transbordo, están situados, bien en el territorio de dos Altas Partes Contratantes, bien en el territorio de una sola Alta Parte Contratante si se ha previsto una escala en el territorio de cualquier otro Estado, aunque éste no sea una Alta Parte Contratante. El transporte entre dos puntos dentro del territorio de una sola Alta Parte Contratante, sin una escala convenida en el territorio de otro Estado, no se considerará transporte internacional a los fines del presente Convenio".

b) se suprime el párrafo 3 y se sustituye por la siguiente disposición:

"3. El transporte que haya de efectuarse por varios transportistas aéreos sucesivamente, constituirá, a los fines del presente Convenio, un solo transporte cuando haya sido considerado por las partes como una sola operación, tanto si ha sido objeto de un solo contrato como de una serie de contratos, y no perderá su carácter internacional por el hecho de que un solo contrato o una serie de contratos deban ejecutarse íntegramente en el territorio del mismo Estado".

## Artículo II
## Transporte de correo

En el artículo 2° del Convenio:

se suprime el párrafo 2 y se sustituye por la siguiente disposición:

"2. El presente Convenio no se aplicará al transporte de correo y paquetes postales".

## Artículo III
## Contenido del billete de pasaje

En el artículo 3° del Convenio:

a) se suprime el párrafo 1 y se sustituye por la siguiente disposición:

"1. En el transporte de pasajeros deberá expedirse un billete de pasaje, que contenga:

a) la indicación de los puntos de partida y destino;

b) si los puntos de partida y destino están situados en el territorio de una sola Alta Parte Contratante, y se ha previsto una o más escalas en el territorio de otro Estado, deberá indicarse una de esas escalas;

c) un aviso indicando que, si los pasajeros realizan un viaje cuyo punto final de destino o una escala, se encuentra en un país que no sea el de partida, el transporte podrá ser regulado por el Convenio de Varsovia, el cual, en la mayoría de los casos, limita la responsabilidad del transportista por muerte o lesiones así como por pérdida o averías del equipaje".

b) se suprime el párrafo 2 y se sustituye por la siguiente disposición:

"2. El billete de pasaje hace fe, salvo prueba en contrario, de la celebración y de las condiciones del contrato de transporte. La ausencia, irregularidad o pérdida del billete no afectará a la existencia ni a la validez del contrato de transporte, que quedará sujeto a las reglas del presente Convenio. Sin embargo, si, con el consentimiento del transportista, el pasajero se embarca sin que se haya expedido el billete de pasaje, o si este billete no comprende el aviso exigido por el párrafo 1 c), el transportista no tendrá derecho a ampararse en las disposiciones del artículo 22".

## Artículo IV
## Contenido del talón de equipaje

En el artículo 4° del Convenio:

a) se suprimen los párrafos 1, 2 y 3 y se sustituyen por la siguiente disposición:

"1. En el transporte de equipaje facturado, deberá expedirse un talón de equipaje que, si no está combinado con un billete de pasaje que cumpla con los requisitos del artículo 3°, párrafo 1 c), o incorporado al mismo, deberá contener:

a) la indicación de los puntos de partida y destino;

b) si los puntos de partida y destino están situados en el territorio de una sola Alta Parte Contratante, y se ha previsto una o más escalas en el territorio de otro Estado, deberá indicarse una de esas escalas;

c) un aviso indicando que, si el transporte cuyo punto final de destino o una escala, se encuentra en un país que no sea el de partida, podrá ser regulado por el Convenio de Varsovia, el cual, en la mayoría de los casos, limita la responsabilidad del transportista por pérdida o averías del equipaje".

b) se suprime el párrafo 4 y se sustituye por la siguiente disposición:

"2. El talón de equipaje hace fe, salvo prueba en contrario, de haberse facturado el equipaje y de las condiciones del contrato de transporte. La ausencia, irregularidad o pérdida del talón no afecta a la existencia ni a la validez del contrato de transporte, que quedará sujeto a las reglas del presente Convenio. Sin embargo, si el transportista recibe bajo custodia el equipaje sin que se haya expedido un talón de equipaje, o si éste, en el caso de que no esté combinado con un billete de equipaje que cumpla con los requisitos del artículo 3°, párrafo 1 c), o incorporado al mismo, no comprende el aviso exigido por el párrafo 1 c), no tendrá derecho a ampararse en las disposiciones del artículo 22, párrafo 2°".

**Artículo V**
**Firma**

En el artículo 6° del Convenio:

se suprime el párrafo 3 y se sustituye por la siguiente disposición:

"3. El transportista pondrá su firma antes del embarque de la mercancía a bordo de la aeronave".

**Artículo VI**
**Contenido de la carta de porte aérea**

Se suprime el artículo 8° del Convenio y se sustituye por la siguiente disposición:

"La carta de porte aéreo deberá contener:

a) la indicación de los puntos de partida y destino;

b) si los puntos de partida y destino están situados en el territorio de una sola Alta Parte Contratante, y se ha previsto una o más escalas en el territorio de otro Estado, deberá indicarse una de esas escalas;

c) un aviso indicando a los expedidores que, si el transporte cuyo punto final de destino, o una escala, se encuentra en un país que no sea el de partida, podrá ser regulado por el Convenio de Varsovia, el cual, en la mayoría de los casos, limita la responsabilidad del transportista por pérdida o averías de las mercancías".

## Artículo VII
## Mercadería sin carta de porte

Se suprime el artículo 9° del Convenio y se sustituye por la siguiente disposición:

"Si, con el consentimiento del transportista, se embarcan mercancías sin que se haya expedido una carta de porte aéreo, o si ésta no contiene el aviso prescrito en el párrafo c) del artículo 8°, el transportista no tendrá derecho a ampararse en las disposiciones del párrafo 2 del artículo 22".

## Artículo VIII
## Indemnización por daños

En el artículo 10 del Convenio:

se suprime el párrafo 2 y se sustituye por la siguiente disposición:

"2. Deberá indemnizar al transportista o a cualquier persona, con respecto de la cual éste sea responsable, por cualquier daño que sea consecuencia de sus indicaciones y declaraciones irregulares, inexactas o incompletas".

## Artículo IX
## Carta de porte aéreo negociable

Se añade el siguiente párrafo al artículo 15 del Convenio:

"3. Nada en el presente Convenio impedirá la expedición de una carta de porte aéreo negociable".

## Artículo X

En el artículo 20 del Convenio se suprime el párrafo 2.

## Artículo XI
## Limitación de responsabilidad

Se suprime el artículo 22 del Convenio y se sustituye por las siguientes disposiciones:

"Artículo 22

1. En el transporte de personas, la responsabilidad del transportista con respecto a cada pasajero, se limitará a la suma de doscientos cincuenta mil francos. En el caso de que, con arreglo a la ley del tribunal que conozca el asunto, la indemnización puede ser fijada en forma de renta, el capital de la renta no podrá sobrepasar este límite. Sin embargo, por convenio especial con el transportista, el pasajero podrá fijar un límite de responsabilidad más elevado.

2. a) En el transporte de equipaje facturado y de mercancías la responsabilidad del transportista se limitará a la suma de doscientos cincuenta francos por kilogramo, salvo declaración especial de valor hecha por el expedidor en el momento de la entrega del bulto al transportista y mediante el pago de una tasa suplementaria si hay lugar a ello. En este caso, el transportista estará obligado a pagar hasta el importe de la suma declarada, a menos que pruebe que éste es superior al valor real en el momento de la entrega.

b) En caso de pérdida, averías o retraso de una parte del equipaje facturado o de las mercancías o de cualquier objeto en ellos contenido, solamente se tendrá en cuenta el peso total del bulto afectado para determinar el límite de responsabilidad del transportista. Sin embargo, cuando la pérdida, avería o retraso de una parte del equipaje facturado, de las mercancías o de un objeto en ellos contenido, afecte al valor de otros bultos comprendidos en el mismo talón de equipaje o carta de porte aéreo, se tendrá en cuenta el peso total de tales bultos para determinar el límite de responsabilidad.

3. En lo que concierne a los objetos, cuya custodia conserve el pasajero, la responsabilidad del transportista se limitará a cinco mil francos por pasajero.

4. Los límites establecidos en el presente artículo no tendrán por efecto el restar al tribunal la facultad de acordar además, conforme a su propia ley, una suma que corresponda a todo o parte de las costas y otros gastos del litigio en que haya incurrido el demandante. La disposición anterior no regirá cuando el importe de la indemnización acordada, con exclusión de las costas y otros gastos del litigio, no exceda de la suma que el transportista haya ofrecido por escrito al demandante, dentro de un período de seis meses, a contar del hecho que causó los daños, o antes de comenzar el juicio, si la segunda fecha es posterior.

5. Las sumas en francos mencionadas en este artículo se considerarán que se refieren a una unidad de moneda consistente en sesenta y cinco miligramos y medio de oro con ley de novecientas milésimas. Podrán ser convertidas en moneda nacional en números redondos. Esta conversión, a moneda nacional distinta de la moneda oro, se efectuará, si hay procedimiento judicial, con sujeción al valor oro de dicha moneda nacional en la fecha de la sentencia".

## Artículo XII
## Daños por vicio propio de las mercancías

En el artículo 23 del Convenio, la disposición existente aparecerá como párrafo 1 y se añadirá otro párrafo que diga:

"2. Lo previsto en el párrafo 1 del presente artículo no se aplicará a las cláusulas referentes a pérdida o daño resultante de la naturaleza o vicio propio de las mercancías transportadas".

## Artículo XIII
## Dolo

En el artículo 25 del Convenio:

se suprimen los párrafos 1 y 2, quedando reemplazados por lo siguiente:

"Los límites de responsabilidad previstos en el artículo 22 no se aplicarán si se prueba que el daño es el resultado de una acción u omisión del transportista o de sus dependientes, con intención de causar el daño, o con temeridad y sabiendo que probablemente causaría daño; sin embargo, en el caso de una acción u omisión de los dependientes, habrá que probar también que éstos actuaban en el ejercicio de sus funciones".

## Artículo XIV
## Exención de responsabilidad

Después del artículo 25 del Convenio se añade el siguiente artículo:

"Artículo 25 A

1. Si se intenta una acción contra un dependiente del transportista por daños a que se refiere el presente Convenio, dicho dependiente, si prueba que actuaba en el ejercicio de sus funciones, podrá ampararse en los límites de responsabilidad que pudiera invocar el transportista en virtud del artículo 22.

2. El total de la indemnización obtenible del transportista y de sus dependientes, en este caso, no excederá de dichos límites.

3. Las disposiciones anteriores del presente artículo no regirán si se prueba que el daño es resultado de una acción u omisión del dependiente, con intención de causar el daño, o con temeridad y sabiendo que probablemente causaría daño".

## Artículo XV
## Protesta

En el artículo 26 del Convenio:

se suprime el párrafo 2 y se sustituye por la siguiente disposición:

"2. En caso de avería, el destinatario deberá presentar una protesta inmediatamente después de haber sido notada dicha avería y, a más tardar, dentro de siete días para los equipajes y de catorce días para las mercancías, a contar de la fecha de su recibo. En caso de retraso, la protesta deberá hacerse a más tardar dentro de los veintiún días, a contar del día en que el equipaje o la mercancía hayan sido puestos a disposición del destinatario".

## Artículo XVI
## Transportes en circunstancias extraordinarias

Se suprime el artículo 34 del Convenio y se sustituye por lo siguiente:

"Las disposiciones de los artículos 3º a 9º, inclusive, relativas a títulos de transporte, no se aplicarán en caso de transportes, efectuados en circunstancias extraordinarias, fuera de toda operación normal de la explotación aérea".

## Artículo XVII
## "Alta parte contratante"

Después del artículo 40 del Convenio se añade el siguiente artículo:

"Artículo 40 A

1. En el artículo 37, párrafo 2, y en el artículo 40, párrafo 1, la expresión Alta Parte Contratante significa Estado. En todos los demás casos, la expresión Alta Parte Contratante significa el Estado cuya ratificación o adhesión al Convenio ha entrado en vigor, y cuya denuncia del mismo no ha surtido efecto.

2. A los fines del Convenio, el término territorio significa no solamente el territorio metropolitano de un Estado, sino también todos los demás territorios de cuyas relaciones exteriores sea responsable dicho Estado".

# CAPÍTULO II
# CAMPO DE APLICACIÓN DEL CONVENIO MODIFICADO

## Artículo XVIII
## "Transporte internacional"

El Convenio, modificado por este Protocolo, se aplicará al transporte internacional definido en el artículo 1º del Convenio si los puntos de partida y de destino mencionados en ese artículo se encuentran en los territorios de dos Partes del presente Protocolo o del territorio de una sola Parte, si hay una escala prevista en el territorio de cualquier otro Estado.

## CAPÍTULO III
## CLÁUSULAS FINALES

### Artículo XIX
### Interpretación

Para las Partes de este Protocolo, el Convenio y el Protocolo se considerarán e interpretarán como un solo instrumento, el que se designará con el nombre de Convenio de Varsovia modificado en La Haya en 1955.

### Artículo XX
### Firmas

Hasta la fecha en que entre en vigor, de acuerdo con lo previsto en el Artículo XXII, párrafo 1, el presente Protocolo permanecerá abierto a la firma por parte de todo Estado que, hasta dicha fecha, haya ratificado o se haya adherido al Convenio o que haya participado en la Conferencia en que se adoptó el presente Protocolo.

### Artículo XXI
### Ratificación

1. El presente Protocolo se someterá a ratificación de los Estados signatarios.

2. La ratificación del presente Protocolo por todo Estado que no sea parte en el Convenio tendrá el efecto de una adhesión al Convenio modificado por el presente Protocolo.

3. Los instrumentos de ratificación serán depositados ante el Gobierno de la República Popular de Polonia.

### Artículo XXII
### Entrada en vigor

1. Tan pronto como treinta Estados signatarios hayan depositado sus instrumentos de ratificación del presente Protocolo, éste entrará en vigor entre ellos al nonagésimo día a contar del depósito del trigésimo instru-

mento de ratificación. Para cada uno de los Estados que ratifiquen después de esa fecha entrará en vigor el nonagésimo día, a contar del depósito de su instrumento de ratificación.

2. Tan pronto como entre en vigor el presente Protocolo, será registrado en la Organización de las Naciones Unidas por el Gobierno de la República Popular de Polonia.

**Artículo XXIII**
**Adhesión**

1. Después de su entrada en vigor, el presente Protocolo quedará abierto a la adhesión de todo Estado no signatario.

2. La adhesión al presente Protocolo por un Estado que no sea parte en el Convenio implica la adhesión a dicho Convenio modificado por el presente Protocolo.

3. La adhesión se efectuará mediante el depósito de un instrumento de adhesión ante el Gobierno de la República Popular de Polonia, el cual surtirá efecto al nonagésimo día a contar de la fecha de depósito.

**Artículo XXIV**
**Denuncia**

1. Toda Parte en el presente Protocolo podrá denunciarlo mediante notificación dirigida al Gobierno de la República Popular de Polonia.

2. La denuncia surtirá efecto seis meses después de la fecha de recepción por el Gobierno de la República Popular de Polonia de la notificación de dicha denuncia.

3. Para las Partes en el presente Protocolo, la denuncia por cualquiera de ellas del Convenio de acuerdo con el artículo 39 del mismo no podrá ser interpretada como una denuncia de dicho Convenio modificado por el presente Protocolo.

## Artículo XXV
## Limitación en cuanto a territorios

1. El presente Protocolo se aplicará a todos los territorios de cuyas relaciones exteriores sea responsable un Estado Parte en el presente Protocolo, con la excepción de los territorios respecto a los cuales se haya formulado una declaración conforme al párrafo 2 del presente artículo.

2. Todo Estado podrá declarar, en el momento del depósito de su instrumento de ratificación o adhesión, que la aceptación del presente Protocolo no comprende alguno o algunos de los territorios de cuyas relaciones exteriores sea responsable.

3. Todo Estado podrá posteriormente, por medio de una comunicación dirigida al Gobierno de la República Popular de Polonia, hacer extensiva la aplicación del presente Protocolo a cualquiera de los territorios con respecto a los cuales haya formulado una declaración de acuerdo con lo estipulado en el párrafo 2 del presente artículo. Esta modificación surtirá efecto al nonagésimo día a contar de la fecha de recepción de la misma por dicho Gobierno.

4. Todo Estado Parte en el presente Protocolo podrá denunciarlo, conforme a las disposiciones del Artículo XXIV, párrafo 1, separadamente con respecto a cualquiera de los territorios de cuyas relaciones exteriores tal Estado sea responsable.

## Artículo XXVI
## Reservas

El presente Protocolo no podrá ser objeto de reservas, pero todo Estado podrá declarar en cualquier momento, por notificación dirigida al Gobierno de la República Popular de Polonia, que el Convenio, en la forma modificada por el presente Protocolo, no se aplicará al transporte de personas, mercancías y equipaje por sus autoridades militares, en las aeronaves matriculadas en tal Estado y cuya capacidad total haya sido reservada por tales autoridades o por cuenta de las mismas.

## Artículo XXVII
## Notificaciones

El Gobierno de la República Popular de Polonia notificará inmediatamente a los Gobiernos de todos los Estados signatarios del Convenio o del presente Protocolo, de todos los Estados partes en el Convenio o en el presente Protocolo, y de todos los Estados miembros de la Organización de Aviación Civil Internacional o de la Organización de las Naciones Unidas, así como a la Organización de Aviación Civil Internacional:

a) toda firma del presente Protocolo y la fecha de la misma,

b) el depósito de todo instrumento de ratificación o adhesión de dicho Protocolo y la fecha en que se hizo,

c) la fecha en que el presente Protocolo entre en vigor de acuerdo con el párrafo 1 del artículo XXII,

d) toda notificación de denuncia y la fecha de su recepción,

e) toda declaración o notificación hecha de acuerdo con el artículo XXV, y la fecha de recepción de la misma,

f) toda notificación hecha de acuerdo con el artículo XXVI, y la fecha de recepción de la misma.

EN TESTIMONIO DE LO CUAL, los Plenipotenciarios que suscriben, debidamente autorizados, firman el presente Protocolo.

HECHO en La Haya el vigésimo octavo día del mes de septiembre del año mil novecientos cincuenta y cinco, en tres textos auténticos en español, francés e inglés. En caso de divergencias, hará fe el texto en idioma francés, en que fue redactado el Convenio.

El presente Protocolo será depositado ante el Gobierno de la República Popular de Polonia, donde de acuerdo con el artículo XX, quedará abierto a la firma y dicho Gobierno remitirá ejemplares certificados del mismo a los Gobiernos de todos los Estados signatarios del Convenio o del presente Protocolo, de todos los Estados Partes en el Convenio o en el presente Protocolo, y de todos los Estados Miembros de la Organización de Aviación Civil Internacional o de la Organización de las Naciones Unidas, así como a la Organización de Aviación Civil Internacional.

# DECRETO Nº 1.383
# PROMULGA LOS PROTOCOLOS ADICIONALES NºS. 1 Y 2 AL CONVENIO PARA LA UNIFICACIÓN DE CIERTAS REGLAS RELATIVAS AL TRANSPORTE AÉREO INTERNACIONAL, DE 1929
## Publicado en el Diario Oficial de 9 de diciembre de 1997

Nº 1.383.

Santiago, 27 de agosto de 1997. Vistos: Los artículos 32, Nº 17, y 50, Nº 1), de la Constitución Política de la República; el Decreto Ley Nº 2.381, de 1978, publicado en el Diario Oficial de 4 de diciembre de 1978, y el Decreto Supremo Nº 458, de 1979, del Ministerio de Relaciones Exteriores, publicado en el Diario Oficial de 13 de agosto de 1979.

Considerando:

Que con fecha 25 de septiembre de 1975 se adoptaron, en Montreal, Canadá, los siguientes tratados internacionales:

1. El Protocolo Adicional Nº 1, que modifica el Convenio para la Unificación de Ciertas Reglas Relativas al Transporte Aéreo Internacional, firmado en Varsovia el 12 de octubre de 1929, y

2. El Protocolo Adicional Nº 2, que modifica el Convenio para la Unificación de Ciertas Reglas Relativas al Transporte Aéreo Internacional, firmado en Varsovia el 12 de octubre de 1929, modificado por el Protocolo hecho en La Haya el 28 de septiembre de 1955.

Que dichos Protocolos Adicionales fueron aprobados conforme a los procedimientos constitucionales pertinentes.

Que el Instrumento de Ratificación se depositó ante el Ministerio de Relaciones Exteriores de Polonia con fecha 19 de mayo de 1987, "declarando expresamente que el Convenio, en la forma modificada por el Protocolo

Adicional N° 2, no se aplicará al transporte de personas, mercancías y equipaje por sus autoridades militares, en las aeronaves matriculadas en tal Estado y cuya capacidad total haya sido reservada por tales autoridades o por cuenta de las mismas".

Que los mencionados Protocolos Adicionales entrarán en vigor internacional con fecha 15 de septiembre de 1996.

## DECRETO:

**Artículo único.** Promúlgase los siguientes tratados internacionales adoptados el 25 de septiembre de 1975, en Montreal, Canadá:

1. El Protocolo Adicional N° 1, que modifica el Convenio para la Unificación de Ciertas Reglas Relativas al Transporte Aéreo Internacional, firmado en Varsovia el 12 de octubre de 1929, y

2. El Protocolo Adicional N° 2, que modifica el Convenio para la Unificación de Ciertas Reglas Relativas al Transporte Aéreo Internacional, firmado en Varsovia el 12 de octubre de 1929, modificado por el Protocolo hecho en La Haya el 28 de septiembre de 1955; cúmplanse y llévense a efecto como Ley y publíquese copia autorizada de sus textos en el Diario Oficial.

Anótese, tómese razón y regístrese. EDUARDO FREI RUIZ-TAGLE, Presidente de la República. José Miguel Insulza, Ministro de Relaciones Exteriores. Claudio Hohmann Barrientos, Ministro de Transportes y Telecomunicaciones.

Lo que transcribo a US. para su conocimiento. Cristián Barros Melet, Embajador, Director General Administrativo.

CONTRALORÍA GENERAL DE LA REPÚBLICA

División Jurídica

CURSA CON ALCANCE EL DECRETO N° 1.383, DE 1997, DEL MINISTERIO DE RELACIONES EXTERIORES N° 38.922

Santiago, 25 de noviembre de 1997.

Esta Contraloría General ha tomado razón del documento del rubro, mediante el cual se promulgan los Protocolos Adicionales N°s. 1 y 2 al Convenio para la Unificación de Ciertas Reglas Relativas al Transporte Aéreo Internacional, de 1929, por cuanto se ajusta a derecho.

Sin perjuicio de lo anterior, cumple con hacer presente que entiende que los mencionados protocolos entraron en vigor internacional con fecha 15 de febrero de 1996, según aparece de los antecedentes que se acompañan, y no en la data indicada en los considerandos del acto administrativo que se estudia.

Con el alcance que antecede se ha dado curso al decreto de la suma.

Dios guarde a US. Jorge Reyes Riveros, Contralor General de la República Subrogante.

Al Señor Ministro de Relaciones Exteriores Presente

## PROTOCOLO ADICIONAL Nº 1 QUE MODIFICA EL CONVENIO PARA LA UNIFICACIÓN DE CIERTAS REGLAS RELATIVAS AL TRANSPORTE AÉREO INTERNACIONAL FIRMADO EN VARSOVIA EL 12 DE OCTUBRE DE 1929

Los Gobiernos firmantes,

Considerando que es deseable modificar el Convenio para la unificación de ciertas reglas relativas al transporte aéreo internacional, firmado en Varsovia el 12 de octubre de 1929,

Han convenido lo siguiente:

### CAPÍTULO I
### MODIFICACIONES AL CONVENIO

#### Artículo I
#### Modificación Convenio de Varsovia

El Convenio que las disposiciones del presente Capítulo modifican es el Convenio de Varsovia de 1929.

#### Artículo II
#### Límite de responsabilidad

Se suprime el artículo 22 del Convenio y se sustituye por el siguiente:

"ARTÍCULO 22

1. En el transporte de personas, la responsabilidad del transportista con respecto a cada pasajero se limitará a la suma de 8.300 Derechos Especiales de Giro. En el caso de que, con arreglo a la ley del Tribunal que conozca del asunto, la indemnización pueda ser fijada en forma de renta, el capital de la renta no podrá sobrepasar este límite. Sin embargo, por convenio especial con el transportista, el pasajero podrá fijar un límite de responsabilidad más elevado.

2. En el transporte de equipaje facturado y de mercancías, la responsabilidad del transportista se limitará a la suma de 17 Derechos Especiales de Giro por kilogramo, salvo declaración especial de valor hecha por el expedidor en el momento de la entrega del bulto al transportista y mediante el pago de una tasa suplementaria, si hay lugar a ello. En este caso, el transportista estará obligado a pagar hasta el importe de la suma declarada, a menos que pruebe que éste es superior al valor real en el momento de la entrega.

3. En lo que concierne a los objetos cuya custodia conserve el pasajero, la responsabilidad del transportista se limitará a 332 Derechos Especiales de Giro por pasajero.

4. Las sumas expresadas en Derechos Especiales de Giro mencionadas en este artículo se considerará que se refieren al Derecho Especial de Giro definido por el Fondo Monetario Internacional. La conversión de la suma en las monedas nacionales, en el caso de actuaciones judiciales, se hará de acuerdo con el valor de dichas monedas en Derechos Especiales de Giro en la fecha de la sentencia. El valor, en Derechos Especiales de Giro, de la moneda nacional de una Alta Parte Contratante que sea miembro del Fondo Monetario Internacional, se calculará de conformidad con el método de valoración aplicado por el Fondo Monetario Internacional para sus operaciones y transacciones que esté en vigor en la fecha de la sentencia. El valor, en Derechos Especiales de Giro, de la moneda nacional de una Alta Parte Contratante que no sea miembro del Fondo Monetario Internacional, se calculará de la manera determinada por dicha Alta Parte Contratante.

Sin embargo, los Estados que no sean miembros del Fondo Monetario Internacional y cuya legislación no permita aplicar las disposiciones de los párrafos 1, 2 y 3 del artículo 22, podrán declarar, en el momento de la ratificación o de la adhesión o posteriormente, que el límite de responsabilidad del transportista, en los procedimientos judiciales seguidos en su territorio, se fija en la suma de 125.000 unidades monetarias por pasajero, con respecto al párrafo 1 del artículo 22; 250 unidades monetarias por kilogramo, con respecto al párrafo 2 del artículo 22, y 5.000 unidades monetarias por pasajero, con respecto al párrafo 3 del artículo 22. Esta unidad monetaria consiste en sesenta y cinco miligramos y medio de oro con ley de novecientas milésimas. Dicha suma podrá convertirse en la moneda nacional en cifras redondas. La conversión de esta suma en moneda nacional se efectuará de acuerdo con la ley del Estado interesado".

## CAPÍTULO II
## CAMPO DE APLICACIÓN DEL CONVENIO MODIFICADO

### Artículo III
### Ámbito de aplicación

El Convenio de Varsovia, modificado por el presente Protocolo, se aplicará al transporte internacional definido en el artículo 1 del Convenio, si los puntos de partida y de destino mencionados en ese artículo se encuentran en el territorio de dos Partes del presente Protocolo o en el territorio de una sola Parte, si hay una escala prevista en el territorio de cualquier otro Estado.

## CAPÍTULO III
## CLÁUSULAS FINALES

### Artículo IV
### Interpretación

Para las Partes en este Protocolo, el Convenio y el Protocolo se considerarán e interpretarán como un solo instrumento que se designará con el nombre de Convenio de Varsovia modificado por el Protocolo Adicional Nº 1 de Montreal de 1975.

## Artículo V
## Firmas

Hasta la fecha en que entre en vigor, de acuerdo con lo previsto en el artículo VII, el presente Protocolo permanecerá abierto a la firma de todos los Estados.

## Artículo VI
## Ratificación

1. El presente Protocolo se someterá a la ratificación de los Estados signatarios.

2. La ratificación del presente Protocolo por todo Estado que no sea Parte en el Convenio tendrá el efecto de una adhesión al Convenio modificado por el presente Protocolo.

3. Los instrumentos de ratificación del presente Protocolo serán depositados ante el Gobierno de la República Popular Polaca.

## Artículo VII
## Entrada en vigor

1. Tan pronto como treinta Estados signatarios hayan depositado sus instrumentos de ratificación del presente Protocolo, éste entrará en vigor entre ellos el nonagésimo día a contar del depósito del trigésimo instrumento de ratificación. Para cada uno de los Estados que ratifique después de esa fecha, entrará en vigor el nonagésimo día a contar del depósito de su instrumento de ratificación.

2. Tan pronto como entre en vigor, el presente Protocolo será registrado en las Naciones Unidas por el Gobierno de la República Popular Polaca.

## Artículo VIII
## Adhesión

1. Después de su entrada en vigor, el presente Protocolo quedará abierto a la adhesión de todo Estado no signatario.

2. La adhesión al presente Protocolo por un Estado que no sea Parte en el Convenio implicará la adhesión al Convenio modificado por el presente Protocolo.

3. La adhesión se efectuará mediante el depósito de un instrumento de adhesión ante el Gobierno de la República Popular Polaca, que surtirá efecto el nonagésimo día a contar de la fecha del depósito.

**Artículo IX**
**Denuncias**

1. Toda Parte en el presente Protocolo podrá denunciarlo mediante notificación dirigida al Gobierno de la República Popular Polaca.

2. La denuncia surtirá efecto seis meses después de la recepción por el Gobierno de la República Popular Polaca de la notificación de dicha denuncia.

3. Para las Partes en el presente Protocolo, la denuncia por cualquiera de ellas del Convenio, de acuerdo con el artículo 39 del mismo, no podrá ser interpretada como una denuncia de dicho Convenio modificado por el presente Protocolo.

**Artículo X**
**Reservas**

El presente Protocolo no podrá ser objeto de reservas.

**Artículo XI**
**Notificaciones**

El Gobierno de la República Popular Polaca comunicará, a la mayor brevedad, a todos los Estados Partes en el Convenio de Varsovia y a todos los Estados signatarios o adherentes al presente Protocolo, así como a la Organización de Aviación Civil Internacional, la fecha de cada una de las firmas, la fecha del depósito de cada instrumento de ratificación o adhesión, la fecha de entrada en vigor del presente Protocolo y demás información pertinente.

## Artículo XII
## Convenio de Guadalajara

Para las Partes en el presente Protocolo que sean también Partes en el Convenio Complementario del Convenio de Varsovia para la unificación de ciertas reglas relativas al transporte aéreo internacional efectuado por una persona que no sea el transportista contractual, firmado en Guadalajara el 18 de septiembre de 1961 (en adelante denominado "Convenio de Guadalajara"), toda mención del Convenio de Varsovia contenida en el Convenio de Guadalajara, se aplicará también al Convenio de Varsovia modificado por el Protocolo Adicional N° 1 de Montreal de 1975, en los casos en que el transporte efectuado según el contrato mencionado en el párrafo b) del artículo 1 del Convenio de Guadalajara se rija por el presente Protocolo.

## Artículo XIII
## OACI

El presente Protocolo quedará abierto a la firma de todos los Estados en la sede de la Organización de Aviación Civil Internacional hasta el 1° de enero de 1976 y posteriormente, hasta su entrada en vigor de acuerdo con el artículo VII, en el Ministerio de Asuntos Extranjeros de la República Popular Polaca. La Organización de Aviación Civil Internacional informará a la mayor brevedad al Gobierno de la República Popular Polaca de cualquier firma que reciba y de su fecha en el período en que el Protocolo se encuentre abierto a la firma en Montreal.

En testimonio de lo cual, los Plenipotenciarios que suscriben debidamente autorizados, firman el presente Protocolo.

Hecho en Montreal el día veinticinco del mes de septiembre del año mil novecientos setenta y cinco, en cuatro textos auténticos en español, francés, inglés y ruso. En caso de divergencias, hará fe el texto en idioma francés, en que fue redactado el Convenio de Varsovia del 12 de octubre de 1929.

Conforme con su original. Fabio Vio Ugarte, Subsecretario de Relaciones Exteriores Subrogante.

# PROTOCOLO ADICIONAL Nº 2
# QUE MODIFICA EL CONVENIO PARA LA UNIFICACIÓN DE CIERTAS REGLAS RELATIVAS AL TRANSPORTE AÉREO INTERNACIONAL FIRMADO EN VARSOVIA EL 12 DE OCTUBRE DE 1929 MODIFICADO POR EL PROTOCOLO HECHO EN LA HAYA EL 28 DE SEPTIEMBRE DE 1955

Los Gobiernos firmantes,

Considerando que es deseable modificar el Convenio para la unificación de ciertas reglas relativas al transporte aéreo internacional, firmado en Varsovia el 12 de octubre de 1929, modificado por el Protocolo hecho en La Haya el 28 de septiembre de 1955,

Han convenido lo siguiente:

## CAPÍTULO I
## MODIFICACIONES AL CONVENIO

### Artículo I
### Modificación del Convenio de Varsovia

El Convenio que las disposiciones del presente Capítulo modifican es el Convenio de Varsovia modificado en La Haya en 1955.

### Artículo II
### Límite de responsabilidad

Se suprime el artículo 22 del Convenio y se sustituye por el siguiente:

"Artículo 22

1. En el transporte de personas, la responsabilidad del transportista con respecto a cada pasajero se limitará a la suma de 16.600 Derechos Especiales de Giro. En el caso de que, con arreglo a la ley del tribunal que conozca del asunto, la indemnización pueda ser fijada en forma de renta, el capital de la renta no podrá sobrepasar este límite. Sin embargo, por convenio especial con el transportista, el pasajero podrá fijar un límite de responsabilidad más elevado.

2. a) En el transporte de equipaje facturado y de mercancías, la responsabilidad del transportista se limitará a la suma de 17 Derechos Especiales de Giro por kilogramo, salvo declaración especial de valor hecha por el expedidor en el momento de la entrega del bulto al transportista y mediante el pago de una tasa suplementaria, si hay lugar a ello. En este caso, el transportista estará obligado a pagar hasta el importe de la suma declarada, a menos que pruebe que éste es superior al valor real en el momento de la entrega.

b) En caso de pérdida, averías o retraso de una parte del equipaje facturado o de las mercancías o de cualquier objeto en ellos contenido, solamente se tendrá en cuenta el peso total del bulto afectado para determinar el límite de responsabilidad del transportista. Sin embargo, cuando la pérdida, avería o retraso de una parte del equipaje facturado, de las mercancías o de un objeto en ellos contenido, afecte al valor de otros bultos comprendidos en el mismo talón de equipaje o carta de porte aéreo, se tendrá en cuenta el peso total de tales bultos para determinar el límite de responsabilidad.

3. En lo que concierne a los objetos cuya custodia conserve el pasajero, la responsabilidad del transportista se limitará a 332 Derechos Especiales de Giro por pasajero.

4. Los límites establecidos en el presente artículo no tendrán por efecto el restar al tribunal la facultad de acordar además, conforme a su propia ley, una suma que corresponda a todo o parte de las costas y otros gastos del litigio en que haya incurrido el demandante. La disposición anterior no regirá cuando el importe de la indemnización acordada, con exclusión de las costas y otros gastos del litigio, no exceda de la suma que el transportista haya ofrecido por escrito al demandante, dentro de un período de seis meses a contar del hecho que causó los daños, o antes de comenzar el juicio, si la segunda fecha es posterior.

5. Las sumas expresadas en Derechos Especiales de Giro mencionadas en este artículo se considerarán que se refieren al Derecho Especial de Giro definido por el Fondo Monetario Internacional. La conversión de la suma en las monedas nacionales, en el caso de actuaciones judiciales, se hará de acuerdo con el valor de dichas monedas en Derechos Especiales de Giro

en la fecha de la sentencia. El valor, en Derechos Especiales de Giro, de la moneda nacional de una Alta Parte Contratante que sea miembro del Fondo Monetario Internacional, se calculará de conformidad con el método de valoración aplicado por el Fondo Monetario Internacional para sus operaciones y transacciones que esté en vigor en la fecha de la sentencia. El valor, en Derechos Especiales de Giro, de la moneda nacional de una Alta Parte Contratante que no sea miembro del Fondo Monetario Internacional, se calculará de la manera determinada por dicha Alta Parte Contratante.

Sin embargo, los Estados que no sean miembros del Fondo Monetario Internacional y cuya legislación no permita aplicar las disposiciones de los párrafos 1, 2a) y 3 del artículo 22, podrán declarar, en el momento de la ratificación o de la adhesión o posteriormente, que el límite de responsabilidad del transportista, en los procedimientos judiciales seguidos en su territorio, se fija en la suma de 250.000 unidades unitarias por pasajero, con respecto al párrafo 1 del artículo 22; 250 unidades monetarias por kilogramo, con respecto al párrafo 2 a) del artículo 22, y 5.000 unidades monetarias por pasajero, con respecto al párrafo 3 del artículo 22. Esta unidad monetaria consiste en sesenta y cinco miligramos y medio de oro con ley de novecientas milésimas. Estas sumas podrán convertirse a la moneda nacional en cifras redondas. La conversión de esta sumas en moneda nacional se efectuará de acuerdo con la ley del Estado interesado".

## CAPÍTULO II
## CAMPO DE APLICACIÓN DEL CONVENIO MODIFICADO

### Artículo III
### Ámbito de aplicación

El Convenio de Varsovia, modificado en La Haya en 1955 y por el presente Protocolo, se aplicará al transporte internacional definido en el artículo 1 del Convenio si los puntos de partida y de destino mencionados en dicho artículo se encuentran en el territorio de dos Partes del presente Protocolo o en el territorio de una sola Parte, si hay una escala prevista en el territorio de cualquier otro Estado.

## CAPÍTULO III
## CLÁUSULAS FINALES

### Artículo IV
### Interpretación

Para las Partes en este Protocolo, el Convenio de Varsovia modificado en La Haya en 1955 y el presente Protocolo se considerarán e interpretarán como un solo instrumento, que se designará con el nombre de Convenio de Varsovia modificado en La Haya en 1955 y por el Protocolo Adicional Nº 2 de Montreal de 1975.

### Artículo V
### Firmas

Hasta la fecha en que entre en vigor, de acuerdo con lo previsto en el Artículo VII, el presente Protocolo permanecerá abierto a la firma de todos los Estados.

### Artículo VI
### Ratificación

1. El presente Protocolo se someterá a la ratificación de los Estados signatarios.

2. La ratificación del presente Protocolo por un Estado que no sea Parte en el Convenio de Varsovia o por un Estado que no sea Parte en el Convenio de Varsovia, modificado en La Haya en 1955, implicará la adhesión al Convenio de Varsovia modificado en La Haya en 1955 y por el Protocolo Adicional Nº 2 de Montreal de 1975.

3. Los instrumentos de ratificación del presente Protocolo serán depositados ante el Gobierno de la República Popular Polaca.

### Artículo VII
### Entrada en vigor

1. Tan pronto como treinta Estados signatarios hayan depositado sus instrumentos de ratificación del presente Protocolo, éste entrará en vigor

entre ellos el nonagésimo día a contar del depósito del trigésimo instrumento de ratificación. Para cada uno de los Estados que ratifique después de esa fecha, entrará en vigor el nonagésimo día a contar del depósito de su instrumento de ratificación.

2. Tan pronto como entre en vigor, el presente Protocolo será registrado en las Naciones Unidas por el Gobierno de la República Popular Polaca.

**Artículo VIII**
**Adhesión**

1. Después de su entrada en vigor, el presente Protocolo quedará abierto a la adhesión de todo Estado no signatario.

2. La adhesión al presente Protocolo por un Estado que no sea Parte en el Convenio de Varsovia o por un Estado que no sea Parte en el Convenio de Varsovia, modificado en La Haya en 1955, implicará la adhesión al Convenio de Varsovia modificado en La Haya en 1955 y por el Protocolo Adicional N° 2 de Montreal de 1975.

3. La adhesión se efectuará mediante el depósito de un instrumento de adhesión ante el Gobierno de la República Popular Polaca, que surtirá efecto el nonagésimo día a contar de la fecha del depósito.

**Artículo IX**
**Denuncias**

1. Toda Parte en el presente Protocolo podrá denunciarlo mediante notificación dirigida al Gobierno de la República Popular Polaca.

2. La denuncia surtirá efecto seis meses después de la recepción por el Gobierno de la República Popular Polaca de la notificación de dicha denuncia.

3. Para las Partes en el presente Protocolo, la denuncia por cualquiera de ellas del Convenio de Varsovia, de acuerdo con su artículo 39, o del Protocolo de La Haya, de acuerdo con su artículo XXIV, no podrá ser interpretada como una denuncia del Convenio de Varsovia, modificado en La Haya en 1955 y por el Protocolo Adicional N° 2 de Montreal de 1975.

## Artículo X
## Reservas

El presente Protocolo no podrá ser objeto de reservas, pero todo Estado podrá declarar en cualquier momento, por notificación dirigida al Gobierno de la República Popular Polaca, que el Convenio, en la forma modificada por el presente Protocolo, no se aplicará al transporte de personas, mercancías y equipaje por sus autoridades militares, en las aeronaves matriculadas en tal Estado y cuya capacidad total haya sido reservada por tales autoridades o por cuenta de las mismas.

## Artículo XI
## Notificaciones

El Gobierno de la República Popular Polaca comunicará, a la mayor brevedad, a todos los Estados Partes en el Convenio de Varsovia y a todos los Estados signatarios o adherentes al presente Protocolo, así como a la Organización de Aviación Civil Internacional, la fecha de cada una de las firmas, la fecha del depósito de cada instrumento de ratificación o adhesión, la fecha de entrada en vigor del presente Protocolo y demás información pertinente.

## Artículo XII
## Convenio de Guadalajara

Para las Partes en el presente Protocolo que sean también Partes en el Convenio Complementario del Convenio de Varsovia para la unificación de ciertas reglas relativas al transporte aéreo internacional efectuado por una persona que no sea el transportista contractual, firmado en Guadalajara el 18 de septiembre de 1961 (en adelante denominado "Convenio de Guadalajara"), toda mención del Convenio de Varsovia contenida en el Convenio de Guadalajara, se aplicará también al Convenio de Varsovia modificado en La Haya en 1955 y por el Protocolo Adicional N° 2 de Montreal de 1975, en los casos en que el transporte efectuado según el contrato mencionado en el párrafo b) del artículo 1 del Convenio de Guadalajara se rija por el presente Protocolo.

## Artículo XIII
## OACI

El presente Protocolo quedará abierto a la firma de todos los Estados en la sede de la Organización de Aviación Civil Internacional hasta el 1° de enero de 1976 y posteriormente, hasta su entrada en vigor de acuerdo con el artículo VII, en el Ministerio de Asuntos Extranjeros de la República Popular Polaca.

La Organización de Aviación Civil Internacional informará a la mayor brevedad al Gobierno de la República Popular Polaca de cualquier firma que reciba y de su fecha en el período en que el Protocolo se encuentre abierto a la firma en Montreal.

En testimonio de lo cual, los Plenipotenciarios que suscriben, debidamente autorizados, firman el presente Protocolo.

Hecho en Montreal, el día veinticinco del mes de septiembre del año mil novecientos setenta y cinco, en cuatro textos auténticos en español, francés, inglés y ruso. En caso de divergencias, hará fe el texto en idioma francés, en que fue redactado el Convenio de Varsovia del 12 de octubre de 1929.

Conforme con su original. Fabio Vio Ugarte, Subsecretario de Relaciones Exteriores Subrogante.

# DECRETO LEY 2.564
# MINISTERIO DE TRANSPORTES Y TELECOMUNICACIONES SUBSECRETARÍA DE TRANSPORTES
# DICTA NORMAS SOBRE AVIACIÓN COMERCIAL, MODIFICA LOS DECRETOS CON FUERZA DE LEY NUMEROS 221, DE 1931, Y 241, DE 1960. Y DEROGA LOS PRECEPTOS QUE SEÑALA
## Publicado en el diario oficial de 22 de junio de 1979

NUM. 2.564. Santiago, 21 de marzo de 1979. Visto: lo dispuesto en los decretos leyes 1 y 128, de 1973; 527, de 1974, y 991, de 1976, y

Considerando:

1° Que la configuración geográfica de Chile y su posición respecto a los grandes centros productores y consumidores del mundo exigen la disponibilidad de servicios de transporte aéreo de la mejor calidad, eficiencia y al menor costo porque ello incide fundamentalmente el desarrollo del país;

2° Que es necesario crear las mejores condiciones de competencia entre todas las empresas interesadas en el servicio del transporte aéreo chileno, a objeto de que éste tenga las características antes señaladas;

3° Que dicha competencia supone la libertad de tarifas y minimizar la intervención de la autoridad estatal, a fin de garantizar la estabilidad de las normas que rigen el transporte aéreo;

4° Que, en consecuencia, se hace necesario, incorporar a la legislación vigente los principios anteriormente enunciados, mediante la derogación y modificación de algunas disposiciones o estableciendo nuevas normas para la aviación comercial,

La Junta de Gobierno de la República de Chile ha acordado dictar el siguiente,

Decreto ley:

**Artículo 1°.** Los servicios de transporte aéreo, sean de cabotaje o internacionales, y toda otra clase de servicios de aeronavegación comercial, podrán realizarse por empresas nacionales o extranjeras, siempre que cumplan con los requisitos de orden técnico y seguro que establezcan las autoridades nacionales.

Corresponderá a la Dirección General de Aeronáutica Civil establecer y controlar los requisitos técnicos y a la Junta de Aeronáutica Civil establecer y controlar los requisitos de seguros.

La Junta de Aeronáutica Civil o la Dirección General de Aeronáutica Civil, según corresponda, podrán ordenar la suspensión de las actividades de las aeronaves o empresas de aeronavegación que no cumplan los requisitos técnicos o de seguros que hayan dictado.

**Artículo 2°.** Se aplicará lo dispuesto en el inciso primero del artículo anterior a las empresas de aeronavegación extranjeras siempre que, en las rutas en que operen, los otros Estados otorguen condiciones similares para las empresas aéreas chilenas, cuando éstas lo soliciten.

Si en alguna ruta otro Estado limitare las condiciones para prestar servicios de aeronavegación comercial a empresas o aeronaves chilenas, la Junta de Aeronáutica Civil podrá disponer suspensiones provisionales hasta por 30 días de cualquier servicio de aeronavegación comercial de las empresas que operen en dicha ruta. Si persistiera la limitación que afecta a las empresas o aeronaves chilenas, el Presidente de la República, mediante decreto del Ministerio de Transportes y Telecomunicaciones y previo informe de la Junta de Aeronáutica Civil, podrá suspender, terminar o limitar cualquier servicio de aeronavegación comercial de las empresas extranjeras que operen en dicha ruta.

En las rutas en que por disposición de otro Estado no exista libertad tarifaria, la Junta de Aeronáutica Civil tendrá facultad para fijar las tarifas, pudiendo para tal efecto realizar negociaciones con la autoridad aeronáutica de ese Estado. En caso de infracción a las tarifas fijadas por la Junta de Aeronáutica Civil, ésta podrá suspender uno o más vuelos del servicio correspondiente.

En los casos en que las tarifas no hayan sido fijadas por la Junta de Aeronáutica Civil, según lo dispuesto en el inciso anterior, las empresas de aeronavegación comercial deberán registrar ante este Organismo las tarifas que aplicarán. El incumplimiento de esta obligación, así como de la establecida en el artículo 12 del decreto con fuerza de ley N° 241, de 1960, podrá ser sancionado por la Junta de Aeronáutica Civil con la suspensión de uno o más vuelos de la empresa correspondiente.

La Junta de Aeronáutica Civil, por resolución fundada, podrá terminar, suspender o limitar los servicios de cabotaje u otra clase de servicios de aeronavegación comercial, que se realicen exclusivamente dentro del territorio nacional por empresas o aeronaves extranjeras, si en su país de origen no se otorga o reconoce efectivamente el derecho a igual trato a las empresas o aeronaves chilenas. De la resolución anterior, el interesado podrá pedir reposición ante la misma Junta de Aeronáutica Civil, acompañando nuevos antecedentes.

El Presidente de la República, mediante decreto que deberá ser suscrito por los Ministros de Defensa Nacional y de Transportes y Telecomunicaciones, podrá terminar, suspender o limitar la operación de cualquier empresa o aeronave en todos los casos en que la seguridad nacional lo requiera.

**Artículo 3°.** Si de acuerdo a convenios internacionales o por razones de reciprocidad, se dispusiere de un número inferior de frecuencias internacionales en una ruta determinada que operadores nacionales interesados para operar en ella, tales frecuencias se asignarán a estos operadores por la Junta de Aeronáutica Civil mediante licitación pública, de acuerdo con las condiciones y procedimientos que fije el reglamento.

Las sumas provenientes de dichas asignaciones ingresarán a fondos generales de la Nación y deberán pagarse por los asignatarios en la Tesorería General de la República, en la forma que establezca el citado reglamento.

Para los casos en que sea necesaria la reducción del número de frecuencias, el reglamento establecerá el orden en que los operadores nacionales deban ser afectados por la reducción. Si las frecuencias que deban suprimirse hubieren sido adquiridas por medio de licitación, se restituirá el monto de lo pagado por la frecuencia que se reduce, para lo cual deberán contemplarse en el presupuesto del Ministerio de Transportes y Telecomunicaciones, correspondiente al año inmediatamente siguiente a la fecha de dicha reducción, los fondos necesarios para pagar la referida suma reajustada de acuerdo a la variación del Índice de Precios al Consumidor, según el procedimiento que señale el reglamento.

La empresa que desee retirar una o más frecuencias en una ruta determinada, podrá transferirla libremente a otros operadores nacionales. La transferencia comprenderá, en su caso, el derecho a que se refiere el inciso anterior, con arreglo al reglamento.

El reglamento establecerá los casos en que se entenderá abandonada una frecuencia en una ruta determinada para los efectos de que la Junta de Aeronáutica Civil disponga su asignación a otro operador.

En los casos no contemplados en el reglamento a que se refiere este artículo, resolverá la Junta de Aeronáutica Civil conforme a su ley orgánica.

**Artículo 4°.** Introdúcense las siguientes modificaciones al decreto con fuerza de ley N° 221, de 1931:

a) Reemplázase el artículo 7° por el siguiente:

"Podrán matricularse en Chile solamente las aeronaves chilenas.

Son aeronaves chilenas las que pertenecen a personas naturales chilenas o a personas jurídicas constituidas en el país en conformidad a las leyes chilenas y mientras mantengan en Chile su domicilio principal y la sede real y efectiva.

Si la aeronave pertenece a una comunidad, será chilena cuando la mayoría de los derechos comunitarios corresponda a personas naturales o jurídicas chilenas.

Con todo, la autoridad aeronáutica podrá permitir la matrícula de aeronaves pertenecientes a personas naturales o jurídicas extranjeras, siempre que tengan o ejerzan en el país algún empleo, profesión o industria permanente. Igual autorización podrá concederse respecto de aeronaves operadas, a cualquier título, por empresas de aeronavegación chilena".

b) Elimínase del artículo 23° la frase "quedándoles prohibido ejercer el cabotaje tanto comercial como postal, el que queda reservado a las aeronaves chilenas" y, sustitúyese, después de las palabras "Convenios Internacionales", la coma (,) por un punto (.).

**Artículo 5°.** Reemplázase el N° 5 del artículo del decreto con fuerza de ley N° 241, de 1960, por el siguiente:

"Ejecutar los decretos del Presidente de la República en materia de terminación, suspensión o limitación de servicios de transporte aéreo de empresas extranjeras, dictados por razones de reciprocidad o de seguridad nacional".

**Artículo 6°.** Estarán exentos del impuesto adicional establecido en la Ley de la Renta, los pagos y abonos en cuenta efectuados a personas no domiciliadas ni residentes en el país por las empresas aéreas comerciales nacionales, que hagan en virtud de asesorías técnicas, servicios prestados al exterior, intereses, o por cualquier otro concepto que diga relación con las actividades comprendidas dentro de su giro ordinario.

En todo caso, para los efectos de esta exención, las empresas aéreas comerciales nacionales deberán mantener un registro con la individualización del perceptor de la renta, monto de los pagos al exterior o abonos en cuenta, destino, naturaleza y origen de éstas, a la vez de tener accesible y ordenadamente la documentación que justifique el pago de estas obligaciones.

**Artículo 7°.** Agrégase el siguiente inciso final al artículo 36 del decreto ley N° 825, de 1974:

"Los prestadores de servicios que efectúen transporte aéreo de carga y pasajeros desde el exterior hacia Chile y viceversa, gozarán respecto de estas operaciones del mismo tratamiento indicado en los incisos anteriores".

**Artículo 8°.** Facúltase al Tesorero General de la República para recibir en pago del Impuesto al Valor Agregado generado en la importación o en los contratos de arrendamiento de aeronaves, pagarés o letras de cambio por el monto total de dicho impuesto. Los referidos documentos no devengarán intereses ni reajustes, y su fecha de vencimiento se fijará en el último día del plazo para declarar y pagar el IVA correspondiente al sexto período tributario del citado impuesto, siguiente a la liquidación de la póliza respectiva.

INCISO SEGUNDO. DEROGADO.

Al vencimiento del pagaré o letra el importador podrá imputar los remanentes del crédito fiscal de Impuesto al Valor Agregado, incluido el originado por el pago al que se refiere el inciso anterior, a la cancelación del referido pagaré o letra. El remanente que pudiera producirse a favor del contribuyente podrá imputarse al pago de cualquier clase de impuesto fiscal, incluso de retención, y a los derechos, tasas y demás gravámenes que se perciban por intermedio de las aduanas, y optar por que le sean reembolsados por la Tesorería General de la República.

**Artículo 9°.** DEROGADO.

**Artículo 10°.** Deróganse los números 6, 7, 12 y 13, del artículo 6°, y los artículos 7°, 9° y 10° del DFL.

N° 241, de 1960; los números 9 y 10 del párrafo VI, del artículo 1°, de la ley número 16.436; la ley número 17.799; el artículo 14 del DFL. N° 3, de 1969, dictado a virtud del artículo 115 de la ley N° 17.072; los artículos 4° y 7° del decreto supremo N° 34, de Aviación, de 1968, y toda otra norma legal o reglamentaria que resulte contradictoria o incompatible con lo prescrito en el presente decreto ley.

Regístrese en la Contraloría General de la República, publíquese en el Diario Oficial e insértese en la Recopilación Oficial de dicha Contraloría. AUGUSTO PINOCHET UGARTE, General de Ejército, Presidente de la República. FERNANDO MATTHEI AUBEL, General del Aire, Comandante en Jefe de la Fuerza Aérea de Chile. ARTURO TRONCOSO DAROCH, Vicealmirante, Comandante en Jefe de la Armada subrogante. MARIO MACKAY JARAQUEMADA, General Director de Carabineros subrogante. Jose Luis Federici Rojas, Ministro de Transportes y Telecomunicaciones. Pedro Larrondo Jara, Capitán de Navío (AB), Ministro de Hacienda subrogante.

Lo que transcribo para su conocimiento. Saluda a US. Enrique Yávar Martín, Coronel de Ejército (R), Subsecretario de Transportes.

# DECRETO SUPREMO N° 148
# MINISTERIO DE DEFENSA NACIONAL
# SUBSECRETARÍA DE AVIACIÓN
# APRUEBA "REGLAMENTO DEL PROCEDIMIENTO INFRACCIONAL AERONÁUTICO" (DAR- 51)
# Publicado en el Diario Oficial de 25 de noviembre de 2004

---

Núm. 148. Santiago, 8 de septiembre de 2004. Vistos: lo dispuesto en el artículo 32 N° 8 de la Constitución Política del Estado; el artículo 3° letra r) de la ley N° 16.752, y el artículo N° 184 del Código Aeronáutico.

Considerando: que es necesario dictar un nuevo Reglamento del Procedimiento Infraccional Aeronáutico, que se adecue a la ley N° 19.880 que establece las bases de los procedimientos administrativos que rigen los actos de los Órganos de la Administración del Estado, y a lo dispuesto, en su parte pertinente, por el Código Aeronáutico, y lo propuesto por la Dirección General Aeronáutica Civil mediante los oficios DGAC (O) N° 05/0/925/3027, de fecha 22.Jun.2004, y DGAC (O) N° 05/0/1186/4162, de fecha 12.Ago.2004.

DECRETO:

**Artículo primero:** Apruébase el siguiente "Reglamento del Procedimiento Infraccional Aeronáutico", que se denominará en la reglamentación como DAR-51:

## CAPÍTULO 1
## APLICACIÓN

El presente reglamento regula el procedimiento a que se refieren los artículos 185 y siguientes de la ley N° 18.916, Código Aeronáutico.

## CAPÍTULO 2
## DISPOSICIONES GENERALES

2.1 La responsabilidad de los infractores a la legislación y reglamentación aeronáutica se establecerá conforme al procedimiento previsto en el Código Aeronáutico y este reglamento, y se sancionará de acuerdo con el artículo 185 del citado cuerpo legal.

2.2 La comparecencia de los presuntos infractores ante la Dirección General de Aeronáutica Civil, en adelante la Dirección General, en el proceso infraccional, será personal. Sin embargo, podrán hacerlo por intermedio de apoderados cuando conste su poder en escritura pública o documento privado suscrito ante Notario.

Cuando la Dirección General lo disponga de oficio o a solicitud de los presuntos infractores, las actuaciones del proceso podrán realizarse por medios electrónicos que permitan su adecuada recepción, registro y control.

2.3 Las notificaciones que deban practicarse conforme al procedimiento infraccional se efectuarán por carta certificada, entendiéndose practicada al tercer día de haber sido recibida por la Oficina de Correos que corresponda. Las notificaciones a los titulares de licencia aeronáutica serán hechas, de conformidad a lo dispuesto en el inciso anterior, al domicilio que registren en su hoja de vida o a otro que pudiere ser determinado por algún medio acreditable.

Las notificaciones podrán, también, hacerse de modo personal por medio de un empleado o funcionario de la Dirección General de Aeronáutica Civil, el cual deberá dejar copia íntegra del acto o resolución que se notifica en el domicilio del interesado, dejando constancia de tal hecho.

2.4 Los plazos establecidos en el presente reglamento serán de días hábiles, entendiéndose que son inhábiles los días sábados, los domingos y festivos.

2.5 Cuando se tramiten separadamente dos o más investigaciones infraccionales, que deban constituir un solo procedimiento y terminar por una sola resolución, por guardar identidad sustancial o íntima conexión, tendrá lugar la acumulación de expedientes, la que se decretará de oficio o a petición del interesado.

2.6 Las multas impuestas por la Dirección General serán a beneficio fiscal y deberán ser pagadas dentro del plazo de 30 días contados desde que la resolución que la aplica se encuentre ejecutoriada. El no pago oportuno de dicha multa generará los intereses establecidos en la ley.

2.7 Las infracciones que no constituyan delito serán sancionadas conforme lo establecido el artículo 185 del Código Aeronáutico, luego de una investigación del hecho constitutivo de la infracción que considerará los siguientes elementos: a) La naturaleza de la acción u omisión; b) El lugar, los instrumentos y medios empleados; c) La forma de ejecución; d) Las circunstancias en que se incurrió en la infracción; e) El grado de peligrosidad causado; f) La edad, instrucción y experiencia del infractor, g) La conducta anterior, reincidencia, indisciplina y negligencia del infractor, h) la colaboración eficaz con la investigación, a través de la autodenuncia o el aporte de antecedentes nuevos en el proceso que hayan sido determinantes para acreditar los hechos materia de la investigación.

## CAPÍTULO 3
## PROCEDIMIENTO INFRACCIONAL

3.1 La investigación de actos u omisiones que pudieren revestir el carácter de infracción a la legislación o reglamentación aeronáutica se iniciará por denuncia o de oficio por la Dirección General.

3.2 La denuncia es el acto formal en virtud del cual una persona pone en conocimiento de la Dirección General o de cualquiera de sus organismos, conductas u omisiones que constituyan o puedan constituir, según se determine en definitiva, una infracción a la legislación o reglamentación aeronáutica.

Toda denuncia deberá reunir los siguientes requisitos:

a) Nombre y apellidos del denunciante y, en su caso, de su apoderado, así como la identificación del medio preferente o del lugar que se señale para los efectos de las notificaciones;

b) La descripción precisa y clara de los hechos, conductas u omisiones que constituirían la infracción, con indicación del lugar, año, mes, día y hora si fuere posible, en que habría ocurrido o se habría tomado conocimiento;

c) Firma del denunciante o acreditación de la autenticidad de su voluntad expresada por cualquier medio habilitado.

Los denunciantes podrán acompañar los documentos que estimen convenientes para precisar o completar los datos de su denuncia.

3.3 Las denuncias que no cumplieren con las letras a) y b) del artículo anterior podrán ser desechadas de plano por la Dirección General, salvo que, atendida la gravedad de los hechos denunciados, estime procedente actuar de oficio.

El desistimiento de la denuncia no pone fin al procedimiento infraccional.

3.4 El procedimiento infraccional será de oficio cuando la Dirección General, a través de cualquiera de los órganos que la conforman, en ejercicio de sus facultades legales y sin que medie denuncia formal al respecto, tome conocimiento de un acto u omisión que pudiere constituir infracción al Código Aeronáutico, a la legislación, reglamentación o a la normativa aeronáutica.

3.5 La investigación se iniciará mediante una resolución que dispondrá las diligencias que la autoridad aeronáutica estime pertinentes para la determinación de los hechos y la responsabilidad infraccional.

3.6 Cuando la Dirección General recibiere una denuncia respecto a una conducta que pudiere revestir caracteres de delito, o así se apareciere durante el procedimiento infraccional, remitirá los antecedentes respectivos al Tribunal competente, suspendiéndose la investigación, sin perjuicio de adoptar las medidas que sean necesarias para resguardar la seguridad de las operaciones.

3.7 La declaración del denunciado o de las personas involucradas en los hechos investigados deberá prestarse personalmente ante la Autoridad Aeronáutica, de forma presencial o por medios electrónicos.

Si no se prestare tal declaración, las resoluciones que se dictaren en la Investigación Infraccional se tendrán por notificadas personalmente al rebelde en la misma fecha en que se pronunciaren.

El procedimiento continuará en rebeldía de quien debió declarar, dictándose una resolución en tal sentido.

3.8 Una vez rendida la declaración del denunciado o de las personas involucradas en los hechos investigados, o en su rebeldía, y realizadas las diligencias que hubieren sido decretadas, la Dirección General resolverá si existe mérito suficiente para formular cargos, decretar nuevas diligencias, o bien, sobreseer la investigación.

3.9 Si hubiere mérito suficiente, la Dirección General, mediante resolución dictada al efecto, formulará cargos, los que serán notificados al presunto infractor. La formulación de cargos contendrá:

a) La individualización de la o las personas a quienes se formula el cargo;

b) La relación precisa y clara de los hechos constitutivos de infracción al Código Aeronáutico, a la legislación, reglamentación o normativa aeronáutica;

c) La formulación del cargo con expresión de la disposición o normativa que se habría infringido;

d) La indicación del plazo que tiene el afectado para formular sus descargos, el cual será de 5 días contados desde notificada la resolución dictada al efecto. En casos debidamente calificados, podrá prorrogarse el mismo por otros 5 días, siempre que la prórroga haya sido solicitada antes del vencimiento del plazo.

3.10 El sobreseimiento será resuelto por la Dirección General de oficio o a petición del interesado, en cualquiera de los siguientes casos, cuando: a) Durante la investigación no aparezcan presunciones de que se haya verificado el hecho que dio motivo a ésta; b) El hecho investigado no constituya infracción al Código Aeronáutico, legislación, reglamentación o normativa aeronáutica; c) Aparezca claramente establecida la inocencia del denunciado o de quienes hayan tenido participación en los hechos investigados; d) El hecho investigado haya sido objeto anteriormente de una investigación infraccional resuelta; e) En los demás casos previstos por la ley.

Por el sobreseimiento se termina el procedimiento infraccional.

3.11 La resolución que formule los cargos será notificada al presunto infractor, quien dispondrá del plazo señalado en la letra d) del numeral 3.9, para formular sus descargos, debiendo acompañar a este todos los antecedentes y medios probatorios que pretenda hacer valer. En el mismo escrito podrá solicitar se abra un término probatorio de 5 días hábiles, que podrá ser prorrogable por otros 5 días, siempre que la prórroga haya sido solicitada antes del vencimiento.

3.12 Formulados los descargos o vencido el plazo fijado en el artículo anterior, o el probatorio en su caso, la investigación infraccional quedará en estado de ser resuelta.

Antes de la resolución que cierra la investigación, la Dirección General podrá decretar las medidas para mejor resolver que estime pertinentes, las que deberán ser notificadas al presunto infractor, dentro de los plazos previstos en el artículo 45 la Ley N° 19.880.

3.13 En mérito de los antecedentes que obren en el expediente respectivo, la Dirección General procederá, si no hubiere mérito para sobreseer, a declarar cerrada la investigación infraccional, determinando la responsabilidad que corresponda al infractor y aplicándole la sanción respectiva.

3.14 La resolución que imponga sanción al infractor podrá ser objeto de un Recurso de Reposición administrativo ante la Dirección General, o bien, de un Recurso de Reclamación ante el Comandante en Jefe de la Fuerza Aérea de Chile en los casos previstos en el artículo 188 del Código Aeronáutico.

El recurso de reposición deberá ser interpuesto dentro del plazo de 5 días contados desde la notificación de la resolución de término que imponga la sanción. El recurso de reclamación se interpondrá en los casos y en el plazo señalado en el artículo 188 del Código Aeronáutico, pudiendo presentarse en el mismo escrito y en subsidio del recurso de reposición.

3.15 La resolución que imponga una multa tendrá mérito ejecutivo, sirviendo de título suficiente una copia suya autorizada por el Director General de Aeronáutica Civil. Además, en tanto no se pague la multa, quedará ipso facto suspendido el permiso o licencia.

**Artículo segundo:** Derógase el "Reglamento de Sanción por Infracciones a la Legislación y Disposiciones Aeronáuticas", aprobado por decreto supremo (Av.) N° 258, de 1993, y sus modificaciones.

Anótese, tómese razón y publíquese en el Diario Oficial. RICARDO LAGOS ESCOBAR, Presidente de la República. Francisco Vidal Salinas, Ministro de Defensa Nacional Subrogante.

Lo que se transcribe para su conocimiento. Carlos Parra Merino, Subsecretario de Aviación.

# DECRETO N° 56
# PROMULGA EL CONVENIO PARA LA UNIFICACIÓN DE CIERTAS REGLAS PARA EL TRANSPORTE AÉREO INTERNACIONAL
## Publicado en el Diario Oficial de 19 de mayo de 2009

Núm. 56. Santiago, 24 de marzo de 2009. Vistos: Los artículos 32, N° 15, y 54, N° 1), de la Constitución Política de la República.

Considerando:

Que con fecha 28 de mayo de 1999, los Estados Miembros de la Organización de la Aviación Civil Internacional, adoptaron en Montreal (OACI), Canadá, el Convenio para la Unificación de Ciertas Reglas para el Transporte Aéreo Internacional.

Que dicho Convenio fue aprobado por el H. Congreso Nacional, según consta en el oficio N° 7.811, de 20 de noviembre de 2008, de la Honorable Cámara de Diputados.

Que el Instrumento de Ratificación del mencionado Convenio se depositó el 19 de marzo de 2009 en la Secretaría General de la OACI y en consecuencia, entrará en vigor internacional el 19 de mayo de 2009, con la siguiente reserva:

"La República de Chile declara que el Convenio de Montreal de 1999 no se aplicará al transporte de personas, carga y equipaje efectuado para sus autoridades militares en aeronaves matriculadas en ese Estado Parte, o arrendadas por éste, y cuya capacidad total ha sido reservada por esas autoridades o en nombre de las mismas",

Decreto:

**Artículo único.** Promúlganse el Convenio para la Unificación de Ciertas Reglas para el Transporte Aéreo Internacional, adoptado en Montreal,

Canadá, el 28 de mayo de 1999; cúmplase y publíquese copia autorizada de su texto en el Diario Oficial.

Anótese, tómese razón, regístrese y publíquese. MICHELLE BACHELET JERIA, Presidenta de la República. Mariano Fernández Amunátegui, Ministro de Relaciones Exteriores.

Lo que transcribo a US., para su conocimiento. Gonzalo Arenas Valverde, Embajador, Director General Administrativo.

## CONVENIO PARA LA UNIFICACIÓN DE CIERTAS REGLAS PARA EL TRANSPORTE AÉREO INTERNACIONAL

Hecho en Montreal el 28 de mayo de 1999

Organización de Aviación Civil Internacional

Los Estados Partes en el presente Convenio;

Reconociendo la importante contribución del Convenio para la unificación de ciertas reglas relativas al transporte aéreo internacional, firmado en Varsovia el 12 de octubre de 1929, en adelante llamado "Convenio de Varsovia", y de otros instrumentos conexos para la armonización del derecho aeronáutico internacional privado;

Reconociendo la necesidad de modernizar y refundir el Convenio de Varsovia y los instrumentos conexos;

Reconociendo la importancia de asegurar la protección de los intereses de los usuarios del transporte aéreo internacional y la necesidad de una indemnización equitativa fundada en el principio de restitución;

Reafirmando la conveniencia de un desarrollo ordenado de las operaciones de transporte aéreo internacional y de la circulación fluida de pasajeros, equipaje y carga conforme a los principios y objetivos del Convenio sobre Aviación Civil Internacional, hecho en Chicago el 7 de diciembre de 1944;

Convencidos de que la acción colectiva de los Estados para una mayor armonización y codificación de ciertas reglas que rigen el transporte aéreo internacional mediante un nuevo convenio es el medio más apropiado para lograr un equilibrio de intereses equitativo;

Han convenido lo siguiente:

## CAPÍTULO 1
## DISPOSICIONES GENERALES

### Artículo 1. Ámbito de aplicación

1. El presente Convenio se aplica a todo transporte internacional de personas, equipaje o carga efectuado en aeronaves, a cambio de una remuneración. Se aplica igualmente al transporte gratuito efectuado en aeronaves por una empresa de transporte aéreo.

2. Para los fines del presente Convenio, la expresión transporte internacional significa todo transporte en que, conforme a lo estipulado por las partes, el punto de partida y el punto de destino, haya o no interrupción en el transporte o transbordo, están situados, bien en el territorio de dos Estados Partes, bien en el territorio de un solo Estado Parte si se ha previsto una escala en el territorio de cualquier otro Estado, aunque éste no sea un Estado parte. El transporte entre dos puntos dentro del territorio de un solo Estado Parte, sin una escala convenida en el territorio de otro Estado, no se considerará transporte internacional para los fines del presente Convenio.

3. El transporte que deban efectuar varios transportistas sucesivamente constituirá, para los fines del presente Convenio, un solo transporte cuando las partes lo hayan considerado como una sola operación, tanto si ha sido objeto de un solo contrato como de una serie de contratos; y no perderá su carácter internacional por el hecho de que un solo contrato o una serie de contratos deban ejecutarse íntegramente en el territorio del mismo Estado.

4. El presente Convenio se aplica también al transporte previsto en el Capítulo V, con sujeción a las condiciones establecidas en el mismo.

### Artículo 2. Transporte efectuado por el Estado y transporte de envíos postales

1. El presente Convenio se aplica al transporte efectuado por el Estado o las demás personas jurídicas de derecho público en las condiciones establecidas en el Artículo 1.

2. En el transporte de envíos postales, el transportista será responsable únicamente frente a la administración postal correspondiente, de conformidad con las normas aplicables a las relaciones entre los transportistas y las administraciones postales.

3. Salvo lo previsto en el párrafo 2 de este Artículo, las disposiciones del presente Convenio no se aplicarán al transporte de envíos postales.

## CAPÍTULO II
## DOCUMENTACIÓN Y OBLIGACIONES DE LAS PARTES RELATIVAS AL TRANSPORTE DE PASAJEROS, EQUIPAJE Y CARGA

### Artículo 3. Pasajeros y equipaje

1. En el transporte de pasajeros se expedirá un documento de transporte, individual o colectivo, que contenga:

a) la indicación de los puntos de partida y destino;

b) si los puntos de partida y destino están situados en el territorio de un solo Estado Parte y se han previsto una o más escalas en el territorio de otro Estado, la indicación de por lo menos una de esas escalas.

2. Cualquier otro medio en que quede constancia de la información señalada en el párrafo 1 podrá sustituir a la expedición del documento mencionado en dicho párrafo. Si se utilizase uno de esos medios, el transportista ofrecerá al pasajero expedir una declaración escrita de la información conservada por esos medios.

3. El transportista entregará al pasajero un talón de identificación de equipaje por cada bulto de equipaje facturado.

4. Al pasajero se le entregará un aviso escrito indicando que cuando sea aplicable el presente Convenio, éste regirá la responsabilidad del transportista por muerte o lesiones, y por destrucción, pérdida o avería del equipaje, y por retraso.

5. El incumplimiento de las disposiciones de los párrafos precedentes no afectará a la existencia ni a la validez del contrato de transporte que, no obstante, quedará sujeto a las reglas del presente Convenio incluyendo las relativas a los límites de responsabilidad.

## Artículo 4. Carga

1. En el transporte de carga, se expedirá una carta de porte aéreo.

2. Cualquier otro medio en que quede constancia del transporte que deba efectuarse podrá sustituir a la expedición de la carta de porte aéreo. Si se utilizasen otros medios, el transportista entregará al expedidor, si así lo solicitara este último, un recibo de carga que permita la identificación del envío y el acceso a la información de la que quedó constancia conservada par esos medios.

## Artículo 5. Contenido de la carta de porte aéreo o del recibo de carga

La carta de porte aéreo o el recibo de carga deberán incluir:

a) la indicación de los puntos de partida y destino;

b) si los puntos de partida y destino están situados en el territorio de un solo Estado Parte y se han previsto una o más escalas en el territorio de otro Estado, la indicación de por lo menos una de esas escalas; y

c) la indicación del peso del envío.

## Artículo 6. Documento relativo a la naturaleza de la carga

Al expedidor podrá exigírsele, si es necesario para cumplir con las formalidades de aduanas, policía y otras autoridades públicas similares, que entregue un documento indicando la naturaleza de la carga. Esta disposición no crea para el transportista ningún deber, obligación ni responsabilidad resultantes de lo anterior.

## Artículo 7. Descripción de la carta de porte aéreo

1. La carta de porte aéreo la extenderá el expedidor en tres ejemplares originales.

2. El primer ejemplar llevará la indicación "para el transportista", y lo firmará el expedidor. El segundo ejemplar llevará la indicación "para el destinatario", y lo firmarán el expedidor y el transportista. El tercer ejemplar lo firmará el transportista, que lo entregará al expedidor, previa aceptación de la carga.

3. La firma del transportista y la del expedidor podrán ser impresas o remplazadas por un sello.

4. Si, a petición del expedidor, el transportista extiende la carta de porte aéreo, se considerará, salvo prueba en contrario, que el transportista ha actuado en nombre del expedidor.

### Artículo 8. Documentos para varios bultos

Cuando haya más de un bulto:

a) el transportista de la carga tendrá derecho a pedir al expedidor que extienda cartas de porte aéreo separadas;

b) el expedidor tendrá derecho a pedir al transportista que entregue recibos de carga separados cuando se utilicen los otros medios previstos en el párrafo 2 del Artículo 4.

### Artículo 9. Incumplimiento de los requisitos para los documentos

El incumplimiento de las disposiciones de los Artículos 4 a 8 no afectará a la existencia ni a la validez del contrato de transporte que, no obstante, quedará sujeto a las reglas del presente Convenio, incluso las relativas a los límites de responsabilidad.

### Artículo 10. Responsabilidad por las indicaciones inscritas en los documentos

1. El expedidor es responsable de la exactitud de las indicaciones y declaraciones concernientes a la carga inscritas por él o en su nombre en la carta de porte aéreo, o hechas por él o en su nombre al transportista para que se inscriban en el recibo de carga o para que se incluyan en la constancia conservada por los otros medios mencionados en el párrafo 2 del Artículo 4. Lo anterior se aplicará también cuando la persona que actúa en nombre del expedidor es también dependiente del transportista.

2. El expedidor indemnizará al transportista de todo daño que haya sufrido éste, o cualquier otra persona con respecto a la cual el transportista

sea responsable, como consecuencia de las indicaciones y declaraciones irregulares, inexactas o incompletas hechas por él o en su nombre.

3. Con sujeción a las disposiciones de los párrafos 1 y 2 de este Artículo, el transportista deberá indemnizar al expedidor de todo daño que haya sufrido éste, o cualquier otra persona con respecto a la cual el expedidor sea responsable, como consecuencia de las indicaciones y declaraciones irregulares, inexactas o incompletas inscritas por el transportista o en su nombre en el recibo de carga o en la constancia conservada por los otros medios mencionados en el párrafo 2 del Artículo 4.

## Artículo 11. Valor probatorio de los documentos

1. Tanto la carta de porte aéreo como el recibo de carga constituyen presunción, salvo prueba en contrario, de la celebración del contrato, de la aceptación de la carga y de las condiciones de transporte que contengan.

2. Las declaraciones de la carta de porte aéreo o del recibo de carga relativas al peso, las dimensiones y el embalaje de carga, así como al número de bultos constituyen presunción, salvo prueba en contrario, de los hechos declarados; las indicaciones relativas a la cantidad, el volumen y el estado de la carga no constituyen prueba contra el transportista, salvo cuando éste las haya comprobado en presencia del expedidor y se hayan hecho constar en la carta de porte aéreo o el recibo de carga, o que se trate de indicaciones relativas al estado aparente de la carga.

## Artículo 12. Derecho de disposición de la carga

1. El expedidor tiene derecho, a condición de cumplir con todas las obligaciones resultantes del contrato de transporte, a disponer de la carga retirándola del aeropuerto de salida o de destino, o deteniéndola en el curso del viaje en caso de aterrizaje, o haciéndola entregar en el lugar de destino o en el curso del viaje a una persona distinta del destinatario originalmente designado, o pidiendo que sea devuelta al aeropuerto de partida. El expedidor no ejercerá este derecho de disposición de forma que perjudique al transportista ni a otros expedidores y deberá reembolsar todos los gastos ocasionados por el ejercicio de este derecho.

2. En caso de que sea imposible ejecutar las instrucciones del expedidor, el transportista deberá avisarle inmediatamente.

3. Si el transportista cumple las instrucciones del expedidor respecto a la disposición de la carga sin exigir la presentación del ejemplar de la carta de porte aéreo o del recibo de carga entregado a este último será responsable, sin perjuicio de su derecho a resarcirse del expedidor, del daño que se pudiera causar por este hecho a quien se encuentre legalmente en posesión de ese ejemplar de la carta de porte aéreo o del recibo de carga.

4. El derecho del expedidor cesa en el momento en que comienza el del destinatario, conforme al Artículo 13. Sin embargo, si el destinatario rehúsa aceptar la carga o si no es hallado, el expedidor recobrará su derecho de disposición.

## Artículo 13. Entrega de la carga

1. Salvo cuando el expedidor haya ejercido su derecho en virtud del Artículo 12, el destinatario tendrá derecho, desde la llegada de la carga al lugar de destino, a pedir al transportista que le entregue la carga a cambio del pago del importe que corresponda y del cumplimiento de las condiciones de transporte.

2. Salvo estipulación en contrario, el transportista debe avisar al destinatario de la llegada de la carga, tan pronto como ésta llegue.

3. Si el transportista admite la pérdida de la carga, o si la carga no ha llegado a la expiración de los siete días siguientes a la fecha en que debería haber llegado, el destinatario podrá hacer valer contra el transportista los derechos que surgen del contrato de transporte.

## Artículo 14. Ejecución de los derechos del expedidor y del destinatario

El expedidor y el destinatario podrán hacer valer, respectivamente, todos los derechos que les conceden los Artículos 12 y 13, cada uno en su propio nombre, sea en su propio interés, sea en el interés de un tercero, a condición de cumplir las obligaciones que el contrato de transporte impone.

## Artículo 15. Relaciones entre el expedidor y el destinatario y relaciones entre terceros

1. Los Artículos 12, 13 y 14 no afectan a las relaciones del expedidor y del destinatario entre sí, ni a las relaciones entre terceros cuyos derechos provienen del expedidor o del destinatario.

2. Las disposiciones de los Artículos 12, 13 y 14 sólo podrán modificarse mediante una cláusula explícita consignada en la carta de porte aéreo o en el recibo de carga.

## Artículo 16. Formalidades de aduanas, policía u otras autoridades públicas

1. El expedidor debe proporcionar la información y los documentos que sean necesarios para cumplir con las formalidades de aduanas, policía y cualquier otra autoridad pública antes de la entrega de la carga al destinatario. El expedidor es responsable ante el transportista de todos los daños que pudieran resultar de la falta, insuficiencia o irregularidad de dicha información o de los documentos, salvo que ello se deba a la culpa del transportista, sus dependientes o agentes.

2. El transportista no está obligado a examinar si dicha información o los documentos son exactos o suficientes.

# CAPÍTULO III
# Responsabilidad del transportista y medida de la indemnización del daño

## Artículo 17. Muerte y lesiones de los pasajeros - Daño del equipaje

1. El transportista es responsable del daño causado en caso de muerte o de lesión corporal de un pasajero por la sola razón de que el accidente que causó la muerte o lesión se haya producido a bordo de la aeronave o durante cualquiera de las operaciones de embarque o desembarque.

2. El transportista es responsable del daño causado en caso de destrucción, pérdida o avería del equipaje facturado por la sola razón de que el

hecho que causó la destrucción, pérdida o avería se haya producido a bordo de la aeronave o durante cualquier período en que el equipaje facturado se hallase bajo la custodia del transportista. Sin embargo, el transportista no será responsable en la medida en que el daño se deba a la naturaleza, a un defecto o a un vicio propios del equipaje. En el caso de equipaje no facturado, incluyendo los objetos personales, el transportista es responsable si el daño se debe a su culpa o a la de sus dependientes o agentes.

3. Si el transportista admite la pérdida del equipaje facturado, o si el equipaje facturado no ha llegado a la expiración de los veintiún días siguientes a la fecha en que debería haber llegado, el pasajero podrá hacer valer contra el transportista los derechos que surgen del contrato de transporte.

4. A menos que se indique otra cosa, en el presente Convenio el término "equipaje" significa tanto el equipaje facturado como el equipaje no facturado.

## Artículo 18. Daño de la carga

1. El transportista es responsable del daño causado en caso de destrucción o pérdida o avería de la carga, por la sola razón de que el hecho que causó el daño se haya producido durante el transporte aéreo.

2. Sin embargo, el transportista no será responsable en la medida en que pruebe que la destrucción o pérdida o avería de la carga se debe a uno o más de los hechos siguientes:

a) la naturaleza de la carga, o un defecto o un vicio propios de la misma;

b) el embalaje defectuoso de la carga, realizado por una persona que no sea el transportista o alguno de sus dependientes o agentes;

c) un acto de guerra o un conflicto armado;

d) un acto de la autoridad pública ejecutado en relación con la entrada, la salida o el tránsito de la carga.

3. El transporte aéreo, en el sentido del párrafo I de este Artículo, comprende el período durante el cual la carga se halla bajo la custodia del transportista.

4. El período del transporte aéreo no comprende ningún transporte terrestre, marítimo ni por aguas interiores efectuado fuera de un aeropuerto. Sin embargo, cuando dicho transporte se efectúe durante la ejecución de un contrato de transporte aéreo, para fines de carga, entrega o transbordo, todo daño se presumirá, salvo prueba en contrario, como resultante de un hecho ocurrido durante el transporte aéreo. Cuando un transportista, sin el consentimiento del expedidor, reemplace total o parcialmente el transporte previsto en el acuerdo entre las partes como transporte aéreo por otro modo de transporte, el transporte efectuado por otro modo se considerará comprendido en el período de transporte aéreo.

**Artículo 19. Retraso**

El transportista es responsable del daño ocasionado por retrasos en el transporte aéreo de pasajeros, equipaje o carga. Sin embargo, el transportista no será responsable del daño ocasionado por retraso si prueba que él y sus dependientes y agentes adoptaron todas las medidas que eran razonablemente necesarias para evitar el daño o que les fue imposible, a uno y a otros, adoptar dichas medidas.

**Artículo 20. Exoneración**

Si el transportista prueba que la negligencia u otra acción u omisión indebida de la persona que pide indemnización, o de la persona de la que proviene su derecho, causó el daño o contribuyó a él, el transportista quedará exonerado, total o parcialmente, de su responsabilidad con respecto al reclamante, en la medida en que esta negligencia u otra acción u omisión indebida haya causado el daño o contribuido a él. Cuando pida indemnización, una persona que no sea el pasajero, en razón de la muerte o lesión de este último, el transportista quedará igualmente exonerado de su responsabilidad, total o parcialmente, en la medida en que pruebe que la negligencia u otra acción u omisión indebida del pasajero causó el daño o contribuyó a él. Este Artículo se aplica a todas las disposiciones sobre responsabilidad del presente Convenio, incluso al párrafo 1 del Artículo 21.

## Artículo 21. Indemnización en caso de muerte o lesiones de los pasajeros

1. Respecto al daño previsto en el párrafo 1 del Artículo 17 que no exceda de 100 000 derechos especiales de giro por pasajero, el transportista no podrá excluir ni limitar su responsabilidad.

2. El transportista no será responsable del daño previsto en el párrafo 1 del Artículo 17 en la medida que exceda de 100 000 derechos especiales de giro por pasajero, si prueba que:

a) el daño no se debió a la negligencia o a otra acción u omisión indebida del transportista o sus dependientes o agentes; o

b) el daño se debió únicamente a la negligencia o a otra acción u omisión indebida de un tercero.

## Artículo 22. Límites de responsabilidad respecto al retraso, el equipaje y la carga

1. En caso de daño causado por retraso, como se especifica en el Artículo 19, en el transporte de personas la responsabilidad del transportista se limita a 4 150 derechos especiales de giro por pasajero.

2. En el transporte de equipaje, la responsabilidad del transportista en caso de destrucción, pérdida, avería o retraso se limita a 1 000 derechos especiales de giro por pasajero a menos que el pasajero haya hecho al transportista, al entregarle el equipaje facturado, una declaración especial del valor de la entrega de éste en el lugar de destino, y haya pagado una suma suplementaria, si hay lugar a ello. En este caso, el transportista estará obligado a pagar una suma que no excederá del importe de la suma declarada, a menos que pruebe que este importe es superior al valor real de la entrega en el lugar de destino para el pasajero.

3. En el transporte de carga, la responsabilidad del transportista en caso de destrucción, pérdida, avería o retraso se limita a una suma de 17 derechos especiales de giro por kilogramo, a menos que el expedidor haya hecho al transportista, al entregarle el bulto, una declaración especial del valor de la entrega de éste en el lugar de destino, y haya pagado una suma

suplementaria, si hay lugar a ello. En este caso, el transportista estará obligado a pagar una suma que no excederá del importe de la suma declarada, a menos que pruebe que este importe es superior al valor real de la entrega en el lugar de destino para el expedidor.

4. En caso de destrucción, pérdida, avería o retraso de una parte de la carga o de cualquier objeto que ella contenga, para determinar la suma que constituye el límite de responsabilidad del transportista solamente se tendrá en cuenta el peso total del bulto o de los bultos afectados. Sin embargo, cuando la destrucción, pérdida, avería o retraso de una parte de la carga o de un objeto que ella contiene afecte al valor de otros bultos comprendidos en la misma carta de porte aéreo, o en el mismo recibo o, si no se hubiera expedido ninguno de estos documentos, en la misma constancia conservada por los otros medios mencionados en el párrafo 2 del Artículo 4, para determinar el límite de responsabilidad también se tendrá en cuenta el peso total de tales bultos.

5. Las disposiciones de los párrafos 1 y 2 de este Artículo no se aplicarán si se prueba que el daño es el resultado de una acción u omisión del transportista o de sus dependientes o agentes, con intención de causar daño, o con temeridad y sabiendo que probablemente causaría daño; siempre que, en el caso de una acción u omisión de un dependiente o agente, se pruebe también que éste actuaba en el ejercicio de sus funciones.

6. Los límites prescritos en el Artículo 21 y en este Artículo no obstarán para que el tribunal acuerde además, de conformidad con su propia ley, una suma que corresponda a todo o parte de las costas y otros gastos de litigio en que haya incurrido el demandante, inclusive intereses. La disposición anterior no regirá cuando el importe de la indemnización acordada, con exclusión de las costas y otros gastos de litigio, no exceda de la suma que el transportista haya ofrecido por escrito al demandante dentro de un período de seis meses contados a partir del hecho que causó el daño, o antes de comenzar el juicio, si la segunda fecha es posterior.

## Artículo 23. Conversión de las unidades monetarias

1. Se considerará que las sumas expresadas en derechos especiales de giro mencionadas en el presente Convenio se refieren al derecho especial de giro definido por el Fondo Monetario Internacional. La conversión de las sumas en las monedas nacionales, en el caso de procedimientos judiciales, se hará conforme al valor de dichas monedas en derechos especiales de giro en la fecha de la sentencia. El valor, en derechos especiales de giro, de la moneda nacional de un Estado Parte que sea miembro del Fondo Monetario Internacional se calculará conforme al método de valoración aplicado por el Fondo Monetario Internacional para sus operaciones y transacciones, vigente en la fecha de la sentencia. El valor, en derechos especiales de giro, de la moneda nacional de un Estado Parte que no sea miembro del Fondo Monetario Internacional se calculará de la forma determinada por dicho Estado.

2. Sin embargo, los Estados que no sean miembros del Fondo Monetario Internacional y cuya legislación no permita aplicar las disposiciones del párrafo 1 de este Artículo podrán declarar, en el momento de la ratificación o de la adhesión o ulteriormente, que el límite de responsabilidad del transportista prescrito en el Artículo 21 se fija en la suma de 1 500 000 unidades monetarias por pasajero en los procedimientos judiciales seguidos en sus territorios; 62 500 unidades monetarias por pasajero, con respecto al párrafo 1 del Artículo 22; 15 000 unidades monetarias por pasajero, con respecto al párrafo 2 del Artículo 22; y 250 unidades monetarias por kilogramo, con respecto al párrafo 3 del Artículo 22. Esta unidad monetaria corresponde a sesenta y cinco miligramos y medio de oro con ley de novecientas milésimas. Estas sumas podrán convertirse en la moneda nacional de que se trate en cifras redondas. La conversión de estas sumas en moneda nacional se efectuará conforme a la ley del Estado interesado.

3. El cálculo mencionado en la última oración del párrafo 1 de este Artículo y el método de conversión mencionado en el párrafo 2 de este Artículo se harán de forma tal que expresen en la moneda nacional del Estado Parte, en la medida posible, el mismo valor real para las sumas de los

Artículos 21 y 22 que el que resultaría de la aplicación de las tres primeras oraciones del párrafo 1 de este Artículo. Los Estados Partes comunicarán al Depositario el método para hacer el cálculo con arreglo al párrafo 1 de este Artículo o los resultados de la conversión del párrafo 2 de este Artículo, según sea el caso, al depositar un instrumento de ratificación, aceptación o aprobación del presente Convenio de adhesión al mismo y cada vez que haya un cambio respecto a dicho método o a esos resultados.

## Artículo 24. Revisión de los límites

1. Sin que ello afecte a las disposiciones del Artículo 25 del presente Convenio, y con sujeción al párrafo 2 que sigue, los límites de responsabilidad prescritos en los Artículos 21, 22 y 23 serán revisados por el Depositario cada cinco años, debiendo efectuarse la primera revisión al final del quinto año siguiente a la fecha de entrada en vigor del presente Convenio o, si el Convenio no entra en vigor dentro de los cinco años siguientes a la fecha en que se abrió a la firma, dentro del primer año de su entrada en vigor, con relación a un índice de inflación que corresponda a la tasa de inflación acumulada desde la revisión anterior o, la primera vez, desde la fecha de entrada en vigor del Convenio. La medida de la tasa de inflación que habrá de utilizarse para determinar el índice de inflación será el promedio ponderado de las tasas anuales de aumento o de disminución del índice de precios al consumidor de los Estados cuyas monedas comprenden el derecho especial de giro mencionado en el párrafo 1 del Artículo 23.

2. Si de la revisión mencionada en el párrafo anterior resulta que el índice de inflación ha sido superior al diez por ciento, el Depositario notificará a los Estados Partes la revisión de los límites de responsabilidad. Dichas revisiones serán efectivas seis meses después de su notificación a los Estados Partes. Si dentro de los tres meses siguientes a su notificación a los Estados partes una mayoría de los Estados Partes registra su desaprobación, la revisión no tendrá efecto y el Depositario remitirá la cuestión a una reunión de los Estados Partes. El Depositario notificará inmediatamente a todos los Estados Partes la entrada en vigor de toda revisión.

3. No obstante el párrafo 1 de este Artículo, el procedimiento mencionado en el párrafo 2 de este Artículo se aplicará en cualquier momento, siempre que un tercio de los Estados Partes expresen el deseo de hacerlo y con la condición de que el índice de inflación mencionado en el párrafo 1 haya sido superior al treinta por ciento desde la revisión anterior o desde la fecha de la entrada en vigor del presente Convenio si no ha habido una revisión anterior. Las revisiones subsiguientes efectuadas empleando el procedimiento descrito en el párrafo 1 de este Artículo se realizarán cada cinco años, contados a partir del final del quinto año siguiente a la fecha de la revisión efectuada en virtud de este párrafo.

### Artículo 25. Estipulación sobre los límites

El transportista podrá estipular que el contrato de transporte estará sujeto a límites de responsabilidad más elevados que los previstos en el presente Convenio, o que no estará sujeto a ningún límite de responsabilidad.

### Artículo 26. Nulidad de las cláusulas contractuales

Toda cláusula que tienda a exonerar al transportista de su responsabilidad o a fijar un límite inferior al establecido en el presente Convenio será nula y de ningún efecto, pero la nulidad de dicha cláusula no implica la nulidad del contrato, que continuará sujeto a las disposiciones del presente Convenio.

### Artículo 27. Libertad contractual

Ninguna de las disposiciones del presente Convenio impedirá al transportista negarse a concertar un contrato de transporte, renunciar a las defensas que pueda invocar en virtud del presente Convenio, o establecer condiciones que no estén en contradicción con las disposiciones del presente Convenio.

## Artículo 28. Pagos adelantados

En caso de accidentes de aviación que resulten en la muerte o lesiones de los pasajeros, el transportista hará, si lo exige su ley nacional, pagos adelantados sin demora, a la persona o personas físicas que tengan derecho a reclamar indemnización a fin de satisfacer sus necesidades económicas inmediatas. Dichos pagos adelantados no constituirán un reconocimiento de responsabilidad y podrán ser deducidos de toda cantidad posteriormente pagada como indemnización por el transportista.

## Artículo 29. Fundamento de las reclamaciones

1. En el transporte de pasajeros, de equipaje y de carga, toda acción de indemnización de daños, sea que se funde en el presente Convenio, en un contrato o en un acto lícito, sea en cualquier otra causa, solamente podrá iniciarse con sujeción a condiciones y a límites de responsabilidad como los previstos en el presente Convenio, sin que ello afecte a la cuestión de qué personas pueden iniciar las acciones y cuáles son sus respectivos derechos. En ninguna de dichas acciones se otorgará una indemnización punitiva, ejemplar o de cualquier naturaleza que no sea compensatoria.

## Artículo 30. Dependientes, agentes - Total de las reclamaciones

1. Si se inicia una acción contra un dependiente del transportista, por daños a que se refiere el presente Convenio, dicho dependiente o agente, si prueban que actuaban en el ejercicio de sus funciones, podrán ampararse en las condiciones y los límites de responsabilidad que puede invocar el transportista en virtud del presente Convenio.

2. El total de las sumas resarcibles del transportista, sus dependientes y agentes, en este caso, no excederá de dichos límites.

3. Salvo por lo que respecta al transporte de carga, las disposiciones de los párrafos 1 y 2 de este Artículo no se aplicarán si se prueba que el daño es el resultado de una acción u omisión del dependiente, con intención de causar daño, o con temeridad y sabiendo que probablemente causaría daño.

## Artículo 31. Aviso de protesta oportuno

1. El recibo del equipaje facturado o la carga sin protesta por parte del destinatario constituirá presunción, salvo prueba en contrario, de que los mismos han sido entregados en buen estado y de conformidad con el documento de transporte o la constancia conservada por los otros medios mencionados en el párrafo 2 del Artículo 3 y en el párrafo 2 del Artículo 4.

2. En caso de avería, el destinatario deberá presentar al transportista una protesta inmediatamente después de haber sido notada dicha avería y, a más tardar, dentro de un plazo de siete días para el equipaje facturado y de catorce días para la carga, a partir de la fecha de su recibo. En caso de retraso, la protesta deberá hacerla a más tardar dentro de veintiún días, a partir de la fecha en que el equipaje o la carga hayan sido puestos a su disposición.

3. Toda protesta deberá hacerse por escrito y darse o expedirse dentro de los plazos mencionados.

4. A falta de protesta dentro de los plazos establecidos, todas las acciones contra el transportista serán inadmisibles, salvo en el caso de fraude de su parte.

## Artículo 32. Fallecimiento de la persona responsable

En caso de fallecimiento de la persona responsable, la acción de indemnización de daños se ejercerá, dentro de los límites previstos en el presente Convenio, contra los causahabientes de su sucesión.

## Artículo 33. Jurisdicción

1. Una acción de indemnización de daños deberá iniciarse, a elección del demandante, en el territorio de uno de los Estados Partes, sea ante el tribunal del domicilio del transportista, o de su oficina principal, o del lugar en que tiene una oficina por cuyo conducto se ha celebrado el contrato, sea ante el tribunal del lugar de destino.

2. Con respecto al daño resultante de la muerte o lesiones del pasajero, una acción podrá iniciarse ante uno de los tribunales mencionados

en el párrafo 1 de este Artículo, o en el territorio de un Estado Parte en que el pasajero tiene su residencia principal y permanente en el momento del accidente y hacia y desde el cual el transportista explota servicios de transporte aéreo de pasajeros en sus propias aeronaves o en las de otro transportista con arreglo a un acuerdo comercial, y en que el transportista realiza sus actividades de transporte aéreo de pasajeros desde locales arrendados o que son de su propiedad o de otro transportista con el que tiene un acuerdo comercial.

3. Para los fines del párrafo 2,

a) "acuerdo comercial" significa un acuerdo, que no es un contrato de agencia, hecho entre transportistas y relativo a la provisión de sus servicios conjuntos de transporte aéreo de pasajeros;

b) "residencia principal y permanente" significa la morada fija y permanente del pasajero en el momento del accidente. La nacionalidad del pasajero no será el factor determinante al respecto.

4. Las cuestiones de procedimiento se regirán por la ley del tribunal que conoce el caso.

## Artículo 34. Arbitraje

1. Con sujeción a lo previsto en este Artículo, las partes en el contrato de transporte de carga pueden estipular que toda controversia relativa a la responsabilidad del transportista prevista en el presente Convenio se resolverá por arbitraje. Dicho acuerdo se hará por escrito.

2. El procedimiento de arbitraje se llevará a cabo, a elección del reclamante, en una de las jurisdicciones mencionadas en el Artículo 33.

3. El árbitro o el tribunal arbitral aplicarán las disposiciones del presente Convenio.

4. Las disposiciones de los párrafos 2 y 3 de este Artículo se considerarán parte de toda cláusula o acuerdo de arbitraje, y toda condición de dicha cláusula o acuerdo que sea incompatible con dichas disposiciones será nula y de ningún efecto.

## Artículo 35. Plazo para las acciones

1. El derecho a indemnización se extinguirá si no se inicia una acción, dentro del plazo de dos años, contados a partir de la fecha de llegada a destino o la del día en que la aeronave debería haber llegado o la de la detención del transporte.

2. La forma de calcular ese plazo se determinará por la ley del tribunal que conoce el caso.

## Artículo 36. Transporte sucesivo

1. En el caso del transporte que deban efectuar varios transportistas sucesivamente y que esté comprendido en la definición del párrafo 3 del Artículo 1, cada transportista que acepte pasajeros, equipaje o carga se someterá a las reglas establecidas en el presente Convenio y será considerado como una de las partes del contrato de transporte en la medida en que el contrato se refiera a la parte del transporte efectuado bajo su supervisión.

2. En el caso de un transporte de esa naturaleza, el pasajero, o cualquier persona que tenga derecho a una indemnización por él, sólo podrá proceder contra el transportista que haya efectuado el transporte durante el cual se produjo el accidente o el retraso, salvo en el caso en que, por estipulación expresa, el primer transportista haya asumido la responsabilidad por todo el viaje.

3. Si se trata de equipaje o carga, el pasajero o el expedidor tendrán derecho de acción contra el primer transportista, y el pasajero o el destinatario que tengan derecho a la entrega tendrán derecho de acción contra el último transportista, y uno y otro podrán, además, proceder contra el transportista que haya efectuado el transporte durante el cual se produjo la destrucción, pérdida, avería o retraso. Dichos transportistas serán solidariamente responsables ante el pasajero o ante el expedidor o el destinatario.

### Artículo 37. Derecho de acción contra terceros

Ninguna de las disposiciones del presente Convenio afecta a la cuestión de si la persona responsable de daños de conformidad con el mismo tiene o no derecho de acción regresiva contra alguna otra persona.

## CAPÍTULO IV
## TRANSPORTE COMBINADO

### Artículo 38. Transporte combinado

1. En el caso de transporte combinado efectuado en parte por aire y en parte por cualquier otro medio de transporte, las disposiciones del presente Convenio se aplicarán únicamente al transporte aéreo, con sujeción al párrafo 4 del Artículo 18, siempre que el transporte aéreo responda a las condiciones del Artículo 1.

2. Ninguna de las disposiciones del presente Convenio impedirá a las partes, en el caso de transporte combinado, insertar en el documento de transporte aéreo condiciones relativas a otros medios de transporte, siempre que las disposiciones del presente Convenio se respeten en lo que concierne al transporte aéreo.

## CAPÍTULO V
## TRANSPORTE AÉREO EFECTUADO POR UNA PERSONA DISTINTA DEL TRANSPORTISTA CONTRACTUAL

### Artículo 39. Transportista contractual - Transportista de hecho

Las disposiciones de este Capítulo se aplican cuando una persona (en adelante el "transportista contractual") celebra como parte un contrato de transporte regido por el presente Convenio con el pasajero o con el expedidor, o con la persona que actúe en nombre de uno y otro, y otra persona (en adelante el "transportista de hecho") realiza, en virtud de autorización dada por el transportista contractual, todo o parte del transporte, pero sin ser con respecto a dicha parte del transporte un transportista sucesivo en el sentido del presente Convenio. Dicha autorización se presumirá, salvo prueba en contrario.

## Artículo 40. Responsabilidades respectivas del transportista contractual y del transportista de hecho

Si un transportista de hecho realiza todo o parte de un transporte que, conforme al contrato a que se refiere el Artículo 39, se rige por el presente Convenio, tanto el transportista contractual como el transportista de hecho quedarán sujetos, excepto lo previsto en este Capítulo, a las disposiciones del presente Convenio, el primero con respecto a todo el transporte previsto en el contrato, el segundo solamente con respecto al transporte que realiza.

## Artículo 41. Responsabilidad mutua

1. Las acciones y omisiones del transportista de hecho y de sus dependientes y agentes, cuando éstos actúen en el ejercicio de sus funciones, se considerarán también, con relación al transporte realizado por el transportista de hecho, como acciones y omisiones del transportista contractual.

2. Las acciones y omisiones del transportista contractual y de sus dependientes y agentes, cuando éstos actúen en el ejercicio de sus funciones, se considerarán también, con relación al transporte realizado por el transportista de hecho, como del transportista de hecho. Sin embargo, ninguna de esas acciones u omisiones someterá al transportista de hecho a una responsabilidad que exceda de las cantidades previstas en los Artículos 21, 22, 23 y 24. Ningún acuerdo especial por el cual el transportista contractual asuma obligaciones no impuestas por el presente Convenio, ninguna renuncia de derechos o defensas establecidos por el Convenio y ninguna declaración especial de valor prevista en el Artículo 21 afectarán al transportista de hecho, a menos que éste lo acepte.

## Artículo 42. Destinatario de las protestas e instrucciones

Las protestas e instrucciones que deban dirigirse al transportista en virtud del presente Convenio tendrán el mismo efecto, sean dirigidas al transportista contractual, sean dirigidas al transportista de hecho. Sin embargo, las instrucciones mencionadas en el Artículo 12 sólo surtirán efecto si son dirigidas al transportista contractual.

## Artículo 43. Dependientes y agentes

Por lo que respecta al transporte realizado por el transportista de hecho, todo dependiente o agente de éste o del transportista contractual tendrán derecho, si prueban que actuaban en el ejercicio de sus funciones, a invocar las condiciones y los límites de responsabilidad aplicables en virtud del presente Convenio al transportista del cual son dependiente o agente, a menos que se pruebe que habían actuado de forma que no puedan invocarse los límites de responsabilidad de conformidad con el presente Convenio.

## Artículo 44. Total de la indemnización

Por lo que respecta al transporte realizado por el transportista de hecho, el total de las sumas resarcibles de este transportista y del transportista contractual, y de los dependientes y agentes de uno y otro que hayan actuado en el ejercicio de sus funciones, no excederá de la cantidad mayor que pueda obtenerse de cualquiera de dichos transportistas en virtud del presente Convenio, pero ninguna de las personas mencionadas será responsable por una suma más elevada que los límites aplicables a esa persona.

## Artículo 45. Destinatario de las reclamaciones

Por lo que respecta al transporte realizado por el transportista de hecho, la acción de indemnización de daños podrá iniciarse, a elección del demandante, contra dicho transportista o contra el transportista contractual o contra ambos, conjunta o separadamente. Si se ejerce la acción únicamente contra uno de estos transportistas, éste tendrá derecho a traer al juicio al otro transportista, rigiéndose el procedimiento y sus efectos por la ley del tribunal que conoce el caso.

### Artículo 46. Jurisdicción adicional

Toda acción de indemnización de daños prevista en el Artículo 45 deberá iniciarse, a elección del demandante, en el territorio de uno de los Estados Partes ante uno de los tribunales en que pueda entablarse una acción contra el transportista contractual, conforme a lo previsto en el Artículo 33, o ante el tribunal en cuya jurisdicción el transportista de hecho tiene su domicilio o su oficina principal.

### Artículo 47. Nulidad de las cláusulas contractuales

Toda cláusula que tienda a exonerar al transportista contractual o al transportista de hecho de la responsabilidad prevista en este Capítulo o a fijar un límite inferior al aplicable conforme a este Capítulo será nula y de ningún efecto, pero la nulidad de dicha cláusula no implica la nulidad del contrato, que continuará sujeto a las disposiciones de este Capítulo.

### Artículo 48. Relaciones entre el transportista contractual y el transportista de hecho

Excepto lo previsto en el Artículo 45, ninguna de las disposiciones de este Capítulo afectará a los derechos y obligaciones entre los transportistas, incluido todo derecho de acción regresiva o de indemnización.

## CAPÍTULO VI
## OTRAS DISPOSICIONES

### Artículo 49. Aplicación obligatoria

Toda cláusula del contrato de transporte y todos los acuerdos particulares concertados antes de que ocurra el daño, por los cuales las partes traten de eludir la aplicación de las reglas establecidas en el presente

Convenio, sea decidiendo la ley que habrá de aplicarse, sea modificando las reglas relativas a la jurisdicción, serán nulos y de ningún efecto.

### Artículo 50. Seguro

Los Estados Partes exigirán a sus transportistas que mantengan un seguro adecuado que cubra su responsabilidad en virtud del presente Convenio. El Estado Parte hacia el cual el transportista explota servicios podrá exigirle a éste que presente pruebas de que mantiene un seguro adecuado, que cubre su responsabilidad en virtud del presente Convenio.

### Artículo 51. Transporte efectuado en circunstancias extraordinarias

Las disposiciones de los Artículos 3 a 5, 7 y 8 relativas a la documentación del transporte, no se aplicarán en el caso de transportes efectuados en circunstancias extraordinarias que excedan del alcance normal de las actividades del transportista.

### Artículo 52. Definición de días

Cuando en el presente Convenio se emplea el término "días", se trata de días del calendario y no de días de trabajo.

## CAPÍTULO VII
## CLÁUSULAS FINALES

### Artículo 53. Firma, ratificación y entrada en vigor

1. El presente Convenio estará abierto en Montreal el 28 de mayo de 1999, a la firma de los Estados participantes en la Conferencia Internacional de derecho aeronáutico, celebrada en Montreal del 10 al 28 de mayo de 1999. Después del 28 de mayo de 1999, el Convenio estará abierto a la firma de todos los Estados en la Sede de la Organización de Aviación Civil Internacional, en Montreal, hasta su entrada en vigor de conformidad con el párrafo 6 de este Artículo.

2. El presente Convenio estará igualmente abierto a la firma de organizaciones regionales de integración económica. Para los fines del presente Convenio, "organización regional de integración económica" significa cualquier organización constituida por Estados soberanos de una región determinada, que tenga competencia con respecto a determinados asuntos regidos por el Convenio y haya sido debidamente autorizada a firmar y a ratificar, aceptar, aprobar o adherirse al presente Convenio. La referencia a "Estado Parte" o "Estados Partes" en el presente Convenio, con excepción del párrafo 2 del Artículo 1, el apartado b) del párrafo 1 del Artículo 3, el apartado b) del Artículo 5, los Artículos 23, 33, 46 y el apartado b) del Artículo 57, se aplica igualmente a una organización regional de integración económica. Para los fines del Artículo 24, las referencias a "una mayoría de los Estados Partes" y "un tercio de los Estados Partes" no se aplicará a una organización regional de integración económica.

3. El presente Convenio estará sujeto a la ratificación de los Estados y organizaciones regionales de integración económica que lo hayan firmado.

4. Todo Estado u organización regional de integración económica que no firme el presente Convenio podrá aceptarlo, aprobarlo o adherirse a él en cualquier momento.

5. Los instrumentos de ratificación, aceptación, aprobación o adhesión, se depositarán ante la Organización de Aviación Civil Internacional, designada en el presente como Depositario.

6. El presente Convenio entrará en vigor el sexagésimo día a contar de la fecha de depósito del trigésimo instrumento de ratificación, aceptación, aprobación o adhesión ante el Depositario entre los Estados que hayan depositado ese instrumento. Un instrumento depositado por una organización regional de integración económica no se tendrá en cuenta para los fines de este párrafo.

7. Para los demás Estados y otras organizaciones regionales de integración económica, el presente Convenio surtirá efecto sesenta días después de la fecha de depósito de sus instrumentos de ratificación, aceptación, aprobación o adhesión.

8. El Depositario notificará inmediatamente a todos los signatarios y Estados Partes:

a) cada firma del presente Convenio y la fecha correspondiente;

b) el depósito de todo instrumento de ratificación, aceptación, aprobación o adhesión y la fecha correspondiente;

c) la fecha de entrada en vigor del presente Convenio;

d) la fecha de entrada en vigor de toda revisión de los límites de responsabilidad establecidos en virtud del presente Convenio;

e) toda denuncia efectuada en virtud del Artículo 54.

## Artículo 54. Denuncia

1. Todo Estado Parte podrá denunciar el presente Convenio mediante notificación por escrito dirigida al Depositario.

2. La denuncia surtirá efecto ciento ochenta días después de la fecha en que el Depositario reciba la notificación.

## Artículo 55. Relación con otros instrumentos del Convenio de Varsovia

El presente Convenio prevalecerá sobre toda regla que se aplique al transporte aéreo Internacional:

1. Entre los Estados Partes en el presente Convenio debido a que esos Estados son comúnmente Partes de:

a) el Convenio para la unificación de ciertas reglas relativas al transporte aéreo internacional firmado en Varsovia el 12 de octubre de 1929 (en adelante llamado el Convenio de Varsovia);

b) el Protocolo que modifica el Convenio para la unificación de ciertas reglas relativas al transporte aéreo internacional firmado en Varsovia el 12 de octubre de 1929, hecho en La Haya el 28 de septiembre de 1955 (en adelante llamado el Protocolo de La Haya);

c) el Convenio, complementario del Convenio de Varsovia, para la unificación de ciertas reglas relativas al transporte aéreo internacional realizado por quien no sea el transportista contractual firmado en Guadalajara el 18 de septiembre de 1961 (en adelante llamado el Convenio de Guadalajara);

d) el Protocolo que modifica el Convenio para la unificación de ciertas reglas relativas al transporte aéreo internacional firmado en Varsovia, el 12 de octubre de 1929 modificado por el Protocolo hecho en La Haya el 28 de septiembre de 1955, firmado en la ciudad de Guatemala el 8 de marzo de 1971 (en adelante llamado el Protocolo de la ciudad de Guatemala);

e) los Protocolos adicionales núms. 1 a 3 y el Protocolo de Montreal núm. 4 que modifican el Convenio de Varsovia modificado por el Protocolo de La Haya o el Convenio de Varsovia modificado por el Protocolo de La Haya y el Protocolo de la ciudad de Guatemala firmados en Montreal el 25 de septiembre de 1975 (en adelante llamados los Protocolos de Montreal); o 2. dentro del territorio de cualquier Estado Parte en el presente Convenio debido a que ese Estado es Parte en uno o más de los instrumentos mencionados en los apartados a) a e) anteriores.

## Artículo 56. Estados con más de un sistema jurídico

1. Si un Estado tiene dos o más unidades territoriales en las que son aplicables diferentes sistemas jurídicos con relación a cuestiones tratadas en el presente Convenio, dicho Estado puede declarar en el momento de la firma, ratificación, aceptación, aprobación o adhesión que el presente Convenio se extenderá a todas sus unidades territoriales o únicamente a una o más de ellas y podrá modificar esta declaración presentando otra declaración en cualquier otro momento.

2. Esas declaraciones se notificarán al Depositario e indicarán explícitamente las unidades territoriales a las que se aplica el Convenio.

3. Respecto a un Estado Parte que haya hecho esa declaración:

a) las referencias a "moneda nacional" en el Artículo 23 se interpretarán como que se refieren a la moneda de la unidad territorial pertinente de ese Estado; y

b) la referencia en el Artículo 28 a la "ley nacional" se interpretará como que se refiere a la ley de la unidad territorial pertinente de ese Estado.

## Artículo 57. Reservas

No podrá formularse ninguna reserva al presente Convenio, salvo que un Estado Parte podrá declarar en cualquier momento, mediante notificación dirigida al Depositario, que el presente Convenio no se aplicará:

a) al transporte aéreo internacional efectuado directamente por ese Estado Parte con fines no comerciales respecto a sus funciones y obligaciones como Estado soberano; ni

b) al transporte de personas, carga y equipaje efectuado para sus autoridades militares en aeronaves matriculadas en ese Estado Parte, o arrendadas por éste, y cuya capacidad total ha sido reservada por esas autoridades o en nombre de las mismas.

En testimonio de lo cual los plenipotenciarios que suscriben, debidamente autorizados, firman el presente Convenio.

Hecho en Montreal el día veintiocho de mayo de mil novecientos noventa y nueve en español, árabe, chino, francés, inglés y ruso, siendo todos los textos igualmente auténticos. El presente Convenio quedará depositado en los archivos de la Organización de Aviación Civil Internacional y el Depositario enviará copias certificadas del mismo a todos los Estados Partes en el presente Convenio, así como también a todos los Estados Partes en el Convenio de Varsovia, el Protocolo de La Haya, el Convenio de Guadalajara, el Protocolo de la ciudad de Guatemala y los Protocolos de Montreal.

# RESOLUCIÓN EXENTA Nº 04/4/0089/1033, DE FECHA 27 DE MAYO DE 2024 DE LA DIRECCIÓN GENERAL DE AERONÁUTICA CIVIL QUE APRUEBA LA NORMA AERONÁUTICA "OPERACIONES DE AERONAVES PILOTADAS A DISTANCIA (RPAS) SOBRE ÁREAS POBLADAS" DAN 151

## VISTOS:

a) Ley N° 16.752, que Fija Organización y Funciones y establece Las Disposiciones Generales a la Dirección General de Aeronáutica Civil.

b) Ley 18.916, que aprueba el Código Aeronáutico.

c) Ley N° 19.880, que Establece Bases de los Procedimientos Administrativos que Rigen Los Actos de los Órganos de la Administración del Estado.

d) Decreto Supremo N° 222, de 2004, que aprueba el Reglamento Orgánico y de Funcionamiento de la Dirección General de Aeronáutica Civil.

e) Decreto Supremo N° 509 bis de 1947, del Ministerio de Relaciones Exteriores de Chile, publicado en el Diario Oficial de Chile el 06 de diciembre de 1957, que promulga el Convenio sobre Aviación Civil Internacional, suscrito en Chicago el 07 de diciembre de 1944.

f) Decreto Supremo N° 52 de 2002, del Ministerio de Defensa Nacional, que Aprueba el Reglamento de Operaciones de Aeronaves, DAR 06.

g) Resolución N° 7, de 26 de marzo de 2019, de la Contraloría General de la República, que Fija Normas Sobre Exención del Trámite de Toma de Razón.

h) Decreto N° 28, de 16 de enero de 2024, del Ministerio de Defensa Nacional, que nombra al General de Aviación, Sr. Carlos Eduardo Madina Díaz como Director General De Aeronáutica Civil a contar del 24 de noviembre de 2023.

i) Resolución Exenta N° 08/0/1/356, de 02 de septiembre de 2015, de la Dirección General de Aeronáutica Civil, que aprobó la segunda edición de la norma aeronáutica Operaciones de Aeronaves Pilotadas a Distancia (RPAS) en Asuntos de Interés Público, que se efectúen sobre áreas pobladas, DAN 151.

j) Oficio (O) N° 08/1/2/4509, de 29 de noviembre de 2023 donde el Departamento Seguridad Operacional, adjuntando el respectivo Informe Técnico, solicita una nueva enmienda a la Norma DAN 151.

K) Acta de Reunión N° 3, realizada el 08 de mayo de 2024, entre Departamento Seguridad Operacional y el Subdepartamento Normativa Aeronáutica, en la cual se aprobaron los cambios a la DAN 151.

## CONSIDERANDO:

1) Lo dispuesto en el Artículo 3° de la Ley N° 16.752, singularizada en la letra a) de los vistos, en virtud del cual, la Dirección General de Aeronáutica Civil debe dictar normas para que la operación de aeronaves se efectúe dentro de los límites de la seguridad aérea.

2) La necesidad de aprobar una nueva norma aeronáutica DAN 151 "Operaciones de aeronaves pilotadas a distancia (RPAS) sobre áreas pobladas"; que incorpore los requisitos que permitan fortalecer la seguridad operacional, cuyo origen se encuentra en la experiencia que se ha venido recogiendo desde la operación misma, como también, de los comentarios y sugerencias recogidos en la última Jornada Virtual de exposiciones realizadas por la DGAC con los Gerentes de Operaciones de las empresas con AOC que operan con RPAS, de acuerdo al antecedente de la letra j) de los vistos.

## RESUELVO:

**1. APRUÉBASE,** La Norma Aeronáutica "Operaciones de aeronaves pilotadas a distancia (RPAS) sobre áreas pobladas", DAN 151.

**2. DERÓGASE,** la Resolución Exenta N° 08/0/1/356 de 02 de septiembre de 2015, de la Dirección General de Aeronáutica Civil, que aprobó la Norma Aeronáutica Operaciones de aeronaves pilotadas a distancia (RPAS) en asuntos de interés público, que se efectúen sobre áreas pobladas, DAN 151.

Anótese, regístrese y publíquese. (FDO.) CARLOS MADINA DÍAZ, General de Aviación, Director General de Aeronáutica Civil. (FDO.) Percy Gómez Solís, Coronel de Aviación (A), Director de Planificación.

## CAPÍTULO A
## GENERALIDADES

### Definiciones

Los términos y expresiones empleados en esta Norma Aeronáutica tendrán el significado que se indica a continuación:

**AERONAVE PILOTADA A DISTANCIA (RPA)**

Aeronave que no lleva a bordo un piloto a los mandos.

**ÁREAS POBLADAS**

Zonas en las que existan centros urbanos, asentamiento de personas con fines habitacionales o laborales, o en las que se desarrollen actividades que convoquen la aglomeración de personas al aire libre.

**ASUNTOS DE INTERÉS PÚBLICO**

Captura de imágenes o recopilación de información relevante sobre eventos públicos para su difusión a través de los medios de comunicación.

Desarrollo de actividades de apoyo en casos de desastres o emergencias causadas por fenómenos naturales o acciones humanas.

Cumplimiento de las obligaciones legales de organismos de la Administración del Estado.

Otras situaciones de similar naturaleza en cuanto al interés público involucrado, que la DGAC califique sobre la base de la seguridad de la operación.

**AUTORIDAD AERONÁUTICA**

La Dirección General de Aeronáutica Civil (DGAC).

## CERTIFICADO OPERADOR AÉREO (AOC)

Certificado por el que se autoriza a un explotador a realizar determinadas operaciones de transporte aéreo comercial o de trabajos aéreos.

## CERTIFICADO ESPECIAL DE OPERACIÓN (CEO)

Certificado especial por el cual se autoriza a una institución o empresa a realizar determinadas operaciones aérea, incluyendo el control de estas actividades sin fines de lucro, ya sean públicas o privadas.

## ESPACIO AÉREO CONTROLADO[1]

Espacio aéreo de dimensiones definidas dentro del cual se facilita servicio de control de tránsito aéreo, de conformidad con la clasificación del espacio aéreo.

## ESPECIFICACIONES OPERATIVAS (EEOO)

Las autorizaciones, incluidas las aprobaciones específicas, condiciones y limitaciones relacionadas con el certificado de explotador de servicios aéreos y sujetas a las condiciones establecidas en el manual de operaciones. Se aplican tanto a un operador con AOC o CEO.

## EXPLOTADOR (OPERADOR DE RPAS)

Es la persona que utiliza la aeronave por cuenta propia, con o sin fines de lucro, conservando su dirección técnica. Se presume operador al propietario de la aeronave.

---

1 Espacio aéreo controlado es una expresión genérica que abarca las Clases A, B, C, D y E del espacio aéreo ATS, descritas en la DAN 11, 2.6.

## NOTAM (Notice To Airmen)

Aviso distribuido por medio de telecomunicaciones que contiene información relativa al establecimiento, condición o modificación de cualquier instalación aeronáutica, servicio, procedimiento o peligro, cuyo conocimiento oportuno es esencial para el personal encargado de las operaciones de vuelo.

Esta información está disponible en página Web institucional www.dgac.gob.cl /servicios online/ IFIS y/o en las oficinas ARO de los aeródromos.

## OBSERVADOR DE RPA

Persona capacitada y competente, designada por el explotador quien, mediante observación visual de la aeronave pilotada a distancia, ayuda al piloto a distancia en la realización segura del vuelo.

## OPERACIÓN CON VISIBILIDAD DIRECTA VISUAL (VLOS, Visual Line Of Sight)

Operación en la cual el piloto a distancia mantiene contacto visual directo con la aeronave para dirigir su vuelo y satisfacer las responsabilidades de separación y anticolisión.

## OPERACIÓN EN LÍNEA DE VISTA EXTENDIDA (EVLOS - Extended VLOS)

Operación EVLOS (por sus siglas en inglés). Operación aérea en la cual el piloto UAS o el observador UA, mantienen contacto visual directo con la aeronave no tripulada o pilotada a distancia sin ayuda de dispositivos ópticos o electrónicos que no sean lentes correctivos.

## OPERACIÓN MÁS ALLÁ DE LA VISIBILIDAD DIRECTA VISUAL (BVLOS, Beyond Visual Line Of Sight)

Operación con adecuada información sobre el entorno en el que vuela la RPA para proporcionar al piloto a distancia, suficiente conciencia de la situación para permitir el vuelo seguro de la RPA.

## VISIÓN EN PRIMERA PERSONA - FPV (por sus siglas en inglés)

Dispositivo que genera una transmisión de imagen de video a un monitor de una estación de control que permite a un piloto RPAS la ilusión de vuelo de la RPA desde la perspectiva de un piloto a bordo de ella.

## ZONA PELIGROSA (D)

Espacio aéreo de dimensiones definidas en el cual pueden desplegarse en determinados momentos actividades peligrosas para el vuelo de las aeronaves.

Publicadas por la DGAC en el AIP Chile y disponible en la página Web institucional www.dgac.gob.cl / servicios online / IFIS.

## ZONA PROHIBIDA (P)

Espacio aéreo de dimensiones definidas sobre el territorio nacional, dentro del cual está prohibido el vuelo de aeronaves por razones de seguridad nacional o de carácter militar.

Publicadas por la DGAC en el AIP Chile y disponible en la página Web institucional www.dgac.gob.cl / servicios online / IFIS.

## ZONA RESTRINGIDA (R)

Espacio aéreo de dimensiones definidas sobre el territorio nacional, dentro del cual está restringido el vuelo y aterrizaje de las aeronaves de acuerdo con determinadas condiciones especificadas, por razones de carácter militar o de seguridad nacional.

Estas áreas se encuentran publicadas por la DGAC en el AIP Chile disponible en la página Web institucional www.dgac.gob.cl / servicios online / IFIS.

### Aplicación

(a) Las disposiciones de la presente Norma Aeronáutica se aplicarán sin perjuicio de lo dispuesto por la Norma Aeronáutica DAN 91 "Reglas de

Aire" en lo que sea pertinente y específicamente a toda persona natural o jurídica, tanto pública como privada que realice o pretenda realizar operaciones con un RPA sobre áreas pobladas, ya sea en ámbitos de Asuntos de interés público o Trabajos aéreos.

(b) Estas operaciones, en cada ámbito, pueden ser con fines de lucro para lo cual se requiere la obtención previa de un Certificado de Operador Aéreo (AOC) o sin fines de lucro, que para el caso se necesita previamente la solicitud de un Certificado Especial de Operación (CEO) que incluye a organismos del estado.

## Requisitos técnicos del RPA

(a) El peso máximo de despegue del RPA debe ser de hasta nueve (9) kilos incluyendo accesorios, pero sin considerar el peso del paracaídas de emergencia.

(b) El RPA debe haber sido construido o armado desde un kit de fábrica y contar con instructivos técnicos de operación.

(c) El RPA debe contar con el número de serie del fabricante o en caso de no contar con este número, el propietario deberá grabar en el RPA el número de registro otorgado por la DGAC.

(d) El RPA debe contar con paracaídas de emergencia durante su operación.

(e) El RPA debe tener la capacidad de ser controlado manualmente.

# CAPÍTULO B
# REGLAS GENERALES DE OPERACIÓN

## Aspectos generales

(a) Toda persona natural o jurídica que desee realizar operaciones con RPA, conforme a esta norma, deberá obtener previamente una autorización de la DGAC, de acuerdo con el formulario indicado en Apéndice A, para lo cual deberá adjuntar la siguiente documentación:

(1) Tarjeta de registro del RPA.

(2) Credencial del o los pilotos a distancia que operarán el o los RPA registrados.

(3) Póliza de seguro para CEO o Resolución exigida por la Junta de Aeronáutica Civil (JAC) para AOC.

(4) Archivo KMZ de Google Earth con las coordenadas del lugar a operar.

(5) Permiso o autorización del dueño, administrador o autoridad según corresponda del lugar a operar.

(b) Esta autorización tendrá una validez de hasta 6 meses, dentro de los cuales deberá solicitar su actualización al incorporar o retirar RPAS u Operadores de RPAS.

(c) Todas las empresas con AOC o CEO, deberán presentar una matriz de riesgo indicando los datos del trabajo, áreas de vuelo, peligros y mitigaciones, cuadro de riesgo en la zona de vuelos entre otros aspectos; con el propósito de mantener un nivel aceptable de seguridad operacional. Ante cualquier cambio en las operaciones, esta matriz deberá ser actualizada.

El no cumplimiento parcial o total de esta norma, será causal de suspensión o cancelación de dicha autorización.

**Condiciones de operación**

(a) Toda persona que se encuentre operando un RPA de acuerdo con esta norma, deberá portar, física o digitalmente:

(1) La tarjeta de registro del RPA;

(2) La credencial de piloto a distancia de RPA;

(3) Póliza de seguro para CEO o Resolución de la JAC para AOC;

(4) La autorización de operación de RPA otorgada por la DGAC;

(5) La respectiva AOC o CEO junto con las Especificaciones Operativas de cada RPAS.

Los documentos anteriormente indicados son intransferibles.

(b) El piloto a distancia es el encargado de la dirección del RPA y responsable de la conducción segura de acuerdo con lo establecido en la presente norma.

(c) Toda operación de RPA, debe efectuarse en condiciones meteorológicas de vuelo visual (VMC).

(d) El piloto a distancia deberá, previo a iniciar un vuelo, determinar si el RPA se encuentren en condiciones seguras para operar.

(e) El RPA debe ser controlado manualmente en todas las etapas del vuelo, salvo aquellas operaciones especiales con fines fotogramétricos, de aspersión agrícola, con sensores Lidar o similares.

(f) El piloto a distancia debe mantener contacto visual directo permanente con el RPA (VLOS) o, en condiciones más allá de la visibilidad directa visual (BVLOS), (solo para los definidos en el punto 151.105 letra (d)), para lo cual deberá demostrar que la aeronave cuenta con un sistema que sea capaz de entregar información al piloto a distancia en forma certera de su posición geográfica y altitud.

Para los propósitos de esta norma, se considera que la visibilidad en línea de vista (VLOS), se mantiene cuando hay una línea recta imaginaria a lo largo de la cual el operador y/o el observador de un RPAS tiene claramente a la vista el RPAS, incluyendo el uso de:

(1) Lentes ópticos, lentes de contacto o un dispositivo similar utilizado para corregir la visión normal del piloto RPAS y/o del observador RPAS (visión 20/20), excluyendo un instrumento electrónico, mecánico, electromagnético, ópticos o electroóptico; como el ejemplo FVP.

(2) Un observador RPAS competente y entrenado que mantiene la línea de vista con el RPA, mientras está en comunicación constante con el operador RPAS o piloto RPAS (EVLOS - Extended VLOS). Se permite el apoyo de un máximo de dos observadores competentes y entrenados para ampliar la cobertura del espacio en vuelos VLOS hasta la distancia máxima permitida (1 500 metros), manteniendo contacto radial con el piloto en todo momento.

(3) Un observador RPAS que cumpla con esta tarea, deberá ser un miembro de la empresa, incorporado en el Manual de Operaciones y con credencial de Operador RPAS vigente.

(g) Un piloto a distancia durante la operación de un RPA no podrá:

(1) Poner en riesgo la vida de las personas;

(2) Poner en riesgo la propiedad pública o privada;

(3) Violar los derechos de otras personas en su privacidad y su intimidad;

(4) Operar en forma descuidada o temeraria que ponga en riesgo a otras aeronaves en tierra o en el aire;

(5) Operar a una distancia menor de dos (2) kilómetros de la prolongación del eje de la pista, medidos desde el umbral y a una distancia menor de un (1) kilómetro paralelo al eje de la pista de un aeródromo;

(6) Operar en zonas prohibidas y zonas peligrosas publicadas por la DGAC;

(7) Operar en zonas restringidas, a menos que cuente con autorización de la DGAC;

(8) Operar sin tomar conocimiento de los NOTAMS vigentes publicados por la DGAC;

(9) Operar más de un RPA en forma simultánea;

(10) Operar en la noche, sin una autorización especial de la DGAC.

(11) Efectuar operaciones a una distancia mayor de 500 metros en una pendiente visual y a una altura superior a 400 pies (120 metros) sobre la superficie en que se opere en condición VLOS o, a una distancia de 5 kilómetros y a una altura no superior a los 1200 pies (365 metros) en condición BVLOS, (solo para los definidos en el punto 151.105 letra (d)), para lo cual el piloto a distancia deberá constar con un sistema que le entregue información certera de la posición geográfica y de altura de la aeronave;

(12) Ocupar un RPA para el lanzamiento o descarga de objetos desde el aire, sin una autorización especial de la DGAC;

(13) Operar bajo la influencia de las drogas o el alcohol; y

(14) Operar en las áreas donde se combate un incendio por medio de aeronaves tripuladas.

(h) El tiempo total de vuelo en una operación de un RPA, no podrá exceder el 80% de la máxima autonomía que le permita la carga eléctrica del RPA, no pudiendo durar el vuelo más de 60 minutos.

(i) El traspaso del mando y control del RPA a otro piloto a distancia no podrá efectuarse con la aeronave en vuelo.

(j) Será responsabilidad del piloto a distancia, durante la fase de despegue o de lanzamiento y aterrizaje o recuperada del RPA, asegurarse de que, de acuerdo con las características de este, no se produzcan riesgos en la operación y garantizar que la trayectoria de vuelo en todas sus fases permita salvar cualquier obstáculo y personas que no estén involucradas en la operación, con un margen vertical de 20 metros y con una separación horizontal de 30 metros.

(k) Será responsabilidad del piloto a distancia cuidar la separación con otro(s) RPA operando en el área y coordinarse entre sí.

(l) El piloto a distancia deberá considerar que debe ceder el paso a cualquier aeronave tripulada en las diferentes fases del vuelo, así como mantener su propia separación con otras aeronaves.

(m) Sin perjuicio a lo establecido en esta norma, toda persona o entidad involucrada en la operación de RPA, deberá dar cumplimiento a todo requisito legal, tributario, municipal, sanitario, medioambiental entre otros o de seguros que exijan las normas respectivas de los distintos organismos del Estado.

## Vuelos Especiales

### (a) Vuelo Nocturno

(1) En el caso de organismos del Estado, para llevar a cabo operaciones de vuelo nocturno, se requiere de una autorización especial del Subdepartamento de Operaciones. El RPAS debe contar con luces de fábrica que permanezcan encendidas de manera constante, tales como luces de navegación, sin limitarse al uso de luces adicionales como estroboscópicas. La visibilidad de estas luces debe extenderse hasta una distancia no superior a 500 metros, medidos horizontalmente desde la posición fija del operador RPAS. Asimismo, se debe contar con el respaldo de una persona designada como observador RPAS.

(2) El Operador RPAS deberá adquirir la competencia de vuelo nocturno, mediante un programa de instrucción aplicado por el organismo estatal, el que una vez concluido será incorporado en su credencial de Operador de RPAS.

## (b) Vuelo en zona urbana

Las operaciones aéreas que se realizan a menos de 150 metros de infraestructura en zonas urbanas o al interior de zonas con infraestructura urbana, pobladas y/o urbanizadas deberán, además de los requisitos que exige esta norma en la que realiza sus operaciones, cumplir lo siguiente:

(1) Sólo se podrá volar hasta 30 metros medidos horizontalmente de una persona ajena a la operación;

(2) Para vuelos por encima de 120 metros (400 pies) AGL, se deberá obtener previamente la autorización de la DGAC;

(3) Sólo se podrá operar en condiciones VLOS; y

(4) No se podrán sobrevolar predios o propiedades públicas o privadas, sin autorización del propietario, morador y/o administrador.

## (c) Vuelos bajo techo

Para los efectos de la presente norma, los vuelos de RPAS en espacios cerrados o bajo techo no serán considerados como operación aérea, por cuanto no implica el uso del espacio aéreo, sin embargo, quien lo lleve a cabo deberá atender las siguientes medidas de seguridad:

(1) Barrera física de protección (malla, por ejemplo) alrededor del perímetro del área de vuelo.

(2) Contar con una zona de seguridad para el público.

(3) No se deberá volar sobre las personas ajenas a la operación.

## Limitaciones de las operaciones RPAS

(a) De acuerdo con lo establecido en el Art. 82 del Código Aeronáutico, quedan prohibidas todas las operaciones de vuelos y sobre vuelos de RPAS de cualquier peso de despegue sobre las instalaciones militares, unidades de flota y bases aéreas de las Fuerzas Armadas, tanto del Ejército, la Marina y la Fuerza Aérea de Chile. Del mismo modo, se mantiene la prohibición a estas aeronaves, para vuelos y sobre vuelos sobre instalaciones carcelarias e instalaciones estratégicas definidas por el Estado de Chile.

(b) **Zonas restringidas y peligrosas:** Ninguna aeronave volará en una zona restringida o peligrosa cuyos detalles se hayan publicado debidamente en la AIP Chile o NOTAM. No se podrán efectuar vuelos en zonas prohibidas.

(c) Para vuelos por requerimientos especiales que comprenda lo establecido en a), el operador aéreo de RPAS, deberá contar con una autorización previa de la institución correspondiente y la aprobación de la autoridad aeronáutica, que será notificada a través de un NOTAM.

(d) Todas las operaciones en condiciones BVLOS establecidas en la presente DAN 151, quedaran limitadas para el uso exclusivo en el cumplimiento de sus funciones de las instituciones que realicen operaciones de servicio público en coordinación con el Ministerio de Defensa Nacional y del Ministerio del Interior y sus respectivas Subsecretarias.

(e) El incumplimiento de lo establecido en a), b) y c) anterior, dará motivo para que la autoridad aeronáutica aplique lo establecido en el DAR 51, Reglamento de procedimientos infraccional aeronáutico y adicionalmente, se presenten los antecedentes al Ministerio Publico cuando el caso constituya un delito.

## CAPÍTULO C
## REGISTRO DE RPA

### Obligación de registro

Todo propietario de un RPA, que desee operar de acuerdo con esta norma, deberá inscribirlo en la DGAC en el registro especial de RPA antes de iniciar las operaciones. Si un propietario de RPA, desee renunciar a la inscripción de su RPA, deberá solicitar por escrito a la DGAC (Subdepto. Aeronavegabilidad), la eliminación del registro, junto a la entrega de la correspondiente "Tarjeta de Registro" que le fue otorgada. En caso de que el propietario ceda el derecho de utilización a un tercero a través de un comodato o leasing, el tercero podrá registrar el RPA a su nombre siempre que entregue una copia del documento que respalda lo señalado.

## Antecedentes y requisitos para el registro del RPA

(a) Solicitud de registro firmada manualmente, que incluya la huella digital de la persona que suscribe, acompañada de una fotocopia de su cédula de identidad y enviados por correo electrónico o firmada mediante Firma Electrónica Avanzada (FEA), la cual debe ser presentada por el propietario de acuerdo con el formato del Apéndice B, que debe incluir la siguiente información técnica del RPA:

(1) Fabricante, país;
(2) Marca;
(3) Modelo;
(4) Número de serie; y
(5) Peso de fábrica (adjuntar especificaciones del fabricante).

## Tarjeta de registro del RPA

Una vez efectuado el registro del RPA, la DGAC entregará al propietario una tarjeta de registro, la cual indicará:

(a) Nombre del propietario;
(b) RUT;
(c) Dirección;
(d) Teléfono;
(e) Marca;
(f) Modelo;
(g) Peso de fábrica; N° de registro de RPA otorgado por la DGAC; y
(h) N° de serie(s) del RPA, si lo posee.

# CAPÍTULO D
# CREDENCIAL DE PILOTO A DISTANCIA

## Generalidades

Este capítulo prescribe los requisitos para la obtención de la credencial de piloto a distancia de RPA.

## Requisitos para la obtención de la credencial de Operador RPAS

Para optar a una credencial de piloto a distancia de RPAS, el aspirante deberá:

(a) Haber cumplido dieciocho (18) años.

(b) Presentar una declaración jurada simple firmada manualmente que incluya la huella digital de la persona que suscribe, acompañada de una fotocopia de su cédula de identidad y enviados por correo electrónico o firmada mediante Firma Electrónica Avanzada (FEA), de haber recibido instrucción teórica y práctica respecto al modelo de RPA a volar (Apéndice "C"). Lo anterior, acompañado del respectivo certificado de la empresa con Certificado de Operación Aéreo (AOC) o empresa sin fines de lucro con Certificado Especial de Operación (CEO) para sus propios operadores, que impartió la instrucción.

(c) Aprobar un examen escrito sobre la norma DAN 151, DAN 91 "Reglas del Aire", NOTAM, Meteorología (METAR) y Aerodinámica. La calificación mínima para aprobar será de un 75%.

(d) Para la incorporación de una nueva habilitación en un nuevo modelo de RPA, se debe dar cumplimiento a lo indicado en el requisito (b) anterior.

(e) Realizar la solicitud de Obtención de Credencial por el Sistema Informático del Personal Aeronáutico (SIPA), en la página web institucional: https://sipa.dgac.gob.cl/

(f) Realizar el Pago de la respectiva tasa de aeronáutica, a través del SIPA, de acuerdo con el Reglamento de Tasas y Derechos Aeronáuticos DAR 50.

## Atribuciones del titular de la credencial

Desempeñarse como piloto a distancia de RPA, solo en condiciones de operación con visibilidad directa visual (VLOS), en el o los modelos registrados en su credencial.

## Duración y revalidación de la credencial

(a) La duración de la credencial de operador de RPA será de treinta y seis (36) meses.

(b) Para revalidar la credencial, se deberá aprobar un examen escrito sobre lo establecido en la DAN 151, DAN 91 "Reglas del Aire", NOTAM, Meteorología (METAR) y Aerodinámica. La calificación mínima de aprobación deberá ser de 75%.

(c) Realizar la solicitud de Revalidación de Credencial por el SIPA en la página web institucional: https://sipa.dgac.gob.cl/

(d) Realizar el Pago de la respectiva tasa de aeronáutica, a través del SIPA, de acuerdo con el Reglamento de Tasas y Derechos Aeronáuticos DAR 50.

# DECRETO N° 302
# MINISTERIO DE DEFENSA NACIONAL
# SUBSECRETARÍA DE AVIACIÓN
# APRUEBA "REGLAMENTO SOBRE INVESTIGACIONES DE ACCIDENTES E INCIDENTES DE AVIACIÓN" (DAR - 13)

## VISTOS:

a) Lo dispuesto en el artículo 32, N° 6, de la Constitución Política de la República.

b) La ley N° 20.424, Estatuto Orgánico del Ministerio de Defensa Nacional.

c) El artículo 3° letra t), de la ley N° 16.752, Fija organización y funciones y establece disposiciones generales a la Dirección General de Aeronáutica Civil.

d) El Código Aeronáutico.

e) El decreto supremo N° 509 bis, de 1957, del Ministerio de Relaciones Exteriores, que "Promulga Convenio de Aviación Civil (OACI)".

f) El decreto supremo N° 216, de 2003, del Ministerio de Defensa Nacional, que aprueba el Reglamento sobre Investigación de Accidentes e Incidentes de Aviación, DAR - 13.

g) Lo dispuesto en la resolución N° 7, de 2019, de la Contraloría General de la República.

h) El oficio D.G.A.C. N° 05/0/1701/9155, de 22 de noviembre 2019, de la Dirección General de Aeronáutica Civil

## CONSIDERANDO:

a) Que, mediante decreto supremo N° 216, de 2003, del Ministerio de Defensa Nacional, se aprobó el Reglamento sobre Investigación de Accidentes e Incidentes de Aviación, DAR -13.

b) Que, el Consejo de la Organización de Aviación Civil Internacional ha adoptado una serie de enmiendas al Anexo 13 denominado "Investigación de Accidentes e Incidentes de Aviación", y conforme lo establece el Convenio de Aviación Civil Internacional, las normas y métodos recomendados internacionales requieren ser incorporadas al ordenamiento jurídico nacional.

c) Que, en mérito de lo expuesto, se hace necesario adecuar y actualizar la reglamentación nacional sobre Investigación de Accidentes e Incidentes de Aviación, incorporando las enmiendas del Anexo 13 al Convenio de Aviación Civil Internacional.

d) Que, el objeto de la investigación de accidentes o incidentes regulada en el Anexo 13 al Convenio de Aviación Civil Internacional, es la prevención de futuros accidentes e incidentes, no siendo un propósito de ésta, la asignación de culpa, ni la determinación de responsabilidad administrativa, civil o penal.

## DECRETO:

**Artículo primero:** Apruébase el Reglamento sobre Investigación de Accidentes e Incidentes de Aviación, el que se identificará en la Reglamentación Aeronáutica como DAR - 13, cuyo texto es el siguiente:

**Artículo segundo:** Déjase sin efecto el decreto supremo N° 216 de 2003 del Ministerio de Defensa Nacional que aprueba el Reglamento sobre Investigación de Accidentes e Incidentes de Aviación, DAR - 13. Anótese, tómese razón, comuníquese y publíquese en el Diario Oficial.- SEBASTIÁN PIÑERA ECHENIQUE, Presidente de la República.- Mario Desbordes Jiménez, Ministro de Defensa Nacional.

Lo que se transcribe para su conocimiento.- Alfonso Vargas Lyng, Subsecretario para las Fuerzas Armadas.

# CAPÍTULO 1
# DEFINICIONES

**1.1** Para los efectos de la aplicación del presente Reglamento los términos y expresiones indicados a continuación tendrán el significado que se señala:

## ACCIDENTE

Todo suceso relacionado con la utilización de una aeronave, que, en el caso de una aeronave tripulada, ocurre entre el momento en que una persona entra a bordo de la aeronave, con la intención de realizar un vuelo, y el momento en que todas las personas han desembarcado, o en el caso de una aeronave no tripulada, que ocurre entre el momento en que la aeronave está lista para desplazarse con el propósito de realizar un vuelo y el momento en que se detiene, al finalizar el vuelo, y se apaga su sistema de propulsión principal, durante el cual:

a) Cualquier persona sufra lesiones mortales o graves a consecuencia de:

– Hallarse dentro de la aeronave, o

– Por contacto directo con cualquier parte de la aeronave, incluso elementos, piezas o partes que se hayan desprendido de ella, o

– Por exposición directa al chorro de un reactor, excepto cuando las lesiones obedezcan a causas naturales, se las haya causado una persona a sí misma o hayan sido causadas por otras personas o se trate de lesiones sufridas por pasajeros clandestinos escondidos fuera de las áreas destinadas normalmente a los pasajeros y la tripulación.

Para fines estadísticos, toda lesión que ocasione la muerte dentro de los 30 días contados a partir de la fecha en que ocurrió el accidente, deberá ser clasificada como lesión mortal.

b) La aeronave sufra daños o roturas estructurales que:

– Afecten adversamente su resistencia estructural, su performance o sus características de vuelo, y

– Que normalmente exijan una reparación importante o el recambio del componente afectado, excepto por falla o daños del motor, cuando el daño se limita a un solo motor (incluida su cubierta o sus accesorios), hélices, extremos de ala, antenas, sondas, álabes, neumáticos, frenos, ruedas, carenas, paneles, puertas de tren de aterrizaje, parabrisas, revestimiento de la aeronave (como pequeñas abolladuras o perforaciones), o por daños menores a palas del rotor principal, palas del rotor de cola, tren de aterrizaje y a los que resulten de granizo o choques con aves (incluyendo perforaciones en el radomo), o

c) La aeronave desaparece o es totalmente inaccesible.

Para los efectos de este Reglamento una aeronave se considera desaparecida cuando se da por terminada la búsqueda oficial y no se han localizado sus restos.

## AERONAVE

Es todo vehículo apto para el traslado de personas o cosas, y destinado a desplazarse en el espacio aéreo, en el que se sustenta por reacción del aire con independencia del suelo.

## ASESOR

Persona nombrada por un Estado, en razón de sus calificaciones, con el propósito de ayudar a su representante acreditado en las tareas de investigación.

## AUTORIDAD DE INVESTIGACIÓN DE ACCIDENTES

Autoridad designada por un Estado como encargada de las investigaciones de accidentes e incidentes en el contexto del presente reglamento.

## CAUSAS

Acciones, omisiones, acontecimientos, condiciones o una combinación de estos factores que determinen el accidente, incidente grave o incidente.

La identificación de las causas no implica la asignación de culpa ni determinación de responsabilidad administrativa, civil o penal.

## ESTADO DE DISEÑO

El Estado que tiene jurisdicción sobre la entidad responsable del diseño de tipo.

## ESTADO DE FABRICACIÓN

El Estado que tiene jurisdicción sobre la entidad responsable del montaje final de la aeronave, motor o hélice.

## ESTADO DE MATRÍCULA

Estado en el cual está matriculada la aeronave.

## ESTADO DEL EXPLOTADOR

Estado en el que está ubicada la oficina principal del explotador o, de no haber tal oficina, la residencia permanente del explotador.

## ESTADO DEL SUCESO

Estado en cuyo territorio se produce el accidente o incidente.

## EXPLOTADOR

Es la persona que utiliza la aeronave por cuenta propia, con o sin fines de lucro, conservando su dirección técnica. Se presume explotador al propietario de la aeronave.

## FACTORES CONTRIBUYENTES

Acciones, omisiones, acontecimientos, condiciones o una combinación de estos factores, que, si se hubieran eliminado, evitado o estuvieran ausentes, habrían reducido la probabilidad de que el accidente o incidente ocurriese, o habrían mitigado la gravedad de las consecuencias del accidente o incidente. La identificación de los factores contribuyentes no implica asignación de culpa ni determinación de responsabilidad administrativa, civil o penal.

**INCIDENTE**

Es todo suceso relacionado con la utilización de una aeronave, que no llegue a ser accidente, y que afecte o pueda afectar la seguridad de las operaciones.

**INCIDENTE GRAVE**

Un incidente de aviación en el que intervienen circunstancias que indican que hubo una alta probabilidad de que ocurriera un accidente, que está relacionado con la utilización de una aeronave y que, en el caso de una aeronave tripulada, ocurre entre el momento en que una persona entra a bordo de la aeronave, con la intención de realizar un vuelo, y el momento en que todas las personas han desembarcado, o en el caso de una aeronave no tripulada, que ocurre entre el momento en que la aeronave está lista para desplazarse con el propósito de realizar un vuelo y el momento en que se detiene, al finalizar el vuelo, y se apaga su sistema de propulsión principal.

**INFORME PRELIMINAR**

Comunicación usada para la pronta divulgación de los datos obtenidos durante las etapas iniciales de la investigación.

**INVESTIGACIÓN**

Proceso que se lleva a cabo con el propósito de prevenir los accidentes y que comprende la reunión y el análisis de información, la obtención de conclusiones, incluida la determinación de las causas y/o factores contribuyentes y, cuando proceda, la formulación de recomendaciones sobre seguridad operacional.

## INVESTIGADOR ENCARGADO

Persona responsable, en razón de sus calificaciones, de la organización, realización y control de una investigación.

## LESIÓN GRAVE

Cualquier lesión sufrida por una persona en un accidente y que: a) requiera hospitalización durante más de 48 horas dentro de los 7 días contados a partir de la fecha en que se sufrió la lesión; u b) ocasione la fractura de algún hueso (con excepción de la fractura simple de la nariz o los dedos de las manos o de los pies); u c) ocasione laceraciones que dé lugar a hemorragias graves, lesiones a nervios, músculos o tendones; u d) ocasione daño a cualquier órgano interno; u e) ocasione quemaduras de segundo o tercer grado u otras quemaduras que afecten a más del 5% de la superficie del cuerpo; o f) sea imputable al contacto, comprobado, con sustancias infecciosas o a la exposición a radiaciones perjudiciales. MASA MÁXIMA Masa máxima certificada de despegue.

## PROGRAMA ESTATAL DE SEGURIDAD OPERACIONAL (SSP)

Conjunto integrado de reglamentación y actividades destinadas a mejorar la seguridad operacional.

## RECOMENDACIÓN SOBRE SEGURIDAD OPERACIONAL

Propuesta de una autoridad encargada de la investigación de accidentes, basada en la información obtenida de una investigación, formulada con la intención de prevenir accidentes o incidentes y que, en ningún caso, tiene el propósito de dar lugar a una presunción de culpa o responsabilidad respecto de un accidente, incidente grave o incidente. Además de las recomendaciones sobre seguridad operacional derivadas de las investigaciones de accidentes o incidentes, las recomendaciones sobre seguridad operacional pueden provenir de diversas fuentes, incluso los estudios sobre seguridad operacional.

**RECOMENDACIÓN EN MATERIA DE SEGURIDAD OPERACIONAL DE INTERÉS MUNDIAL (SRGC)**

Una recomendación de seguridad operacional relativa a una deficiencia sistémica con una probabilidad de recurrencia con consecuencias importantes a escala mundial y que requiere medidas oportunas para mejorar la seguridad operacional.

**REGISTRADOR DE VUELO**

Cualquier tipo de registrador instalado en la aeronave a fin de facilitar la investigación de accidentes o incidentes.

**REPRESENTANTE ACREDITADO**

Persona designada por un Estado, en razón de sus calificaciones, para los fines de participar en una investigación efectuada por otro Estado. El representante acreditado provendría normalmente de la autoridad del Estado encargada de la investigación de accidentes.

**1.2.** Los plazos de días establecidos en el presente Reglamento se entenderán siempre como días corridos.

## CAPÍTULO 2
## APLICACIÓN

**2.1.** Las disposiciones del presente Reglamento se aplicarán a las actividades de investigación que se generan como resultado de los accidentes e incidentes que ocurran en el territorio y espacio aéreo nacional y en aquellos que ocurran a aeronaves chilenas en aguas o territorios no sujetos a la soberanía de otro Estado, con excepción de las aeronaves militares.

**2.2.** Las disposiciones relativas al Estado del Explotador, serán aplicables a Chile únicamente cuando la aeronave esté arrendada, fletada o intercambiada a una empresa aérea chilena, y cuando Chile no sea el Estado de matrícula.

## CAPÍTULO 3
## GENERALIDADES DE LA INVESTIGACIÓN

**3.1.** La Dirección General de Aeronáutica Civil en adelante DGAC, será la encargada de la investigación administrativa de los accidentes e incidentes de aviación que trata el presente reglamento.

**3.2.** El objetivo de la investigación de accidentes o incidentes será la prevención de futuros accidentes e incidentes. El propósito de esta actividad no es determinar la culpa o la responsabilidad.

### PROTECCIÓN DE LAS PRUEBAS, CUSTODIA Y TRASLADO DE LA AERONAVE

### RESPONSABILIDAD DEL ESTADO DEL SUCESO

**3.3.** La DGAC, realizará gestiones ante y en coordinación con la autoridad pertinente, en los casos que correspondan, para que se tomen las medidas oportunas para proteger las pruebas y mantener la custodia eficaz de la aeronave y su contenido, durante el período de tiempo que sea necesario para realizar la investigación. La protección de las pruebas incluirá la conservación, por procedimientos fotográficos u otros medios, de toda prueba que pueda ser trasladada, o que pueda borrarse, perderse o destruirse. La custodia eficaz incluirá protección razonable para evitar nuevos daños, el acceso de personas no autorizadas y el que se cometan robos o se causen deterioros.

#### Solicitud del Estado de Matrícula, del Estado del Explotador, del Estado de Diseño o del Estado de Fabricación

**3.4.** Si el Estado de Matrícula, el Estado del Explotador, el Estado de Diseño o el Estado de Fabricación solicita que la aeronave, su contenido y cualquier otro medio de prueba permanezcan intactos hasta que los examine un representante acreditado del Estado solicitante, la DGAC adoptará todas las medidas que sean necesarias para atender tal solicitud siempre que sea razonablemente factible y compatible con la debida realización de la investigación y con las atribuciones de la autoridad competente, que estuviera conociendo del hecho. Sin embargo, la aeronave podrá ser desplazada lo necesario para sacar personas, animales, correo y objetos de valor, a fin de evitar su destrucción por el fuego o por otras causas, o para eliminar todo peligro u obstáculo para la navegación aérea, para otros medios de transporte, o para terceros, y siempre que no se retrase innecesariamente el retorno de la aeronave al servicio, cuando sea factible.

### Cesión de la custodia

**3.5.** Siempre que no sea incompatible con las disposiciones del presente capítulo, la DGAC, realizará gestiones ante la autoridad competente, en los casos que correspondan, para que entregue la custodia de la aeronave, su contenido o cualquier parte del mismo tan pronto como ya no sea necesario para la investigación, a la persona o personas debidamente designadas por el Estado de matrícula o por el Estado del explotador, según sea el caso. Con este objeto, se facilitará el acceso a la aeronave, su contenido, o a cualquier parte de los mismos, pero cuando la aeronave, su contenido, o cualquier parte de los mismos se encuentren en una zona respecto a la cual no considere conveniente conceder tal acceso, se hará el traslado a un punto donde pueda permitirlo.

## CAPÍTULO 4
## NOTIFICACIONES

### ACCIDENTES O INCIDENTES QUE SE PRODUCEN EN EL TERRITORIO DE UN ESTADO CONTRATANTE EN LOS QUE INTERVIENEN AERONAVES DE OTRO ESTADO CONTRATANTE

### RESPONSABILIDAD DE CHILE COMO ESTADO DEL SUCESO

#### Envío

**4.1.** La DGAC enviará una notificación de un accidente, un incidente grave o un incidente que se investigará en el marco de este Reglamento, con la menor demora posible y por el medio más adecuado y más rápido de que disponga:

a) al Estado de matrícula;

b) al Estado del explotador;

c) al Estado de diseño;

d) al Estado de fabricación, y

e) a la Organización de Aviación Civil Internacional, en el caso de que la aeronave correspondiente posea una masa máxima de más de 2.250 kilogramos o se trate de un avión turborreactor.

**Formato y contenido**

**4.2.** La notificación se hará en lenguaje claro y contendrá el máximo posible de la información siguiente, pero no se demorará su envío por falta de información completa:

a) en el caso de accidentes se utilizará la abreviatura de identificación ACCID, en el caso de incidentes graves se utilizará la abreviatura SINCID, y en el caso de incidentes se utilizará la abreviatura INCID;

b) fabricante, modelo, marcas de nacionalidad y de matrícula, y número de serie de la aeronave;

c) nombre del propietario de la aeronave, del explotador y del arrendador, si lo hubiere;

d) habilitación del piloto al mando de la aeronave y nacionalidad de la tripulación y los pasajeros;

e) fecha y hora (local o UTC) en que ocurrió el accidente o incidente;

f) último punto de salida y punto de aterrizaje previsto de la aeronave;

g) posición de la aeronave respecto a algún punto geográfico de fácil identificación, y latitud y longitud;

h) número de tripulantes y pasajeros: a bordo, muertos y gravemente heridos; otros, muertos y gravemente heridos;

i) lo que sepa sobre la descripción del accidente o incidente, y los daños que presente la aeronave;

j) indicación del alcance que dará a la investigación a realizar;

k) características físicas del lugar del accidente o incidente, así como indicación de las dificultades de acceso o requisitos especiales para llegar al lugar;

l) identificación de la autoridad remitente y medios para comunicarse en cualquier momento con el investigador encargado y la autoridad de investigación de accidentes del Estado del suceso, y

m) presencia de mercancías peligrosas a bordo de la aeronave y descripción de las mismas.

### Idioma

**4.3.** La notificación se preparará en uno de los idiomas de trabajo de la Organización de Aviación Civil Internacional (OACI), tomando en cuenta el idioma del receptor o receptores, siempre que sea posible hacerlo sin ocasionar demoras excesivas.

### Información adicional

**4.4.** Tan pronto como sea posible, la DGAC remitirá los datos no incluidos en la notificación inicial, así como toda otra información pertinente de que se disponga.

## RESPONSABILIDAD DE CHILE COMO ESTADO DE MATRÍCULA Y COMO ESTADO DEL EXPLOTADOR

### Información - Participación

**4.5.** La DGAC deberá acusar recibo de la notificación de un accidente o incidente.

**4.6.** Al recibir la notificación, la DGAC suministrará al Estado del suceso, tan pronto como les sea posible, la información pertinente de que dispongan respecto a la aeronave que haya sufrido el accidente o incidente y a su tripulación. Igualmente informará al Estado del suceso si tiene el propósito de nombrar a un representante acreditado y, si lo designa, indicará su nombre y datos para establecer contacto y, si el representante acreditado viajará al Estado del suceso, la fecha prevista de su llegada.

**4.7.** Al recibir la notificación, en su calidad de Estado del explotador, suministrará al Estado del suceso, con la menor demora posible y por el medio más adecuado y más rápido de que disponga, información detallada sobre las mercancías peligrosas que se encuentren a bordo de la aeronave.

## ACCIDENTES O INCIDENTES QUE SE PRODUCEN EN EL TERRITORIO DEL ESTADO DE MATRÍCULA, EN UN ESTADO NO CONTRATANTE O FUERA DEL TERRITORIO DE CUALQUIER ESTADO

## RESPONSABILIDAD DE CHILE COMO ESTADO DE MATRÍCULA

### Envío

**4.8.** Cuando la DGAC instruya la investigación de un accidente o incidente, enviará una notificación, en virtud de lo dispuesto en este capítulo, con la menor demora posible y por el medio más adecuado y más rápido de que disponga:

a) al Estado del explotador;

b) al Estado de diseño;

c) al Estado de fabricación; y

d) a la Organización de Aviación Civil Internacional, cuando la aeronave involucrada tenga una masa máxima superior a 2.250 kilogramos o se trate de un avión turborreactor.

e) Al Estado del Suceso, si no está enterado de la ocurrencia de un incidente grave o incidente que será objeto de la investigación.

## RESPONSABILIDAD DE CHILE COMO ESTADO DEL EXPLOTADOR

### Información - Participación

**4.9.** La DGAC, al recibir la notificación de un suceso, suministrará, al Estado de matrícula, cuando así lo solicite, la información pertinente de que disponga respecto a la tripulación de vuelo y a la aeronave que haya sufrido el accidente o incidente. También comunicará al Estado de matrícula si tiene o no el propósito de nombrar a un representante acreditado y, si lo designa, indicará su nombre y datos para establecer contacto y, si el representante acreditado estará presente en la investigación, la fecha prevista de su llegada.

**4.10.** Al recibir la notificación, la DGAC suministrará, al Estado de matrícula, con la menor demora posible y por el medio más adecuado y más rápido de que disponga, información detallada sobre las mercancías peligrosas que se encuentren a bordo de la aeronave.

## CAPÍTULO 5
## INVESTIGACIÓN

### RESPONSABILIDAD POR LA INSTRUCCIÓN Y REALIZACIÓN DE LA INVESTIGACIÓN

### ACCIDENTES O INCIDENTES QUE SE PRODUCEN EN EL TERRITORIO NACIONAL

#### Responsabilidad de Chile como Estado del Suceso

**5.1.** La DGAC instruirá una investigación para determinar las circunstancias del accidente o incidente y será responsable de realizarla.

### ACCIDENTES O INCIDENTES QUE SE PRODUCEN EN EL TERRITORIO DE UN ESTADO NO CONTRATANTE

#### Responsabilidad de Chile como Estado de Matrícula

**5.2.** Cuando el accidente o incidente grave haya ocurrido en el territorio de un Estado no contratante que no tenga la intención de realizar la investigación de conformidad con el Anexo 13 del Convenio de Aviación Civil Internacional, y Chile tenga la calidad de Estado de matrícula o, en su defecto, de Estado del explotador, la DGAC deberá tratar de instruir y realizar la investigación en colaboración con el Estado del suceso y de acuerdo a la legislación vigente, pero si no se puede obtener tal colaboración, deberá efectuar la investigación valiéndose de los datos de que disponga.

## ACCIDENTES O INCIDENTES QUE SE PRODUCEN FUERA DEL TERRITORIO DE CUALQUIER ESTADO

### Estado de Matrícula

**5.3.** Cuando no pueda establecerse claramente que el lugar del accidente o del incidente grave se encuentra en el territorio de un Estado, la DGAC, como Estado de Matrícula, asumirá la responsabilidad de instruir y realizar la investigación del accidente o del incidente grave.

**5.3.1.** Ante la ocurrencia de un accidente en aguas internacionales cercanas a Chile, la DGAC proporcionará la ayuda que pueda y, del mismo modo, responderá a las solicitudes del Estado de matrícula.

## ORGANIZACIÓN Y REALIZACIÓN DE LA INVESTIGACIÓN

## RESPONSABILIDAD DE CHILE COMO ESTADO QUE REALIZA LA INVESTIGACIÓN

**5.4.** Corresponde a la DGAC realizar la investigación administrativa de los accidentes e incidentes. La investigación comprenderá lo siguiente:

a) la recopilación, el registro y el análisis de toda la información pertinente sobre el accidente o incidente;

b) la protección de determinados registros de las investigaciones de accidentes e incidentes de conformidad con lo dispuesto en el numeral 5.12;

c) si corresponde, la publicación de recomendaciones sobre seguridad operacional;

d) de ser posible, la determinación de las causas y/o factores contribuyentes, y

e) la redacción del informe final.

Cuando sea factible, se visitará el lugar del accidente, se examinarán los restos de la aeronave y se tomarán declaraciones a los testigos. Asimismo, se determinará el alcance de la investigación y el procedimiento que ha de seguirse para llevarla a cabo, según las lecciones que espera obtener de la investigación para mejorar la seguridad operacional.

**5.4.1.** Toda investigación que se realice de conformidad con las disposiciones del presente Reglamento será realizada por la DGAC, independientemente de todo procedimiento judicial o administrativo que realicen otras entidades, para determinar la culpa o las responsabilidades.

**5.4.2.** En toda investigación, el explotador, el piloto de una aeronave o propietario, como asimismo las personas naturales o jurídicas relacionadas con la aeronave siniestrada, deberán poner a disposición de la DGAC, los antecedentes que obren en su poder y sean necesarios para realizar la investigación de un accidente, incidente grave o incidente.

**5.4.3.** La DGAC deberá establecer políticas y procedimientos documentados en los que se detallen sus funciones de investigación de accidentes. Estos deberán incluir: organización y planificación; investigación, e informes.

**Investigador Encargado - Designación**

**5.5.** La DGAC designará el investigador que ha de encargarse de la investigación técnica, y ésta se iniciará inmediatamente.

**Investigador Encargado - Acceso y control**

**5.6.** El Investigador encargado tendrá acceso sin restricciones a los restos de la aeronave, y a todo material pertinente, incluyendo los registradores de vuelo y los registros ATS (Servicio de Tránsito Aéreo) y mantendrán el absoluto control sobre los mismos, a fin de garantizar que el personal autorizado que participe en la investigación proceda sin demora a un examen detallado, todo lo anterior, sin perjuicio de las facultades de la o las autoridades competentes.

## Datos registrados - Accidentes e incidentes Registradores de vuelo

**5.7.** Los registradores de vuelo se utilizarán de manera efectiva en la investigación de un accidente o incidente. La DGAC adoptará las medidas necesarias para la lectura de los registradores de vuelo sin demora.

**5.8.** En el caso de que la DGAC no cuente con instalaciones adecuadas para la lectura de los registradores de vuelo, deberá utilizar las instalaciones que otros Estados pongan a su disposición, tomando en consideración lo siguiente:

a) la capacidad de las instalaciones de lectura;
b) la posibilidad de una pronta lectura, y
c) la ubicación de las instalaciones de lectura.

## Autopsias

**5.9.** Tratándose de un accidente mortal, la DGAC coordinará con la autoridad competente la realización de una autopsia completa de los miembros de la tripulación de vuelo fallecidos. Además, se coordinarán las autopsias de los pasajeros y el personal auxiliar de a bordo fallecidos. Estas autopsias se practicarán lo antes posible y en forma completa.

## Exámenes médicos

**5.9.1.** En toda investigación de accidente de aviación y aquellos incidentes que la DGAC disponga, solicitará, a través del Tribunal o de la autoridad competente, la realización de exámenes médicos de la tripulación y del personal aeronáutico involucrado. Los exámenes en cuestión deberán llevarse a cabo lo antes posible.

## Coordinación-Autoridades judiciales

**5.10.** Al realizar la investigación la DGAC deberá coordinar con las autoridades judiciales y el Ministerio Público, prestando particular atención a las pruebas que requieran registro y análisis inmediatos para que la investigación tenga éxito, como el examen e identificación de las víctimas y la lectura de los datos contenidos en los registradores de vuelo.

## Notificación a las autoridades de Seguridad de la Aviación

**5.11.** Si en el curso de una investigación se sabe o se sospecha que tuvo lugar un acto de interferencia ilícita, la DGAC tomará medidas inmediatamente para asegurar que se informe de ello a las autoridades de seguridad de la aviación correspondientes.

## Protección de los registros de las investigaciones de accidentes e incidentes

**5.12.** Los antecedentes de la investigación de un accidente o incidente que más abajo se detallan, que son previos a la adopción del informe final, gozarán de la reserva que la legislación establece.

a) Las grabaciones de las conversaciones en el puesto de pilotaje y las grabaciones de las imágenes de a bordo, y toda transcripción de las mismas, y

b) Los registros bajo la custodia o el control de la autoridad encargada de la investigación del accidente o incidente son:

1. Todas las declaraciones tomadas a las personas por parte de la DGAC en el curso de la investigación;

2. Todas las comunicaciones entre personas, que hayan participado en la operación de la aeronave;

3. La información de carácter médico o personal sobre personas implicadas en el accidente o incidente;

4. Las grabaciones de las conversaciones en las dependencias de control de tránsito aéreo y las transcripciones de las mismas;

5. Los análisis efectuados y las opiniones expresadas acerca de la información, incluida la información contenida en los registradores de vuelo, por la autoridad encargada de la investigación del accidente o incidente y los representantes acreditados en relación con el accidente o incidente, y

6. El proyecto de informe final de la investigación de un accidente o incidente.

**5.12.1.** Los registros enumerados en 5.12 se incluirán en el informe final o en sus apéndices únicamente cuando sea pertinente para el análisis del accidente o incidente.

**5.12.2.** La DGAC no revelará al público los nombres de las personas relacionadas con el accidente o incidente mientras dure la investigación.

**5.12.3.** Las solicitudes de registros que estén bajo custodia o control de la DGAC, deberán ser dirigidas a la fuente original de la información, si está disponible.

**5.12.4.** La DGAC, cuando expida o reciba un proyecto de informe final, adoptará medidas para cerciorarse de que no sea divulgado al público.

### Reapertura de la investigación

**5.13.** Si después de cerrada la investigación se obtienen nuevas pruebas de suficiente importancia, la DGAC deberá proceder a reabrirla.

## RESPONSABILIDAD DE LA DGAC EN LAS INVESTIGACIONES REALIZADAS POR OTROS ESTADOS

### Información - Accidentes e incidentes

**5.14.** Cuando el Estado que realiza la investigación del accidente o incidente le solicite información a la DGAC, ésta le facilitará toda la información pertinente que posea.

**5.15.** Si las instalaciones o servicios dentro del territorio chileno, han sido utilizados, o eventualmente pudieran haber sido utilizados por la aeronave antes del accidente o incidente, la DGAC facilitará al Estado que realiza la investigación toda la información pertinente que posea.

## RESPONSABILIDAD DE CHILE COMO ESTADO DE MATRÍCULA Y ESTADO DEL EXPLOTADOR

### Registradores de vuelo - Accidentes e incidentes graves

**5.16.** En caso de que una aeronave de matrícula o explotador chileno implicada en un accidente o incidente grave aterrice en un Estado que no sea el Estado del suceso, la DGAC a solicitud del Estado que realiza la investigación, proporcionará a este último las grabaciones contenidas en los registradores de vuelo y, si fuera necesario, los correspondientes registradores de vuelo.

### Información orgánica

**5.17.** Cuando el Estado que realice la investigación lo solicite y se trate de una aeronave de matrícula o explotador chileno, la DGAC proporcionará información pertinente sobre toda organización cuyas actividades pudieran haber influido directa o indirectamente en la operación de la aeronave.

## PARTICIPACIÓN EN LA INVESTIGACIÓN

## PARTICIPACIÓN DEL ESTADO DE MATRÍCULA, DEL ESTADO DEL EXPLOTADOR, DEL ESTADO DE DISEÑO Y DEL ESTADO DE FABRICACIÓN

### Derechos

**5.18.** El Estado de matrícula, el Estado del explotador, el Estado de diseño y el Estado de fabricación tendrán derecho a nombrar un representante acreditado cada uno, para que participe en la investigación que realiza la DGAC.

**5.19.** El Estado de matrícula o el Estado del explotador, podrá nombrar un asesor propuesto por el explotador, para asistir a su representante acreditado.

**5.20.** El Estado de diseño y el Estado de fabricación tendrán derecho a nombrar uno o varios asesores propuestos por las organizaciones responsables del diseño de tipo y del montaje final de la aeronave, para asistir a sus representantes acreditados.

### Obligaciones

**5.21.** Cuando el Estado que realice la investigación de un accidente sufrido por una aeronave de una masa máxima de más de 2.250 kilogramos, solicite expresamente la participación de Chile como Estado de matrícula o como Estado del explotador, la DGAC podrá designar a un representante acreditado.

## PARTICIPACIÓN DE OTROS ESTADOS

### Derechos

**5.22.** Todo Estado que, a petición de la DGAC, facilite información, instalaciones y servicios o asesores, tendrá derecho a nombrar un representante acreditado para que participe en la investigación.

## PRERROGATIVA DEL REPRESENTANTE ACREDITADO

### Asesores

**5.23.** Un Estado que tenga derecho a nombrar un representante acreditado tendrá también derecho a nombrar asesores de dicho representante en las tareas de investigación.

**5.24.** A los asesores que ayuden a los representantes acreditados se les permitirá que, bajo la dirección de éstos, participen en la investigación, en cuanto sea necesario, para hacer efectiva la participación de dichos representantes.

## Participación

**5.25.** La participación en la investigación conferirá el derecho de participar en todos los aspectos de la investigación, bajo el control del investigador encargado, y en particular de:

a) visitar el lugar del accidente;

b) examinar los restos de la aeronave;

c) obtener información de los testigos y sugerir posibles aspectos sobre los que se debería interrogar;

d) tener pleno acceso a todas las pruebas pertinentes lo antes posible;

e) obtener copias de todos los documentos pertinentes;

f) participar en el examen del material grabado;

g) participar en actividades de investigación que se lleven a cabo fuera del lugar del accidente, tales como exámenes de componentes, presentaciones técnicas, ensayos y simulaciones;

h) participar en las reuniones que se celebren sobre el progreso de la investigación, incluyendo los debates relativos a análisis, conclusiones, causas, factores contribuyentes y recomendaciones en materia de seguridad operacional, y

i) aportar información respecto a los diversos elementos de la investigación.

No obstante, la participación de Estados que no sean el Estado de matrícula, el Estado del explotador, el Estado de diseño y el Estado de fabricación, puede limitarse a aquellas cuestiones por las que se concede a tales Estados el derecho a participar en la investigación en virtud de lo dispuesto en 5.22.

## Obligaciones

**5.26.** Los representantes acreditados y sus asesores:

a) proporcionarán al Estado que lleva a cabo la investigación toda la información pertinente de que dispongan, y

b) no divulgarán información sobre el curso y las conclusiones de la investigación a ninguna persona, sin el consentimiento explícito del Estado que realiza la investigación.

## PARTICIPACIÓN DE ESTADOS CUYOS NACIONALES HAN PERECIDO O SUFRIDO LESIONES GRAVES EN UN ACCIDENTE

### Derechos y prerrogativas

**5.27.** Un Estado que tenga especial interés en un accidente por haber perecido o haber sufrido lesiones graves en el accidente nacionales del mismo, tendrá derecho a nombrar a un experto, el cual tendrá las siguientes prerrogativas:

a) visitar el lugar del accidente;

b) tener acceso a la información fáctica pertinente que apruebe para divulgación al público la DGAC, así como la información sobre el progreso de la investigación, y

c) recibir copia del informe final.

Esto no impedirá que el Estado también participe en la identificación de las víctimas y proporcione asistencia en reuniones con supervivientes de ese Estado.

## CAPÍTULO 6
## INFORME FINAL

**6.1.** Una vez concluida la investigación, el investigador encargado elaborará un informe final que deberá contener, entre otros: información sobre los hechos, análisis, conclusiones y recomendaciones sobre seguridad operacional, en el formato establecido por la DGAC.

## RESPONSABILIDAD DE LA DGAC

### Divulgación de la información - Consentimiento

**6.2.** La DGAC no pondrá en circulación, ni publicará, ni permitirá acceso al proyecto de informe, parte del mismo, ni documento alguno obtenido durante la investigación de un accidente o incidente, sin el consentimiento expreso del Estado que realizó la investigación, a menos que este último Estado ya haya difundido o hecho público tales informes o documentos.

## RESPONSABILIDAD DE LA DGAC CUANDO REALICE LA INVESTIGACIÓN

### Consultas

**6.3.** La DGAC enviará una copia del proyecto de informe final a los Estados siguientes invitándoles a que, lo antes posible, formulen sus comentarios relevantes y fundamentados sobre el informe:

a) Estado de matrícula;

b) Estado del explotador;

c) Estado de diseño;

d) Estado de fabricación, y

e) todo Estado que participó en la investigación, de acuerdo con el Capítulo 5.

En el caso de que la DGAC reciba comentarios en un plazo de 60 días a contar desde la fecha de envío del proyecto citado, enmendará el proyecto de informe final para incorporar la esencia de los comentarios recibidos, o bien, si lo desea el Estado que formuló los comentarios, los adjuntará a dicho informe. Si la DGAC no recibe comentarios en los mencionados 60 días a contar desde la fecha de la primera carta de envío, hará circular el informe final de acuerdo con lo dispuesto en 6.4 a menos que los Estados interesados hayan convenido en una prórroga de dicho período de tiempo.

**6.3.1.** La DGAC deberá enviar, por intermedio del Estado del explotador, una copia del proyecto de informe final al explotador para que pueda presentar comentarios sobre el proyecto de informe final.

**6.3.2.** La DGAC deberá enviar, por intermedio del Estado de diseño y del Estado de fabricación, una copia del proyecto de informe final a las organizaciones responsables del tipo de diseño y del montaje final de la aeronave, para que puedan presentar comentarios sobre el proyecto de informe final.

**Estados que reciben la información**

**6.4.** La DGAC enviará, tan pronto como sea posible, el informe final de la investigación:

a) al Estado de matrícula;

b) al Estado del explotador;

c) al Estado de diseño;

d) al Estado de fabricación;

e) a todo Estado que haya participado en la investigación;

f) a todo Estado de cuyos nacionales hayan perecido o sufrido lesiones graves, y

g) a todo Estado que haya facilitado información pertinente, instalaciones y servicios de importancia o expertos.

**Difusión del informe final**

**6.5.** En pro de la prevención de accidentes, la DGAC pondrá a disposición del público el informe final lo antes posible y, si se puede, en un plazo de 12 meses desde la ocurrencia del accidente o incidente.

**6.6.** Si el informe no puede ponerse a disposición del público en dicho plazo, la DGAC pondrá a disposición del público una declaración provisional cada 12 meses desde ocurrido el accidente o incidente, indicando los pormenores del progreso de la investigación y cualquier cuestión de seguridad operacional que se haya suscitado.

**6.7.** Cuando la DGAC haya realizado la investigación sobre un accidente o un incidente sufrido por una aeronave de una masa máxima de más de 5.700 kilogramos, y ha hecho público un informe final, enviará a la Organización de Aviación Civil Internacional un ejemplar del informe final.

**Recomendaciones en materia de seguridad operacional.**

**6.8.** La DGAC recomendará, en una carta de envío fechada, en cualquier fase de la investigación de un accidente, incidente grave o incidente, a las autoridades competentes, entre ellas las de otros Estados, todas las medidas preventivas que considere necesarias tomar rápidamente para aumentar la seguridad operacional de la aviación.

**6.9.** La DGAC enviará, de ser necesario, en carta de envío fechada, todas las recomendaciones en materia de seguridad operacional dimanantes de sus investigaciones a las autoridades encargadas de la investigación de accidentes de otro u otros Estados interesados y, cuando entran en juego documentos de la OACI, a esa Organización.

**6.9.1.** Cuando la DGAC emita una recomendación en materia de seguridad operacional de interés mundial (SRGC) comunicará a la OACI la formulación de dicha recomendación y sus respuestas por carta de envío fechada, incluso cuando la SRGC no esté dirigida a la OACI.

## RESPONSABILIDAD DEL ESTADO QUE RECIBE O FORMULA RECOMENDACIONES EN MATERIA DE SEGURIDAD OPERACIONAL

### Medidas en relación con las recomendaciones en materia de seguridad operacional

**6.10.** Si la DGAC recibe recomendaciones en materia de seguridad operacional de otro Estado comunicará, en un plazo de 90 días a partir de la fecha de la carta de envío, al Estado que haya formulado la propuesta las medidas preventivas que se han tomado o se proyecta tomar, o las razones por las cuales no se ha adoptado ninguna medida.

**6.11.** Si la DGAC realiza la investigación o formula una recomendación en materia de seguridad operacional establecerá procedimientos para registrar las respuestas a dicha recomendación recibidas de conformidad con el párrafo anterior.

**6.12.** Si la DGAC recibe una recomendación en materia de seguridad operacional establecerá procedimientos para vigilar el progreso de las medidas tomadas en respuesta a dicha recomendación.

# CAPÍTULO 7
# NOTIFICACIÓN ADREP (Sistema de Notificación de Datos de Accidentes e Incidentes)

## INFORME PRELIMINAR

## RESPONSABILIDAD DE CHILE COMO ESTADO QUE REALIZA LA INVESTIGACIÓN

### Accidentes de aeronaves de más de 2.250 kilogramos

**7.1.** Si la DGAC investiga un accidente de una aeronave de una masa máxima de más de 2.250 kilogramos, enviará el informe preliminar:

a) al Estado de matrícula o al Estado del suceso, según corresponda;

b) al Estado del explotador;

c) al Estado de diseño;

d) al Estado de fabricación;

e) a todo Estado que haya facilitado información pertinente, instalaciones y servicios de importancia o asesores, y

f) a la Organización de Aviación Civil Internacional.

### Accidentes de aeronaves de 2.250 kilogramos o menos

**7.2.** Si la DGAC investiga un accidente de una aeronave de masa máxima de despegue de hasta 2.250 kilogramos, y cuando se trate de cuestiones de aeronavegabilidad o que se consideren de interés para otros Estados, enviará el informe preliminar:

a) al Estado de matrícula o al Estado del suceso, según corresponda;

b) al Estado del explotador;

c) al Estado de diseño;

d) al Estado de fabricación, y

e) a todo Estado que haya facilitado información pertinente, instalaciones y servicios de importancia o asesores.

### Idioma

**7.3.** El informe preliminar se presentará a los Estados que corresponda y a la Organización de Aviación Civil Internacional en uno de los idiomas de trabajo de la OACI.

### Despacho

**7.4.** El informe preliminar se enviará por correo electrónico u otro medio apropiado, dentro de los 30 días de la fecha en que ocurrió el accidente a menos que se haya enviado anteriormente el informe de datos sobre el accidente/incidente. Cuando se trate de cuestiones que afecten directamente a la seguridad de vuelo, el informe se enviará tan pronto como se disponga de la información y por el medio más adecuado y más rápido disponible.

## INFORME DE DATOS SOBRE ACCIDENTES/INCIDENTES DE AVIACIÓN

## RESPONSABILIDAD DE CHILE COMO ESTADO QUE REALIZA LA INVESTIGACIÓN

### Accidentes de aeronaves de más de 2.250 kilogramos

**7.5.** Si la DGAC investiga un accidente de una aeronave de una masa máxima superior a 2.250 kilogramos, enviará, lo antes posible después de la investigación, el informe sobre los datos del accidente de aviación en cuestión a la Organización de Aviación Civil Internacional.

### Información adicional

**7.6.** Cuando la DGAC realice una investigación deberá suministrar, previa solicitud, a otros Estados información pertinente adicional a la disponible en el informe de datos sobre accidentes/incidentes de aviación.

### Incidentes de aeronaves de más de 5.700 kilogramos

**7.7.** Si la DGAC realiza una investigación sobre un incidente ocurrido a una aeronave de una masa máxima de más de 5.700 kilogramos, enviará, lo antes posible, después de la investigación, el informe de datos de incidentes de aviación a la Organización de Aviación Civil Internacional.

## CAPÍTULO 8
## MEDIDAS DE PREVENCIÓN DE ACCIDENTES

### Bases de datos y medidas preventivas

**8.1.** La DGAC establecerá y mantendrá una base de datos de accidentes e incidentes para facilitar el análisis eficaz de la información sobre deficiencias de seguridad operacional reales o posibles y para determinar las medidas preventivas necesarias.

**8.2.** Además de las recomendaciones sobre seguridad operacional que tengan su origen en las investigaciones de accidentes e incidentes, las recomendaciones sobre seguridad operacional pueden provenir de diversas fuentes, incluso los estudios sobre seguridad operacional. Si la DGAC dirige recomendaciones de la naturaleza señalada a una organización en otro Estado, las enviará también a la autoridad encargada de la investigación de accidentes de dicho Estado.

# DECRETO N° 49
# MINISTERIO DE DEFENSA NACIONAL
# SUBSECRETARÍA DE AVIACIÓN
# APRUEBA "REGLAMENTO SOBRE TRANSPORTE SIN RIESGOS DE MERCANCÍAS PELIGROSAS POR VÍA AÉREA" (DAR-18)

Núm. 49. Santiago, 22 de abril de 2008. Vistos: Lo dispuesto en el artículo 32 N° 6 de la Constitución Política de la República de Chile; la Ley N° 16.752, Orgánica de la Dirección General de Aeronáutica Civil; el Reglamento de Transporte Sin Riesgos de Mercancías Peligrosas por Vía Aérea, aprobado por Decreto Supremo N° 746 del 25 de octubre del 1989, del Ministerio de Defensa Nacional, Subsecretaría de Aviación.

CONSIDERANDO:

La necesidad de contar con un nuevo texto reglamentario que contenga normas sobre Transporte Sin Riesgos de Mercancías Peligrosas por Vía Aérea, incorporando conceptos de cuidado y conservación del medio ambiente, infracciones y sanciones por el incumplimiento de éstas obligaciones, armonizadas hasta la enmienda N° 8 del año 2005, realizada por la Organización de Aviación civil Internacional al Anexo 18 del Convenio de Aviación Civil Internacional, y lo solicitado por la Dirección General de Aeronáutica Civil, mediante oficio ordinario N 05/0/1441/6164 del 30 de Nov. 2007; y el oficio ordinario de la Subsecretaria de Aviación (Auditoria) N° 604 de fecha 07.Abr.2008.

DECRETO:

**Artículo primero:** Apruébase el siguiente Reglamento Transporte Sin Riesgos de Mercancías Peligrosas por Vía Aérea, por cuyo cumplimiento corresponde velar a la Dirección General de Aeronáutica Civil.

**Artículo segundo:** Derógase el Reglamento Transporte Sin Riesgos de Mercancías Peligrosas por Vía Aérea, aprobado por Decreto Supremo N° 746 del 25 de octubre de 1989, del Ministerio de Defensa Nacional.

Tómese razón, comuníquese y publíquese en el Boletín Oficial de la Fuerza Aérea de Chile- MICHELLE BACHELET JERIA, Presidenta de la República. José Goñi Carrasco, Ministro de Defensa Nacional.

Lo que se transcribe para su conocimiento. Raúl Vergara Meneses, Subsecretario de Aviación.

## PREÁMBULO

El Anexo 18 al Convenio sobre Aviación Civil Internacional, cuya primera edición fue adoptada por el Consejo de la Organización de Aviación Civil Internacional el 26.JUN.981, entró en aplicación para los Estados miembros a partir del 1° de Enero de 1984. Este Anexo 18 tiene como título "Transporte sin riesgo de mercancías peligrosas por vía aérea".

Las normas y métodos recomendados en el citado texto, han sido emitidos como respuesta a la necesidad manifestada por algunos Estados contratantes de contar con un conjunto internacionalmente aceptado de disposiciones que rigiesen el transporte de mercancías peligrosas por vía aérea.

Tales disposiciones han sido complementadas por las "Instrucciones Técnicas para el transporte sin riesgos de mercancías peligrosas por vía aérea y su Suplemento", documento OACI 9284-AN/905, aprobado y publicado por decisión del Consejo de la OACI y cuyas ediciones se publican periódicamente.

Tanto el Anexo 18 como las referidas Instrucciones Técnicas son aplicables en Chile y en los demás Estados contratantes del Convenio y deben ser adoptados como normas de sus respectivos países en virtud de su compromiso de "colaborar a fin de lograr el más alto grado de uniformidad posible en las reglamentaciones, normas, procedimientos y organización relativas a las aeronaves, personal, aerovías y servicios auxiliares, en todas las cuestiones en que tal uniformidad facilite y mejore la navegación aérea" (Art. 37 del Convenio).

En mérito de lo anterior, siendo la República de Chile, Estado miembro de la Organización de Aviación Civil Internacional (OACI), la Dirección General de Aeronáutica Civil (DGAC), en su calidad de organismo legalmente responsable de proponer o tomar las medidas del caso para la adopción de las normas y recomendaciones aprobadas por la OACI, ha visto la necesidad de recopilar antecedentes sobre la materia para proponer la adopción y adaptación, como norma nacional, de las disposiciones del anexo 18 y de las Instrucciones Técnicas ya mencionadas, a objeto de que se publiquen como Reglamento sobre Transporte sin riesgo de Mercancías Peligrosas por Vía Aérea, para que los usuarios estén en conocimiento de estos preceptos, ya que están afectos a las citadas normas.

La elaboración, pues, del presente Reglamento se ha basado en dicho Anexo 18, incluidas hasta la enmienda N° 8 de del año 2005 y sus disposiciones se complementarán con aquellas de detalle contenidas en las citadas Instrucciones Técnicas y con los Procedimientos (DAP) a dictar por la Dirección General de Aeronáutica Civil.

La República de Chile, en conformidad a lo recomendado por la OACI, ha utilizado en un gran porcentaje la misma redacción del Anexo 18, no conteniendo este Reglamento variaciones importantes de redacción.

Las definiciones no tienen carácter independiente, pues son parte esencial de cada una de las normas en que se usa la terminología, ya que cualquier cambio en el significado de ésta afectaría la disposición.

Toda referencia hecha a cualquier parte de este Reglamento, identificada por un número, comprende todas las subdivisiones de dicha parte.

## CAPÍTULO 1
## DEFINICIONES

En este Reglamento, los términos y expresiones que se indican a continuación, tienen la siguiente Significación:

### 1.1 ACCIDENTE IMPUTABLE A MERCANCÍAS PELIGROSAS

Toda ocurrencia atribuible al transporte aéreo de mercancías peligrosas y relacionadas con él, que ocasiona lesiones mortales o graves a alguna persona o daños de consideración a la propiedad y el medio ambiente.

**AERONAVE DE CARGA**

Toda aeronave, distinta de la de pasajeros, que transporta mercancías o bienes tangibles.

**AERONAVE DE PASAJEROS**

Toda aeronave que transporta a alguna persona, aparte de la tripulación, algún empleado del explotador que vuela por razones de trabajo, algún representante autorizado de la DGAC o alguna persona que acompañe a un envío.

**APROBACIÓN**

Autorización otorgada por la DGAC:

a) Para transportar las mercancías peligrosas prohibidas en aeronaves de pasajeros o de carga, cuando las Instrucciones Técnicas se establece que dichas mercancías pueden trasportarse con una aprobación; o bien.

b) Para otros fines especificados en las Instrucciones Técnicas.

Si no hay referencia específica en las Instrucciones Técnicas para permitir el otorgamiento de una aprobación, se podrá pedir una dispensa a la DGAC.

**ARTÍCULO EXPLOSIVO**

Todo artículo que contiene una o más sustancias explosivas.

**AUTORIDAD AERONÁUTICA**

La Dirección General de Aeronáutica Civil (DGAC).

**AUTORIDAD AEROPORTUARIA**

La autoridad apropiada designada por el Director General de Aeronáutica Civil, responsable de la administración del aeródromo.

**BULTO**

El producto final de la operación de empacado, que comprende el embalaje en sí y su contenido preparado en forma idónea para el transporte.

**DENOMINACIÓN DE ARTÍCULO EXPEDIDO**

Nombre del artículo o sustancia peligrosa utilizado, en todos los documentos y notificaciones de expedición, y en los bultos.

**DISPENSA**

Toda autorización, que no sea una aprobación, otorgada por la DGAC que exime de lo previsto en las Instrucciones Técnicas o de lo previsto en este Reglamento.

**DISPOSITIVO DE CARGA UNITARIZADA**

Toda variedad de contenedor de carga, contenedor de aeronave, paleta de aeronave con red o paleta de aeronave con red sobre un iglú (no se incluyen en esta definición los sobre embalajes).

**EMBALAJES**

Los receptáculos y demás componentes o materiales necesarios para que el receptáculo sea idóneo a su función de contención y permita satisfacer las condiciones de embalaje previstas en el presente Reglamento.

**ENVÍO**

Uno o más bultos de mercancías peligrosas que un explotador acepta de un expedidor de una sola vez y en un mismo sitio, recibido en un lote y despachado a un mismo consignatario y dirección.

**ESTADO DE DESTINO**

El Estado en cuyo territorio se ha de descargar finalmente el envío transportado por una aeronave.

**ESTADO DEL EXPLOTADOR**

El Estado donde radica la sede comercial del Explotador, o en su defecto, en el que está domiciliado con carácter permanente.

**ESTADO DE ORIGEN**

El Estado en cuyo territorio se ha de cargar inicialmente el envío en una aeronave.

**EXCEPCIÓN**

Toda disposición del presente reglamento por la que se excluye determinado artículo, considerado mercancía peligrosa, de las condiciones normalmente aplicables a tal artículo.

**EXPLOTADOR**

Es la persona que utiliza la aeronave por cuenta propia con o sin fines de lucro, conservando su dirección técnica.

**INCIDENTE IMPUTABLE A MERCANCÍAS PELIGROSAS**

Toda ocurrencia atribuible al transporte aéreo de mercancías peligrosas y relacionadas con él —que no constituye un accidente imputable a mercancías peligrosas y que no tiene que producirse necesariamente a bordo de alguna aeronave— que ocasiona lesiones a algunas personas, daños a la propiedad, medio ambiente, incendio, ruptura, derramamiento, fugas de fluidos, radiación o cualquiera otra manifestación de que se ha vulnerado la integridad de algún embalaje. También se considera incidente imputable a mercancías peligrosas, toda ocurrencia relacionada con el transporte de mercancías peligrosas que pueda haber puesto en peligro a la aeronave o a sus ocupantes.

**LESIÓN GRAVE**

Cualquier lesión sufrida por una persona en un accidente y que:

a) requiera hospitalización durante más de 48 horas dentro de los siete días, contados a partir de la fecha en que se sufrió la lesión; o

b) ocasione la fractura de algún hueso (con excepción de las fracturas simples de la nariz o de los dedos de las manos o de los pies); o

c) ocasione laceraciones que den lugar a hemorragias graves, lesiones a nervios, músculos o tendones; o

d) ocasione daños a cualquier órgano interno; o

e) ocasione quemaduras de segundo o tercer grado u otras quemaduras que afecten más del 5% de la superficie del cuerpo; o

f) sea imputable al contacto, comprobado, con sustancias infecciosas o a la exposición a radiaciones perjudiciales.

**LIQUIDO PIROFÓRICO**

Todo líquido que pueda inflamarse espontáneamente en contacto con el aire, cuya temperatura sea de 55° C o más baja.

**MERCANCÍAS PELIGROSAS**

Todo objeto o sustancia que puede constituir un riesgo para la salud, la seguridad, la propiedad o el medio ambiente y que figure en la lista de mercancías peligrosas de las instrucciones técnicas para el transporte sin riesgos de mercancías peligrosas por vía aérea y sus suplementos o estén clasificadas de acuerdo a ellas.

**MIEMBRO DE LA TRIPULACIÓN DE VUELO**

Persona encargada de la operación, mando y funcionamiento de la aeronave o sus partes, que cumple funciones esenciales durante el período de servicio de vuelo.

**MUESTRAS PARA DIAGNÓSTICO (DIAGNOSTIC SPECIMENS)**

Cualquier materia animal o humana que incluya entre otras cosas, excreciones, secreciones, sangre y sus componentes, tejidos y fluidos de tejidos, que se envían para su diagnóstico con exclusión de los animales infectados.

**NÚMERO ONU**

Número de cuatro dígitos asignado por el Comité de Expertos en transporte de mercaderías peligrosas, y en el Sistema Globalmente Armonizado de Clasificación y Etiquetado de Productos Químicos de las Naciones Unidas, que sirven para reconocer los diversos objetos o sustancias o un determinado grupo de objetos o sustancias.

**NÚMERO ID**

Número de identificación provisional para los productos que no se ha asignado un número ONU.

**OPERADOR POSTAL DESIGNADO**

De acuerdo a lo establecido en el decreto N° 394, de 1957, del Ministerio del Interior, en relación al DFL-10, de 1981, del Ministerio de Transportes y Telecomunicaciones, la Empresa Correos de Chile, fue designada oficialmente por Estado como miembro de la Unión Postal Universal (UPU) para operar los servicios postales y cumplir con las correspondientes obligaciones derivadas de las actas del Convenio de la UPU en su territorio.

**PILOTO AL MANDO**

Piloto designado por el explotador en cada operación aérea, para estar al mando de la aeronave y encargarse de la operación segura de un vuelo o parte de éste.

**SOBRE EMBALAJE**

Embalaje utilizado por un expedidor único que contenga uno o más bultos y constituya una unidad para facilitar su manipulación y estiba; no se incluyen en esta definición los dispositivos de carga unitarizada.

## CAPÍTULO 2
## CAMPO DE APLICACIÓN

### 2.1 Campo de aplicación general

2.1.1 Las normas de este Reglamento son aplicables al transporte de mercancías peligrosas efectuado en aeronaves civiles chilenas y extranjeras, que operen en el espacio aéreo nacional.

En casos de extrema urgencia o cuando otras modalidades de transporte no sean apropiadas o cuando el cumplimiento de todas las condiciones exigidas sea contrario al interés público, la autoridad aeronáutica podrá dispensar el cumplimiento de alguno de los requisitos de este reglamento, siempre que el explotador acredite que el transporte se efectuará con niveles de seguridad equivalentes a los establecidos en el presente reglamento.

2.1.2 El explotador no podrá aceptar mercancías peligrosas para su transporte por vía aérea, a menos que éstas se encuentren apropiadamente clasificadas, documentadas, certificadas, descritas, embaladas, marcadas y etiquetadas en las condiciones establecidas en este reglamento.

2.1.3 La solicitud de dispensa deberá hacerse por escrito, incluyendo los siguientes datos:

a) fecha de arribo o salida;

b) aeródromo de entrada o salida;
c) ruta;
d) escalas;
e) tripulación; y
f) remitente y destinatario de la carga.

Además, incluirá antecedentes respecto de la clase, tipo, cantidad, procedencia y destino de la carga.

2.1.4 Toda mercancía peligrosa que ingrese a los Aeródromos y se desplace en su interior para ser transportada, será controlada por la autoridad aeroportuaria. Para este efecto, deberá permanecer separada de otro tipo de carga para su rápida identificación. Dicha mercancía deberá permanecer el menor tiempo posible en los recintos aeroportuarios, debiendo contar previamente con toda la documentación tramitada.

2.1.5 Los pasajeros y el personal de vuelo no podrán transportar mercancías peligrosas en su persona, equipaje de mano o equipaje de bodega, a menos que se cumpla con lo establecido en el párrafo 2.2.

**2.2 "Instrucciones Técnicas" sobre mercancías peligrosas**

2.2.1 Todas las operaciones de transporte por vía aérea de mercancías peligrosas clasificadas de acuerdo a lo prescrito en este Reglamento, deberán ceñirse a las disposiciones de detalle, contenidas en el documento OACI 9284-AN/905 "Instrucciones Técnicas para el Transporte sin Riesgo de Mercancías Peligrosas por Vía Aérea y su Suplemento" —en adelante "Instrucciones Técnicas"— sancionado por el Consejo de la Organización de Aviación Civil Internacional, adoptado y aprobado por la Dirección General de Aeronáutica Civil.

2.2.2 La DGAC informará a la OACI las dificultades encontradas en la aplicación de las Instrucciones Técnicas y sugerirá las modificaciones que convendría introducir en las mismas.

**2.3 Excepciones**

2.3.1 Los artículos y sustancias que deberían clasificarse como mercancías peligrosas, pero que, de conformidad con los requisitos de aeronavegabilidad y con los reglamentos de operación pertinentes o con los fines especializados que se determinen en las "Instrucciones Técnicas", sea preciso llevar a bordo de las aeronaves, por ser necesario para la operación de ésta, estarán exceptuadas de las disposiciones de este Reglamento.

2.3.2 Cuando alguna aeronave lleve artículos y sustancias que sirvan para reponer a las descritas en 2.3.1 o que se hayan quitado para sustituirlos, se transportarán de conformidad con lo previsto en el presente Reglamento, salvo que las "Instrucciones Técnicas" indiquen que se puede hacer de alguna otra manera.

2.3.3 Los artículos y sustancias transportados por los pasajeros y miembros de la tripulación, se considerarán exceptuados de lo previsto en el presente Reglamento, y podrán transportarse en las condiciones que sobre el particular establecen las "Instrucciones Técnicas".

### 2.4 Notificación de discrepancias respecto a las instrucciones técnicas

2.4.1 La DGAC notificará a la OACI toda discrepancia que difiera de lo previsto en las Instrucciones Técnicas.

2.4.2 El explotador de aeronaves deberá informar a la DGAC cuando adopte condiciones más restrictivas que las especificadas en las Instrucciones Técnicas, para notificar a la OACI las discrepancias de ese explotador.

### 2.5 Transporte de superficie

Se adoptarán las medidas para permitir que las mercancías peligrosas destinadas a su transporte por vía aérea y preparadas con arreglo a las Instrucciones Técnicas de la OACI sean aceptadas para su transporte por medios de superficie hacia y desde los aeródromos.

### 2.6 Autoridad Aeronáutica

La Dirección General de Aeronáutica Civil (DGAC) será la responsable de fiscalizar el cumplimiento del presente Reglamento.

# CAPÍTULO 3
# CLASIFICACIÓN

## 3.1 Clases de mercancías peligrosas

3.1.1 Las mercancías peligrosas se clasificarán en una de las siguientes nueve clases y, de ser apropiado, en sus divisiones correspondientes:

Clase 1 - Explosivo

- División 1.1

Artículos y sustancias que presentan un riesgo de explosión masiva.

- División 1.2

Artículos y sustancias que presentan un riesgo de proyección, pero no un riesgo de explosión masiva.

- División 1.3

Artículos y sustancias que presentan un riesgo de incendio y un riesgo de que se produzcan pequeños efectos de onda explosiva o de proyección, o ambos efectos, pero no un riesgo de explosión masiva.

- División 1.4

Artículos y sustancias que no presentan ningún riesgo considerable.

- División 1.5

Sustancias muy poco sensibles que encierran el riesgo de explosión masiva.

- División 1.6

Objetos extremadamente insensibles que no presentan riesgo de explosión masiva.

Clase 2 - Gases

Comprimidos, licuados, disueltos a presión, o refrigerados a temperaturas extremadamente bajas.

- División 2.1

Gases Inflamables

- División 2.2

Gases no inflamables, no tóxicos

- División 2.3

Gases tóxicos

Clase 3 - Líquidos inflamables Clase 4 - Sólidos inflamables

Sustancias que presentan riesgos de combustión espontánea; sustancias que en contacto con el agua despiden gases inflamables.

– División 4.1

Sólidos inflamables,

Sustancias de reacción espontánea y explosivos sólidos insensibilizados.

– División 4.2

Sustancias que presentan riesgos de combustión espontánea.

– División 4.3

Sustancias que en contacto con el agua despiden gases inflamables.

Clase 5 - Sustancias comburentes; peróxidos orgánicos

– División 5.1

Sustancias comburentes distintas de los peróxidos orgánicos

– División 5.2

Peróxidos orgánicos

Clase 6 - Sustancias tóxicas (venenosas) y sustancias infecciosas

– División 6.1

Sustancias tóxicas (venenosas)

– División 6.2

Sustancias infecciosas

Clase 7 - Material radioactivo

Clase 8 - Sustancias corrosivas

Clase 9 - Mercancías peligrosas varias

3.1.2 La clasificación de un artículo o sustancia se ajustará a lo previsto en las instrucciones técnicas, en donde figuran las definiciones detalladas de las clases de mercancías peligrosas enumeradas anteriormente.

3.1.3 El orden en el que están enumeradas las clases, no indica el grado relativo de peligro.

3.1.4 Los artículos y sustancias no mencionados expresamente por su denominación en la lista de mercancías peligrosas de las "Instrucciones Técnicas", que puedan incluirse en más de una clase, se clasificarán según el máximo riesgo que presenten al transportarlos, especificando asimismo los riesgos secundarios y siguiendo los procedimientos contenidos en las "Instrucciones Técnicas".

3.1.5 Mercancías peligrosas no especificadas en ninguna otra parte (n.e.p.)

La lista de mercancías peligrosas de las "Instrucciones Técnicas", contendrá entradas colectivas en virtud de las cuales artículos y sustancias no mencionados específicamente por su denominación pueden entregarse para su transporte por vía aérea. Esas entradas consistirán en la denominación de la clase de riesgos que se indica en 3.1, o en algún otro término genérico, acompañado de las palabras "no especificadas en ninguna otra parte" (n.e.p.).

## CAPÍTULO 4
## RESTRICCIONES APLICABLES AL TRANSPORTE DE MERCANCÍAS PELIGROSAS POR VÍA AÉREA

### 4.1 Mercancías peligrosas cuyo transporte por vía aérea está permitido

El transporte de mercancías peligrosas por vía aérea está prohibido, salvo que se realice de conformidad con lo previsto en el presente Reglamento y con las especificaciones y procedimientos detallados en las "Instrucciones Técnicas".

### 4.2 Mercancías peligrosas cuyo transporte por vía aérea esta prohibido, salvo dispensa

El transporte de las mercancías peligrosas que se describen a continuación, está prohibido en las aeronaves, salvo dispensa de la Dirección General de Aeronáutica Civil según lo previsto en 2.1, o a menos que en las disposiciones de las "Instrucciones Técnicas" se indique que se pueden transportar con aprobación otorgada por el Estado de origen:

a) Las mercancías peligrosas cuyo transporte figura como prohibido en las "Instrucciones Técnicas", en circunstancias normales; y

b) Los animales vivos infectados.

### 4.3 Mercancías peligrosas cuyo transporte por vía aérea esta prohibido

No se transportarán en aeronaves las mercancías peligrosas descritas a continuación:

a) Las sustancias o artículos mencionados específicamente por su nombre o mediante una descripción genérica en las "Instrucciones Técnicas" y considerados prohibidos para su transporte por vía aérea cualesquiera que sean las circunstancias.

b) Los explosivos que puedan inflamarse o descomponerse si están expuestos a una temperatura de 75° C. Durante 48 horas.

c) Los explosivos que contengan a la vez cloratos y sales de amonio.

d) Los explosivos que contengan mezclas de cloratos con fósforos.

e) Los explosivos sólidos clasificados como extremadamente sensibles al choque mecánico.

f) Los explosivos líquidos clasificados como moderadamente sensibles al choque mecánico. (Los procedimientos de clasificación de los explosivos aparecen en las "Instrucciones Técnicas").

g) Toda sustancia que se presente para el transporte y sea capaz de producir una emanación peligrosa de calor o de gas en las condiciones normales propias del transporte aéreo.

h) Los líquidos radiactivos que sean pirofóricos.

i) Los sólidos inflamables y los peróxidos orgánicos que, previo ensayo, tengan propiedades explosivas y que estén embalados de tal forma que el procedimiento de clasificación requiera colocar la etiqueta correspondiente a los explosivos como riesgo subsidiario.

**4.4** El explotador deberá informar a los pasajeros sobre las mercancías peligrosas que se encuentran prohibidas de transportar en el equipaje de mano, de bodega o consigo mismo.

**4.5** El transporte de sustancias infecciosas requiere que el expedidor previamente coordine con el explotador la confirmación del consignatario, respecto a la importación o exportación legal de la sustancia. Esta información debe ser proporcionada por el explotador a la autoridad aeronáutica.

**4.6** El expedidor debe declarar al explotador, previo al embarque, las muestras para diagnóstico, con el objeto que éste adopte el procedimiento respectivo, de acuerdo a la documentación y la preparación para su transporte en la aeronave.

# CAPÍTULO 5
# EMBALAJE

## 5.1 Requisitos generales

Las mercancías peligrosas se embalarán de conformidad con las disposiciones de este capítulo y con arreglo a lo previsto en las "Instrucciones Técnicas".

## 5.2 Embalajes

5.2.1 Los embalajes utilizados para el transporte de mercancías peligrosas por vía aérea serán de buena calidad y estarán construidos y cerrados de modo seguro, para evitar pérdidas que podrían originarse en las condiciones normales de transporte, debido a cambios de temperatura, humedad o presión, o a la vibración.

5.2.2 Los embalajes serán apropiados al contenido. Los embalajes que estén en contacto directo con mercancías peligrosas serán resistentes a toda reacción química o de otro tipo provocada por dichas mercancías.

5.2.3 Los embalajes se ajustan a las especificaciones de las "Instrucciones Técnicas" con respecto a su material y construcción.

5.2.4 Los embalajes se someterán a ensayo, de conformidad con las disposiciones de las "Instrucciones Técnicas".

5.2.5 Los embalajes con la función básica de retener un líquido, serán capaces de resistir sin fugas las presiones estipuladas en las "Instrucciones Técnicas".

5.2.6 Los embalajes interiores se embalarán, afianzarán o protegerán contra choques, para impedir su rotura o derrame y controlar su movimiento dentro del embalaje o sobre embalaje, en las condiciones normales de transporte aéreo. El material de relleno y absorbente no deberá reaccionar peligrosamente con el contenido de los embalajes.

5.2.7 Ningún embalaje se utilizará de nuevo antes de que haya sido inspeccionado y se compruebe que está exento de corrosión u otros daños.

Cuando vuelva a utilizarse un recipiente, se tomarán todas las medidas necesarias para impedir la contaminación de nuevos contenidos.

5.2.8 Si, debido a la naturaleza del contenido de su anterior uso, los embalajes vacíos que no se hayan limpiado pueden entrañar algún riesgo, se cerrarán herméticamente y se tratarán según el riesgo que entrañen.

5.2.9 No estará adherida a la parte exterior de los bultos ninguna sustancia peligrosa en cantidades que puedan causar daños.

**5.3** Eliminado por Decreto supremo N° 87, Art. Único, N°16 publicado en Diario Oficial el 17 julio de 2019.

**5.4 Certificación de embalajes**

5.4.1 La DGAC certificará los embalajes a petición de los interesados, quienes deberán acompañar los antecedentes que acrediten el cumplimiento de las "Instrucciones Técnicas".

5.4.2 El fabricante deberá incorporar en la marca, la identificación asignada por la autoridad aeronáutica.

5.4.3 Los embalajes deberán ser sometidos a ensayos de idoneidad, la DGAC podrá realizar inspecciones de las pruebas de ensayo, verificando el cumplimiento de lo establecido en las "Instrucciones Técnicas".

5.4.4 Los centros de ensayo deberán remitir, una vez finalizadas las pruebas de idoneidad, los reportes e informes de protocolos correspondientes, conforme a las "Instrucciones Técnicas".

## CAPÍTULO 6
## ETIQUETAS Y MARCAS

**6.1 Generalidades**

El expedidor verificará que las marcas y etiquetas que se coloquen en cada bulto y en cada sobre embalaje que contenga mercancías peligrosas, cumplan con lo establecido en las instrucciones técnicas.

**6.2 Etiquetas**

6.2.1 A menos que las "Instrucciones Técnicas" indiquen lo contrario, todo bulto de mercancías peligrosas llevará las etiquetas apropiadas, de conformidad con lo previsto en dichas Instrucciones.

6.2.2 Eliminado por Decreto supremo N° 87, Art. Único, N°17 publicado en Diario Oficial el 17 julio de 2019.

## 6.3 Marcas

6.3.1 A menos que en las "Instrucciones Técnicas" se indique de otro modo, todo bulto de mercancías peligrosas irá marcado con la denominación del artículo expedido que contenga y con el número de la ONU, si lo tiene asignado, así como con toda otra marca que puedan especificar aquellas instrucciones.

6.3.2 Marcas de especificaciones de embalajes

Salvo que las "Instrucciones Técnicas" indiquen lo contrario, todo embalaje fabricado con arreglo a alguna especificación de las "Instrucciones Técnicas", se marcará de conformidad con las disposiciones apropiadas en ellas contenidas y no se marcará ningún embalaje con marcas de especificación alguna, a menos que satisfaga la especificación correspondiente prevista en las citadas Instrucciones.

## 6.4 Idiomas aplicables a las marcas

En las marcas relacionadas con las mercancías peligrosas, además del idioma español y hasta que se prepare y adopte una forma de expresión más adecuada para uso universal, deberá utilizarse el idioma inglés.

# CAPÍTULO 7
# OBLIGACIONES DEL EXPEDIDOR

## 7.1 Requisitos generales

7.1.1 Antes de que una persona entregue algún bulto o sobre embalaje, que contenga mercancías peligrosas para transportarlas en aeronaves, se cerciorará de que el transporte por vía aérea de esas mercancías no esté prohibido y de que estén correctamente clasificadas, embaladas, marcadas, etiquetadas y acompañadas del correspondiente documento de transporte de mercancías peligrosas debidamente ejecutado, tal cual prevén este Reglamento y las "Instrucciones Técnicas".

7.1.2 Eliminado por Decreto supremo N° 87, Art. Único, N°17 publicado en Diario Oficial el 17 julio de 2019.

## 7.2 Documento de transporte de mercancías peligrosas

7.2.1 El expedidor que entrega mercancías peligrosas para su embarque por vía aérea debe presentar al explotador y a la DGAC las copias respectivas de:

a) La Declaración de mercancías peligrosas del expedidor;

b) La Hoja de datos de Seguridad;

c) La Resolución de la Dirección General de Movilización Nacional (DGMN) para el transporte de explosivos, cuando sea aplicable;

d) La Autorización correspondiente de la Comisión Chilena de Energía Nuclear, cuando sea aplicable;

e) Las Autorizaciones que corresponda emitir a otras autoridades, acorde al tipo de mercancías de que se trate, cuando sea aplicable;

f) Documento que acredita las pruebas de ensayo de los embalajes, cuando sea requerido.

7.2.1 bis A menos que en las Instrucciones Técnicas se indique de otro modo, quien entregue mercancías peligrosas para su transporte por vía aérea llenará, firmará y proporcionará al explotador un documento de transporte de mercancías peligrosas que contendrá los datos requeridos en aquellas Instrucciones.

7.2.2 El documento de transporte irá acompañado de una declaración firmada por quien entregue mercancías peligrosas para transportar, indicando que dichas mercancía se han descrito total y correctamente por su denominación y que están clasificadas, embaladas, marcadas, etiquetadas y debidamente acondicionadas para su transporte por vía aérea, de conformidad con las disposiciones pertinentes.

## 7.3 Idiomas utilizados

En Chile y para las rutas nacionales, el documento de transporte de mercancías peligrosas debe confeccionarse en español y para envíos internacionales, podrá utilizarse asimismo, como forma de expresión adecuada y de uso universal, el inglés.

## CAPÍTULO 8
## OBLIGACIONES DEL EXPLOTADOR

### 8.1 Aceptación de mercancías para transportar

8.1.1 Ningún explotador aceptará mercancías peligrosas para ser transportadas por vía aérea:

a) a menos que las mercancías peligrosas vayan acompañadas de un documento de transporte de mercancías peligrosas debidamente cumplimentado, salvo en los casos en que las "Instrucciones Técnicas" indiquen que no se requiere dicho documento y

b) hasta que no haya inspeccionado el bulto, sobre embalaje o contenedor de carga que contenga las mercancías peligrosas, de conformidad con los procedimientos de aceptación estipulados en las "Instrucciones Técnicas".

8.1.2 Para los efectos de la aceptación de los sobre embalajes de protección, deberá observarse las disposiciones especiales contenidas en las "Instrucciones Técnicas".

8.1.3 El explotador que reciba carga deberá verificar con el expedidor el contenido de cualquier bulto sospechoso, con el objeto de evitar que se embarquen en la aeronave mercancías no declaradas. El explotador deberá notificar a la DGAC cuando detecte mercancías peligrosas ocultas o sin cumplir con los requisitos legales o reglamentarios.

8.1.4 El explotador deberá revisar la totalidad de la carga que cualquier agente no acreditado por la DGAC, presente para su transporte por vía aérea, considerando que la recepción y aceptación de la mercancía peligrosa se realice con la antelación suficiente para ser sometida a las inspecciones que corresponda.

8.1.5 El explotador que acepte mercancías peligrosas para ser transportadas por vía aérea, deberá conservar por un período no inferior a tres (3) meses después del vuelo, copia de la declaración de mercancías peligrosas del expedidor, de la lista de aceptación y de la información entregada al piloto al mando.

8.1.6 El explotador deberá notificar al comandante de la aeronave, mediante el formulario Notificación al Piloto al Mando, las mercancías peligrosas que se transporten en la aeronave y deberá asegurarse, además, que éste cuente con la información o documentos necesarios para enfrentar un incidente o accidente imputable a mercancías peligrosas.

8.1.7 El explotador deberá entregar a las bodegas de internación de carga, conjuntamente con las mercancías peligrosas transportadas, copias de la siguiente documentación:

a) La declaración de mercancías peligrosas del expedidor;

b) Hoja de datos de seguridad del producto, y

c) Otras autorizaciones, según corresponda.

8.1.8 Las mercancías peligrosas que ingresen al país deberán venir acompañadas de la correspondiente documentación, elaborada en idioma español o inglés.

**8.2 Lista de verificación para la aceptación**

Para la aceptación el explotador preparará y utilizará una lista de verificación que le sirva de ayuda para ceñirse a lo dispuesto en 8.1.

**8.3 Inspección para averiguar si se han producido averías o pérdidas**

8.3.1 Los bultos y sobre embalajes que contengan mercancías peligrosas y los contenedores de carga que contengan materiales radiactivos, se inspeccionarán por personal con las competencias y equipos necesarios, para averiguar si se han producido fugas o averías antes de estibarlos en una aeronave o en un dispositivo de carga unitarizada y confirmada una pérdida o avería en dichas mercancías, no serán estibadas en aeronave alguna.

8.3.2 No se estibará a bordo de ninguna aeronave, dispositivo de carga unitarizada alguno, a menos que se haya inspeccionado previamente y comprobado que no hay trazas de pérdidas o averías que puedan afectar las mercancías peligrosas que contenga dicha carga.

8.3.3 Cuando algún bulto de mercancías peligrosas cargado a bordo de una aeronave tenga averías o pérdidas, el explotador lo descargará de la aeronave, o de ser necesario, hará lo conducente para que se encargue de ello el organismo competente según la mercancía que se trate. Luego se cerciorará de que el resto del envío se halle en buenas condiciones para su transporte por vía aérea y que no haya quedado contaminado ningún otro bulto.

8.3.4 Los bultos o sobre embalajes que contengan mercancías peligrosas y los contenedores de carga que encierren materiales radiactivos se inspeccionarán para detectar signos de averías o pérdidas al descargarlos de la aeronave o dispositivo de carga unitarizada. Si se comprueba que se han producido averías o pérdidas, se inspeccionará la zona en que se habían estibado en la aeronave las mercancías peligrosas o el dispositivo de carga unitarizada, para averiguar si se han producido daños o contaminación.

### 8.4 Restricciones para la estiba en la cabina de pasajeros o en el puesto de pilotaje

No se estibarán mercancías peligrosas en la cabina de ninguna aeronave ocupada por pasajeros ni tampoco en el puesto de pilotaje, salvo en los casos permitidos según las disposiciones de las "Instrucciones Técnicas".

### 8.5 Eliminación de la contaminación

8.5.1 Se eliminará sin demora toda contaminación peligrosa que se encuentre en una aeronave o recinto aeronáutico como resultado de las pérdidas o averías sufridas por mercancías peligrosas, teniendo como marco regulador de aquello la ley de bases generales del medio ambiente, Ley N° 19.300.

8.5.2 Toda aeronave que haya quedado contaminada por materiales radiactivos se retirará inmediatamente de servicio y no se reintegrará a él antes de que el nivel de radiación de toda superficie accesible y la contaminación radiactivo transitoria sean inferiores a los valores especificados en las "Instrucciones Técnicas".

### 8.6 Separación y segregación

8.6.1 Los bultos que contengan mercancías peligrosas capaces de reaccionar entre sí en forma riesgosa, no se estibarán en una aeronave unos juntos a otros ni en otra posición tal que puedan entrar en contacto en caso de que se produzcan pérdidas.

8.6.2 Los bultos que contengan sustancias tóxicas e infecciosas se estibarán en una aeronave de conformidad con las disposiciones de las "Instrucciones Técnicas".

8.6.3 Los bultos de materiales radiactivos se estibarán en una aeronave de modo que queden separados de las personas, los animales vivos y las películas no reveladas, de conformidad con las disposiciones de las "Instrucciones Técnicas".

**8.7 Sujeción de las mercancías peligrosas**

Cuando se carguen en una aeronave mercancías peligrosas supeditadas a las disposiciones aquí descritas, el explotador las protegerá para evitar que se averíen. Asimismo, el explotador tiene que sujetarlas a bordo de modo tal que no puedan moverse en vuelo alterando la posición en que se hayan colocado los bultos. Los bultos que contengan sustancias radiactivas se afianzarán debidamente para satisfacer, en todo momento, los requisitos de separación previstos en 8.6.3.

**8.8 Carga a bordo de las aeronaves de carga**

Los bultos de mercancías peligrosas que lleven la etiqueta "Exclusivamente en aeronaves de carga" se cargarán de conformidad con las disposiciones que figuran en las Instrucciones Técnicas.

**8.9 Carga y estiba**

Los bultos y sobre embalajes que contengan mercancías peligrosas y los contenedores de carga que contengan material radiactivo se cargarán y estibarán en la aeronave de conformidad con lo dispuesto en las "Instrucciones Técnicas".

**8.10 Almacenaje**

8.10.1 Los explotadores que transporten mercancías peligrosas por vía aérea deben contar en los aeródromos con lugares adecuados para el almacenamiento y segregación de dichos artículos, según lo establecido en las "Instrucciones Técnicas".

8.10.2 Se deberá contar en los aeródromos con lugares para el almacenamiento de mercancías peligrosas que hayan sido detectadas en posesión de los pasajeros al momento del embarque.

8.10.3 Todos los involucrados en el transporte de mercancías peligrosas por vía aérea deberán contar con procedimientos y medios necesarios para dar la primera respuesta a derrames o filtraciones; asimismo, serán responsables de proceder a la limpieza y eliminación de desechos, producto de estos incidentes, atendiendo las debidas medidas de protección al medio ambiente.

### 8.11 Carga, estiba y transporte en el aeródromo

8.11.1 El envío de sustancias infecciosas requiere además arreglos previos entre el expedidor y explotador, los cuales deben ser informados a la autoridad aeronáutica.

8.11.2 El explotador dará aviso inmediato a la DGAC cuando detecte en el aeródromo mercancías peligrosas prohibidas transportadas por los pasajeros.

8.11.3 El explotador dará aviso inmediato a la DGAC en caso de avería, fuga, incidente o accidente imputable a mercancías peligrosas y procederá a la rápida eliminación de residuos a través de mecanismos idóneos para desarrollar dicha actividad.

### 8.12 Responsabilidad de la empresa a cargo de las bodegas de internación de carga

8.12.1 Se deberá almacenar las mercancías peligrosas en las bodegas de internación de carga de conformidad con lo establecido en las "Instrucciones Técnicas".

8.12.2 Se deberá informar rápidamente a la DGAC cualquier irregularidad que presenten las mercancías peligrosas almacenadas en las bodegas de internación de carga y, además, si no son retiradas oportunamente por el consignatario.

8.12.3 La empresa a cargo de las bodegas de internación de carga deberá contar con la documentación a que se refiere el párrafo 8.1.7. a objeto que en la eventualidad de un hallazgo de mercancías peligrosas, que requiera una posterior investigación sobre los eventos que ésta involucre, se cuente con los antecedentes necesarios para llevarla a efecto.

## CAPÍTULO 9
## SUMINISTRO DE INFORMACIÓN

### 9.1 Notificación

No obstante el cumplimiento de las normas de este Reglamento y de las disposiciones de las "Instrucciones Técnicas", todo Explotador que transporte mercancías peligrosas por vía aérea dentro del territorio nacional, deberá notificar a la autoridad aeroportuaria correspondiente, con antelación a la salida de la aeronave, la clase, cantidad, procedencia y destino de la carga.

### 9.2 Información para el piloto al mando

El explotador de toda aeronave en la cual haya que transportar mercancías peligrosas, proporcionará al piloto al mando, lo antes posible antes de la salida de la aeronave y por escrito, la información sobre dicha mercancías que se exige en las "Instrucciones Técnicas".

### 9.3 Información e instrucciones para los miembros de la tripulación

Todo explotador facilitará, en su manual de operaciones, información apropiada que permita a los miembros de la tripulación desempeñar su cometido, en lo relativo al transporte de mercancías peligrosas y facilitará asimismo instrucciones acerca de las medidas que haya de adoptar en el caso de que surjan situaciones de emergencia en las que se vean envueltas mercancías peligrosas.

### 9.4 Información para los pasajeros

9.4.1 Todo explotador tiene que cerciorarse de que la información se difunda de manera tal que los pasajeros sepan qué clase de mercancía les está prohibido transportar a bordo de las aeronaves, tanto en equipaje de bodega como en equipaje de mano.

9.4.2 Como mínimo, esta información tiene que consistir en un aviso colocado prominentemente en cada puesto aeroportuario en que el explotador venda pasajes, facture el equipaje y tenga recintos de espera para los pasajeros de embarque.

**9.5 Información para terceros**

Los explotadores, expedidores y demás entidades involucradas en el transporte de mercancías peligrosas por vía aérea, facilitarán a su personal información apropiada que le permita desempeñar su cometido en lo relativo al transporte de mercancías peligrosas, y facilitarán, asimismo, instrucciones acerca de las medidas que haya que adoptar en el caso de que surjan situaciones de emergencia en las intervengan mercancías peligrosas.

**9.6 Información del piloto al mando para la administración aeroportuaria**

De presentarse en vuelo alguna situación de emergencia, el piloto al mando deberá informar a la dependencia apropiada de los Servicios de Tránsito Aéreo, tan pronto la situación lo permita, para que ésta a su vez, lo transmita a la Administración Aeroportuaria, de la presencia de mercancías peligrosas a bordo de la aeronave, según lo dispuesto en las Instrucciones Técnicas. De permitirlo la situación, esta información deberá ser lo más completa posible respecto de la identificación del producto, los riesgos, cantidad y ubicación de dichas mercancías.

**9.7 Información en caso de accidente o incidente de aeronave**

Todo explotador de una aeronave que transporte mercancías peligrosas y que se haya visto envuelta en un accidente o incidente imputable a dichas mercancías, deberá proporcionar, a la mayor brevedad, a las autoridades y organismos competentes las condiciones que se señalan, la información más completa posible respecto a la naturaleza del accidente o incidente y tipo, cantidad, clase, riesgos secundarios, compatibilidad y ubicación de las mercancías a bordo:

a) Accidente o incidente ocurrido en territorio bajo jurisdicción chilena: - Aeronaves nacionales y extranjeras: a la Dirección General de Aeronáutica Civil.

b) Accidente o incidente ocurrido en territorio bajo jurisdicción extranjera:

- Aeronaves nacionales: a la autoridad aeronáutica competente del Estado en que haya ocurrido, y a la Dirección General de Aeronáutica Civil.

## CAPÍTULO 10
## PROGRAMAS DE INSTRUCCIÓN

### 10.1 Establecimientos de programas de Instrucción

Se establecerán y mantendrán programas de instrucción inicial y de repaso sobre mercancías peligrosas, de conformidad con lo prescrito en las Instrucciones Técnicas.

### 10.2 Aprobación de los programas de instrucción

10.2.1 Los explotadores de aeronaves con Certificado de Operador Aéreo Chileno deberán contar con un programa de instrucción de mercancías peligrosas aprobado por la DGAC. Los explotadores de aeronaves con Certificado de Operador Aéreo extranjero deberán acreditar ante la DGAC la aprobación de un programa de instrucción en mercancías peligrosas por parte del Estado del Operador.

10.2.2 El operador postal designado deberá contar con un programa de instrucción de mercancías peligrosas aprobado por la DGAC.

10.2.3 Las entidades que tengan responsabilidades en el manejo de mercancías peligrosas deberán contar con un programa de instrucción de mercancías peligrosas aprobado por la DGAC.

## CAPÍTULO 11
## INFORMACIÓN SOBRE ACCIDENTES E INCIDENTES IMPUTABLES AL TRANSPORTE DE MERCANCÍAS PELIGROSAS

**11.1** Con el objeto de prevenir la repetición de accidentes e incidentes imputables al transporte aéreo de mercancías peligrosas, la Dirección General de Aeronáutica Civil, cuando sea necesario, instituirá procedimientos que permitan investigar y recopilar datos sobre los accidentes e incidentes de esa índole, que ocurran en el territorio nacional o extranjero cuando los vuelos se hayan iniciado o tengan como término el territorio nacional. Los informes de esos accidentes e incidentes se redactarán de conformidad con las disposiciones detalladas pertinentes contenidas en las Instrucciones Técnicas.

**11.2** Con el objeto de prevenir la repetición de accidentes e incidentes imputables al transporte de mercancías peligrosas, la Dirección General de Aeronáutica Civil podrá instituir procedimientos que permitan investigar y recopilar datos sobre los accidentes e incidentes de esa índole que ocurran en el territorio nacional, en circunstancias distintas de las descritas en 11.1. Los informes de esos accidentes e incidentes deberán redactarse de conformidad con las disposiciones detalladas pertinentes contenidas en las "Instrucciones Técnicas".

**11.3** Con objeto de prevenir hallazgos en la carga de mercancías peligrosas no declaradas o mal declaradas, la Dirección General de Aeronáutica Civil instituirá procedimientos para investigar y recopilar datos sobre los hallazgos de esa índole que ocurran en territorio nacional y que sean imputables al transporte de mercancías peligrosas que se haya iniciado en o vaya a otro Estado. Los informes de estos casos se prepararán de conformidad con las disposiciones detalladas pertinentes contenidas en las Instrucciones Técnicas.

## CAPÍTULO 12
## VERIFICACIÓN DE CUMPLIMIENTO

### 12.1 Inspección de mercancías peligrosas

12.1.1 La DGAC inspeccionará y fiscalizará el cumplimiento de las disposiciones de este Reglamento.

12.1.2 La DGAC realizará la inspección documental y la verificación física de los envíos de mercancías peligrosas, comprobando que éstos se hayan preparado y cumplan todas las exigencias relativas a marcas, etiquetas y embalaje, solicitando la lista de aceptación de la empresa responsable del envío.

12.1.3 En cada aeródromo se realizarán las inspecciones que se estimen necesarias a las bodegas donde se reciben, almacenan, internan o manipulan mercancías peligrosas, con el propósito de verificar las condiciones de almacenaje, segregación, preparación para embarque y capacitación del personal.

12.1.4 La DGAC podrá adoptar las medidas necesarias para lograr un nivel de seguridad aceptable, en el evento de detectar operaciones que constituyan riesgos, sea en la manipulación, embarque, estiba, desembarque, almacenaje o segregación de mercancías peligrosas, que puedan ocasionar daños al embalaje, pérdidas, derrames, filtraciones o contaminación de otras especies, entre otras disponer la suspensión de labores o solicitar la presencia del funcionario responsable de seguridad de la empresa afectada.

12.1.5 Los pasajeros que transporten artículos explosivos sin contar con la debida autorización o que no cumplan lo exigido en las "Instrucciones Técnicas", serán puestos a disposición del organismo policial más cercano.

12.1.6 El transporte de material radiactivo deberá cumplir las disposiciones legales y reglamentarias específicas, debiendo contar con la autorización de diseño del bulto, emitida por la Comisión Chilena de Energía Nuclear (CCHEN) o por una empresa certificada por dicho organismo. La DGAC podrá fiscalizar este transporte y verificar que el índice de transporte y de actividad específica del material, se encuentren de acuerdo a lo señalado en las "Instrucciones Técnicas".

## 12.2 Infracciones y sanciones

La Dirección General de Aeronáutica Civil sancionará las infracciones a la normativa aeronáutica relacionadas con el tratamiento inadecuado de las materias de Mercancías Peligrosas, según lo estipulado en el Código Aeronáutico de la República de Chile.

### 12.3 Mercancías peligrosas enviadas por correo

Los procedimientos del Operador Postal Designado para regular la introducción de mercancías peligrosas en el correo para transporte por vía aérea deberán ser aprobados por la DGAC.

## CAPÍTULO 13
## NOTIFICACIÓN DE INCIDENTES O ACCIDENTES IMPUTABLES A MERCANCÍAS PELIGROSAS

### 13.1 Procedimientos de respuesta de emergencia para aeronaves

13.1.1 El piloto al mando deberá informar a la dependencia pertinente de los servicios de tránsito aéreo cualquier incidente o accidente imputable a mercancías peligrosas producido en vuelo. En este caso el explotador deberá poner a disposición de la autoridad aeronáutica la información de detalle de la mercancía transportada y cualquiera otra que le sea solicitada.

13.1.2 El piloto al mando deberá remitir a la DGAC un informe sobre el incidente o accidente imputable a mercancías peligrosas, una vez finalizado el vuelo.

### 13.2 Incidente o accidente imputable a mercancías peligrosas en instalaciones del aeródromo

13.2.1 El personal del explotador, de empresas de servicios y de correos o courier deberá notificar a la autoridad aeronáutica cualquier incidente o accidente imputable a mercancías peligrosas.

13.2.2 La DGAC al tomar conocimiento de un accidente o incidente imputable a mercancías peligrosas solicitará todos los antecedentes de transporte con el objeto de supervisar en conjunto con el personal especializado, el procedimiento utilizado por el explotador, las empresas de servicios, de correos o courier, para solucionar el accidente o incidente, interviniendo en caso que le sea solicitado o sea evidente que el problema no podrá ser superado por éstas.

La DGAC establecerá los procedimientos que definan las acciones para enfrentar los accidentes e incidentes imputables a mercancías peligrosas.

## CAPÍTULO 14
## DISPOSICIONES RELATIVAS A LA SEGURIDAD DE LAS MERCANCÍAS PELIGROSAS

La DGAC establecerá medidas de seguridad de las mercancías peligrosas aplicables a los expedidores, explotadores y terceros que participen en el transporte de mercancías peligrosas por vía aérea, conforme al Reglamento sobre Seguridad y Protección de la Aviación Civil contra Actos de Interferencia Ilícita, decreto supremo N° 68 de 2008, del Ministerio de Defensa Nacional.

# CAPÍTULO VII
# (DEL TÍTULO II DEL LIBRO I DEL CÓDIGO DEL TRABAJO) DEL CONTRATO DE TRIPULANTES DE VUELO Y DE TRIPULANTES DE CABINA DE AERONAVES COMERCIALES DE PASAJEROS Y CARGA

**Art. 152 ter.** Las normas del presente Capítulo, se aplicarán al personal tripulante de vuelo y de cabina de las empresas que presten servicios de transporte de pasajeros o carga, sin perjuicio de su sujeción a normas de seguridad en los vuelos, diferentes a las impartidas por la Dirección General de Aeronáutica Civil.

Asimismo, les serán aplicables todas las normas del presente Código, en tanto no sean incompatibles o contradictorias con las normas de este Capítulo.

**Art. 152 ter A.** Para efectos del presente Capítulo, se entenderá por:

a) Tripulación de Vuelo: Son aquellos trabajadores poseedores de licencia que permita asignarles obligaciones esenciales para la operación de una aeronave durante el tiempo de vuelo. No perderá su condición laboral de tripulante de vuelo, el trabajador que, contratado como tal, le sean asignadas funciones en tierra. En caso de que la mantención de la respectiva licencia requiera un número mínimo de horas de vuelo, el empleador estará obligado a planificar los Roles de Vuelo de tal forma que se cumpla a lo menos con dichas horas;

b) Tripulación de Cabina: Son aquellos trabajadores que, contando con su respectiva licencia, participan de las labores de servicio y atención de pasajeros, así como del cuidado y seguridad de las personas o cosas que se transporten en la aeronave. No perderá su condición laboral de tripulante de cabina, el trabajador que contratado como tal, le sean asignadas funciones en tierra;

c) Período de Servicio de Vuelo: Corresponde al tiempo transcurrido, dentro de un período de 24 horas consecutivas, desde el momento que el tripulante de vuelo y de cabina se presenta en las dependencias aeroportuarias o lugar asignado por el operador, con el objeto de preparar, realizar y finalizar operacional y administrativamente un vuelo, hasta que el tripulante es liberado de toda función. También se comprenderán como Período de Servicio de Vuelo las horas destinadas a reentrenamientos periódicos en avión y entrenadores sintéticos de vuelo, prácticas periódicas de evacuación en tierra o en el mar (ditching), como asimismo traslado en vuelo por conveniencia del operador;

d) Período de Servicio: Es el tiempo correspondiente a cualquier actividad asignada por el Operador a un tripulante, ajena al vuelo mismo;

e) Tiempo de Vuelo: Tiempo total transcurrido desde que el avión inicia su movimiento con el propósito de despegar, hasta que se detiene completamente al finalizar el vuelo, y

f) Rol de Vuelo: Es el instrumento de planificación de vuelos que corresponde a la jornada en turnos de trabajo de los tripulantes, y que cumple las funciones señaladas en el numeral 5 del artículo 10 del presente Código.

**Art. 152 ter B.** La jornada mensual de trabajo de los tripulantes de vuelo y de cabina podrá ser ordinaria o especial, en su caso.

**Art. 152 ter C.** El empleador o el operador, en su caso, deberá entregar con una anticipación de a lo menos cinco días el Rol de Vuelo que regirá la jornada de los trabajadores durante el mes siguiente. El empleador podrá modificar, por cualquier causa, dicho Rol de Vuelo dentro de su período de vigencia, en tanto no se afecten con ello los días libres programados del trabajador.

Si el cambio de un Rol de Vuelo implica un número menor de horas de vuelo, el trabajador tendrá derecho a que se le remunere en conformidad a las horas originalmente programadas; si implica un número superior de horas de vuelo, éstas deberán ser pagadas en su totalidad. Esta norma se aplicará sólo a los trabajadores cuyas remuneraciones se calculan total o parcialmente sobre la base de horas efectivas de vuelo.

Si en caso de fuerza mayor o caso fortuito los días libres programados fueran afectados estando el trabajador fuera de su lugar de residencia, estos deberán ser compensados de común acuerdo.

No será considerado cambio de Rol de Vuelo aquella alteración producto de la solicitud del propio trabajador.

**Art. 152 ter D.** La jornada mensual de trabajo de los tripulantes de vuelo y de cabina no excederá de ciento sesenta horas, salvo que la Dirección General de Aeronáutica Civil, por razones de seguridad, determine establecer una jornada menor. Su distribución se efectuará por medio de los Roles de Vuelo. Si las labores de período de servicio en tierra se desarrollan por siete días o más en el mes calendario, la jornada mensual no podrá superar las ciento ochenta horas ordinarias.

La jornada ordinaria no podrá superar las doce horas continuas de labores. Sin perjuicio de ello, la jornada ordinaria podrá extenderse hasta catorce horas ante la ocurrencia, en el respectivo vuelo, de contingencias meteorológicas, emergencias médicas o necesidades calificadas de mantenimiento de la aeronave, las cuales se entiende que tienen el carácter de tales al encontrarse consignadas en el Mínimum Equipment List (MEL), actualizado por la Dirección General de Aeronáutica Civil o la entidad a la cual la empresa se encuentre sujeta en cuanto a la seguridad de vuelo.

Las horas que por estas circunstancias extiendan la jornada ordinaria, deberán ser pagadas a lo menos con el recargo señalado en el artículo 32 de este Código.

Los sistemas de descanso compensatorio después de servicios de vuelo en la jornada ordinaria, serán los siguientes:

| **Tripulantes de Vuelo** | |
|---|---|
| Período de Servicio de Vuelo | Horas de Descanso |
| 7 | 10 |
| 8 | 12 |
| 9 | 13 |
| 10 | 14 |
| 11 | 15 |
| 12 | 15 |

| **Tripulantes de Cabina** | |
|---|---|
| Período de Servicio de Vuelo | Horas de Descanso |
| 7 | 10 |
| 8 | 11 |
| 9 | 12 |
| 10 | 13 |
| 11 | 14 |
| 12 | 15 |

Con todo, si un Período de Servicio de Vuelo se desarrolla en siete horas o menos, no se podrá llevar a cabo otro vuelo dentro de las veinticuatro horas de iniciado el primero, salvo que entre el inicio del primero y el término del segundo no se excedan las doce horas.

Si la jornada ordinaria se desarrolla en tierra, sólo en labores relativas a Período de Servicio, la jornada diaria no podrá superar las ocho horas continuas, imputándose este período al límite mensual señalado en el inciso primero, y para iniciar un Período de Servicio de Vuelo, deberá mediar previamente un descanso mínimo de once horas. Si las labores en tierra se extienden por un mes calendario, el promedio de horas ordinarias efectivas trabajadas no podrá exceder de cuarenta semanales.

**Art. 152 ter E.** Toda prestación de servicios en tierra que no se encuentre comprendida en las labores propias del Período de Servicio de Vuelo, será considerada como Período de Servicio y deberá ser remunerada conforme al promedio correspondiente a los tres últimos meses de la remuneración del trabajador. Esta norma se aplicará sólo a los trabajadores cuyas remuneraciones se calculan total o parcialmente sobre la base de horas efectivas de vuelo.

Asimismo, sin perjuicio de los viáticos y traslados que el empleador deba proveer para la prestación de servicios en tierra, pero en el extranjero, con motivo de la realización de eventos tales como ferias, promociones o congresos, el trabajador tendrá derecho a que ese período sea remunerado en la forma señalada en el inciso anterior.

**Art. 152 ter F.** La jornada especial es aquella que se desarrolla por más de doce horas para alcanzar destinos más lejanos, no pudiendo exceder en caso alguno de veinte horas en un lapso de veinticuatro horas, requiriéndose adicionar a la tripulación mínima, un número determinado de tripulantes. En estos vuelos, las Tripulaciones de Cabina deberán descansar a bordo en forma rotativa a lo menos una hora cuando el Período de Servicio de Vuelo supere las doce horas, no pudiendo en tal caso el trabajador desarrollar labores efectivas por un lapso superior a las catorce horas. Asimismo, en esta jornada, se deberán otorgar descansos a bordo de la aeronave en condiciones confortables, según las normas técnicas impartidas por la Dirección General de Aeronáutica Civil. Adicionalmente a las condiciones que determine dicha norma técnica, las partes podrán pactar mejoramientos físicos para este descanso, así como otro tipo de compensaciones acordes con la naturaleza de esta jornada.

El empleador podrá programar vuelos o rutas de largo alcance que, excepcionalmente, consideren la ida y el regreso al mismo lugar con una misma tripulación en una jornada especial, concurriendo los siguientes requisitos:

a) Que no existan reparos a la seguridad de vuelo por parte de la Dirección General de Aeronáutica Civil, y

b) Que exista acuerdo con los trabajadores involucrados y que dicho acuerdo sea registrado en la Dirección del Trabajo, el cual tendrá una vigencia de dos años.

**Art. 152 ter G.** A los Tripulantes de Vuelo, cuando sean relevados de sus funciones en los controles de vuelo, deberá otorgárseles reposo a bordo con el objeto de no sobrepasar los límites establecidos para el Tiempo de Vuelo y Período de Servicio de Vuelo que, por razones de seguridad, imparta la Dirección General de Aeronáutica Civil. Los Tripulantes de Vuelo no podrán estar al mando de los controles por más de ocho horas, continuas o discontinuas, dentro de un Período de Servicio de Vuelo, sin perjuicio de que la Dirección de Aeronáutica Civil establezca un número inferior de horas.

Los períodos de descanso después de una jornada especial se regirán por la siguiente Tabla:

| **Tripulantes de Vuelo** | |
|---|---|
| Período de Servicio de Vuelo | Horas de Descanso |
| 12 | 15 |
| 13 | 16 |
| 14 | 17 |
| 15 | 17 |
| 16 | 18 |
| 17 | 19 |
| 18 | 20 |
| 19 | 22 |
| 20 | 24 |

| Tripulantes de Cabina | |
|---|---|
| Período de Servicio de Vuelo | Horas de Descanso |
| 12 | 15 |
| 13 | 16 |
| 14 | 17 |
| 15 | 18 |
| 16 | 19 |
| 17 | 20 |
| 18 | 21 |
| 19 | 22 |
| 20 | 24 |

**Art. 152 ter H.** En ningún caso, la distribución de la jornada ordinaria y especial podrá implicar que mensualmente el trabajador permanezca más de dieciocho noches fuera de su lugar de residencia, salvo el caso de comisiones especiales u ocasionales en el extranjero.

Si las labores de un tripulante se desarrollan por espacio de hasta cinco días continuos, tendrá derecho a un descanso mínimo de dos días. Asimismo, tendrá derecho a un descanso de cuatro días en caso de que las labores se desarrollen por espacio de seis y hasta diez días en forma continua. Con todo, ningún trabajador podrá prestar servicios por más de diez días en forma continuada.

Excepcionalmente, no será aplicable lo dispuesto en el inciso anterior, a los trabajadores que tengan pactadas en sus contratos de trabajo cláusulas que determinen su libertad de elegir mensualmente la distribución de sus Roles de Vuelo y con ello la distribución de días de trabajo y de descanso.

**Art. 152 ter I.** El empleador podrá establecer turnos de llamada o período de retén, por el cual el trabajador estará obligado a encontrarse disponible para un vuelo en caso de que deba reemplazar a otro miembro de la tripulación o se presente una emergencia similar. Dicho período no podrá exceder de doce horas continuas ni ser consecutivo con otro, y no podrá establecerse dentro del período de descanso. El período de retén deberá ser compensado, de común acuerdo entre las partes o bien por acuerdo colectivo, salvo que se encuentre expresamente incluido en la remuneración del trabajador.

**Art. 152 ter J.** Tanto en la jornada ordinaria, como en la jornada especial, o en el período de retén, no procederá pactar horas extraordinarias. Esta limitación no regirá para los tripulantes de cabina y de vuelo cuando desarrollen sus labores en tierra.

Asimismo, los días de descanso y las horas de retén, no podrán imputarse al feriado anual del trabajador ni aun con consentimiento de éste.

**Art. 152 ter K.** Los trabajadores cuyos contratos se rigen por el presente Capítulo, gozarán del derecho a descanso dominical, bajo la modalidad que se señala en el inciso siguiente.

El trabajador tendrá derecho, a lo menos por una vez en cada mes calendario, a un descanso de 106 horas, las que deben comprender cuatro días íntegros y consecutivos e incluir días sábado y domingo, en la base de su residencia habitual. Dichos descansos no podrán iniciarse después de las cero horas del primer día.

Excepcionalmente, no será aplicable lo dispuesto en el inciso anterior, a los trabajadores que tengan pactadas en sus contratos de trabajo cláusulas que determinen su libertad de elegir mensualmente la distribución de sus Roles de Vuelo y con ello la distribución de días de trabajo y de descanso.

**Art. 152 ter L.** Si los Roles de Vuelo implicaren la prestación de servicios durante días feriados, el empleador deberá otorgar los respectivos descansos compensatorios adicionales dentro de los siguientes sesenta días, pudiendo, con todo, acordarse su compensación en dinero, pero con un recargo no inferior al señalado en el artículo 32 del presente Código y sin afectar las disposiciones de seguridad que imparte la Dirección General de Aeronáutica Civil al respecto.

**Art. 152 ter M.** Las trabajadoras cuyos contratos se rijan por este Capítulo, al retomar sus funciones después de hacer uso de su permiso de maternidad, gozarán de los derechos de alimentación en los términos del Título II del Libro II de este Código. Para ello, se deberán pactar individual o colectivamente con ocho trabajadoras o más, las condiciones de trabajo que permitan ejercer dichos derechos hasta que el menor cumpla dos años, pudiendo con ello variarse las alternativas que señala el artículo 206 de este Código incluyendo el lapso de una hora consignado en dicha disposición. El empleador podrá hacer extensivas las condiciones pactadas colectivamente a las trabajadoras que se integren a la empresa con posterioridad a dicho acuerdo.

En ningún caso las alternativas que se pacten, en uno u otro evento, podrán implicar una disminución de las remuneraciones de la trabajadora.

# ÍNDICE ANALÍTICO

## B

# C

# E

## F



## H

## J



## L

## M



## N



## O



## P

## R

## T